安徽审计职业学院审计专业课程思政建设示范中心
安徽审计职业学院课程思政建设先行高校 项目研究成果

价值塑造与知识传授

安徽审计职业学院课程思政优秀案例集

主　编　王向东

副主编　张玉胜　胡华北　唐旭斌

编　委（以姓氏笔画为序）

　　　　丁　丁　白心虹　刘诗婉　关楠楠

　　　　江　琳　李超然　李婷婷　吴　爽

　　　　黄　静　董丽娜　程训敏　鲍泽岚

中国科学技术大学出版社

内 容 简 介

本书为安徽省高等学校省级质量工程"安徽审计职业学院审计专业课程思政建设示范中心""安徽审计职业学院课程思政建设先行高校"项目标志性研究成果,分为课程、教学单元和实践活动三类,共收集整理全校课程思政优秀教学案例48篇,涉及20个专业36门课程,具有系统性、动态性、示范性和实践性特点。本书基于"三全育人"理念,聚焦教师队伍"主力军"、课程建设"主战场"、课堂教学"主渠道",致力高校课程思政改革实践研究,注重提升教师队伍思政教育能力,探究"四线融合"的课程思政建设路径,建构"一体化三梯度"的课程思政范式,并将优秀课程思政案例引入课堂教学,助推高校课程思政高质量建设,彰显"三全育人"的实践力量。

图书在版编目(CIP)数据

价值塑造与知识传授:安徽审计职业学院课程思政优秀案例集/王向东主编. —合肥:中国科学技术大学出版社,2023.3
ISBN 978-7-312-05563-8

Ⅰ. 价… Ⅱ. 王… Ⅲ. 高等学校—思想政治教育—教案(教育)—中国 Ⅳ. G641

中国版本图书馆 CIP 数据核字(2022)第 243161 号

价值塑造与知识传授:安徽审计职业学院课程思政优秀案例集
JIAZHI SUZAO YU ZHISHI CHUANSHOU: ANHUI SHENJI ZHIYE XUEYUAN KECHENG SIZHENG YOUXIU ANLI JI

出版	中国科学技术大学出版社 安徽省合肥市金寨路96号,230026 http://press.ustc.edu.cn https://zgkxjsdxcbs.tmall.com
印刷	安徽省瑞隆印务有限公司
发行	中国科学技术大学出版社
开本	787 mm×1092 mm 1/16
印张	20.5
字数	422千
版次	2023年3月第1版
印次	2023年3月第1次印刷
定价	88.00元

序

　　党的十八大以来，以习近平同志为核心的党中央高度重视高校人才培养和思想政治教育工作。习近平总书记指出："要用好课堂教学这个主渠道，思想政治理论课要坚持在改进中加强，提升思想政治教育亲和力和针对性，满足学生成长发展需求和期待，其他各门课都要守好一段渠、种好责任田，使各类课程与思想政治理论课同向同行，形成协同效应。"这一科学论断，为高校思政课程和课程思政建设顶层设计指明了方向，为实现全员全过程全方位育人提供了根本遵循。2022年7月，教育部等十部门印发的《全面推进"大思政课"建设的工作方案》，强调高等学校应突出实践导向，充分调动全社会力量和资源，建设"大课堂"、搭建"大平台"、建好"大师资"。

　　安徽省审计厅党组高度关注学校课程思政建设，要求学校党委始终心怀国之大者、善谋党之大计，围绕立德树人根本任务，加快构建"大思政课"育人格局，共同画出为党育人、为国育才的最大同心圆，构建更加有效有力的思政工作体系，精准有效推进课程思政，创新实践育人模式。为此，学校党委从制度、运行、成果三个层面系统设计、全面推进课程思政建设。制度层面，学校根据教育部《高等学校课程思政建设指导纲要》，结合专业设置和师资力量实际，制定课程思政实施方案及配套文件，构建党委统筹领导、部门协同推进、二级院系落实、专业具体实施、教师全员参与的"五层联动"工作机制，形成"课课有思政、人人讲思政"的格局。运行层面，在专业人才培养方案编修、课程目标设计、教学大纲修订、教材编审选用、教案课件编写的各方面，在课堂授课、教学研讨、实验实训、作业论文、教学评价的各环节，都必须落实课程思政的基本要求。同时，学校还通过开展首届课程思政教学设计竞赛、教师全员培训、建立思政课与专业课教师定期会商机制等方式，推进课程思政建设落地落实。成果层面，学校锚定课程思政建设理论与实践热点，以课题为依托，实行项目驱动，高质量研究成果不断涌现。

教师在课题研究、论文发表以及案例推广等方面都有不俗的表现,尤其是学校成功申报两个省级质量工程课程思政建设项目。

  本书作为安徽审计职业学院课程思政优秀案例集,涉及课程体系、教学单元、实践活动三大育人场域,把学校教师的课程思政教学创新实践系统、精准、精彩地记录下来。案例集从20个专业36门课程的理论研究与实践探索出发,润物细无声地践行价值引领,彰显了全人类共同价值、社会主义核心价值观和中华优秀传统价值理念。主要特色有三:一是贯穿教学运行的各个层级,打通了学校思想政治教育工作的"最后一公里",实现"一体化、立体式"全面育人;二是依托课程自然融合,在专业课程教学侧重于知识的"求真"的基础上,有效融入思想政治教育的"善与美",实现了"真善美"的统一;三是科学地提炼价值取向,将思政之盐融入课程之汤,实现思想政治教育元素的"基因式"融入。

  本书的价值不仅在于对安徽审计职业学院"五层联动""四线融合""三梯度一体化"的课程思政建设范式展开探究,更集中展示了学校教师在课程思政建设层面的守正创新,呈现了可复制、可推广的课程思政建设方案。本书打开了展示安徽审计职业学院课程思政建设状况的窗口,展现出广大教师为课程思政建设付出的辛劳、努力和情感。谨此,我们真诚地希望高校教师立足课堂教学,春雨润物、育人入心,为中国式现代化建设努力培养更多的优秀人才。

高纪军

前　　言

习近平总书记在党的二十大报告中指出,"以中国式现代化全面推进中华民族伟大复兴""教育是国之大计、党之大计""坚持为党育人、为国育才,全面提高人才自主培养质量""育人的根本在于立德"。习近平总书记站在党和国家事业发展全局的战略高度,指明了教育发展的方位、方向与方略,为加快推进教育现代化、建设教育强国、办好人民满意教育提供了根本遵循。

早在2020年5月,教育部印发《高等学校课程思政建设指导纲要》(以下简称《纲要》),围绕"培养什么人、怎样培养人、为谁培养人"根本问题,把课程思政建设作为落实立德树人根本任务的战略举措,紧紧抓住教师队伍"主力军"、课程建设"主战场"、课堂教学"主渠道",在全国所有高校、所有学科专业全面推进。为确保《纲要》精神落地见效,安徽审计职业学院切实将思想政治教育贯穿于人才培养体系,充分发挥每门课程的育人作用,提高人才培养质量。在整体设计上,实行"以点带面、点面结合"。学校党委制定课程思政实施方案及配套措施,把准建设方向、突出建设重点、坚持统筹规划、制定严密计划,明确课程思政的育人目标和实施路径;成功获批安徽省高等学校省级质量工程"审计专业课程思政建设示范中心""课程思政建设先行高校"项目,科学确定任务书、路线图、时间表,以先行高校建设系统设计、整体推进全院课程思政建设,以审计专业示范中心引擎驱动、辐射带动其他各专业课程思政建设。在运行模式上,实行"一体化、立体式"。坚持纵向贯通,学校构建党委统筹领导、部门协同推进、二级院系落实、专业具体实施、教师全员参与的"五层联动"工作机制,压实主体责任、形成育人合力,把立德树人贯穿到各专业、各课程、各层面、各环节。坚持横向联通,围绕全面提高人才培养能力这个核心点,让所有教师、所有课程都承担好育人责任,守好一段渠、种好责任田,使各类课程与思政课程同向同行,实现价值引领与知识传授"双轴线"、显性教育与隐性教育"明暗线"、理论研究与实践探索"虚实线"、评价体系与激励机制"黑白线"的"四线融合"。坚持深度融通,基于专业特色课程思政的一体化设计,从课程梯度课程思政的践行路径、教学单元梯度课程思政的标本解剖、实践活动梯度课程思政的检验反馈,建构"一体化三梯度"的课程思政范式,推进课程思政建设向纵深发展。

本书为"审计专业课程思政建设示范中心""课程思政建设先行高校"项目标志性研究成果,分为课程、教学单元和实践活动三类,共收集整理全校优秀课程思政教学案例48篇,涉及20个专业36门课程。其主要创新点在于,基于"三全育人"视角,把课程思政建设置于"大思政"体系之中,研究思想政治教育主体与客体及其相互作用过程,在强意识、凝共识、增本领、建机制、重实效上下功夫,形成五层育人主体同心协力、思政课程与各类课程同向同行、第一课堂与第二课堂同频共振的"三同效应"。学校依托审计专业课程思政建设示范中心,选取审计专业先行试点,确立课程思政目标、挖掘课程思政元素、创新课堂教学方法、建立教学评价体系,示范引领其他专业课程思政改革,以此推进课程思政先行高校建设,建构课程思政建设"安审模式"。实行项目驱动,推动课程思政建设走深走实;引入课程思政实践优秀案例,共享课程思政经验,为全面把握课程思政教育规律、提升课程思政工作实效、推动高校课程思政高质量建设贡献"安审方案"。

参与编写本书的作者既有思政课教师,也有专业课教师,还有一线辅导员,并得到了兄弟院校同仁的大力支持。本书系全校众多案例中的优选案例的汇集,承载着新时代教师贯彻党的二十大精神、勇担课程思政新使命的不懈探求。本书案例设计精当、思政元素丰厚,思政教育在专业教学中落地无痕、无缝对接,经专家精心点评后,上升为理性认知,具有系统性、动态性、示范性和实践性的特点,对广大教师尤其是刚刚从教的青年教师实施课堂教学,具有很强的借鉴意义和参考价值。当然,本书各篇案例所涉的研究尚存诸多局限与不足,恳请广大同仁批评指正。

王向东

目　　录

序 …………………………………………………………………………（ⅰ）

前言 ………………………………………………………………………（ⅲ）

第一篇　课程设计中的价值引领

"审计基础"：培育职业灵魂　彰显审计风采 …………………… 李晓渝（3）

"注册会计师审计实务"：树诚信风尚　铸审计能量 …………… 黄季红（9）

"内部控制"：行法治内控路　做诚信内控人 …………………… 杨晶晶（15）

"审计基础"：取信于民　听审于民 ……………………………… 胡　蓉（20）

"审计实务"：坚守职业底线　捍卫客观公正 …………………… 邓　姗（27）

"管理会计实务"：践行会计初心　恪守职业道德 ……………… 叶　爽（32）

"纳税实务"：守税收诚信门　做合格会计人 …………………… 叶　帆（37）

"经济法基础"：经世济民　德法兼修 …………………………… 杨　超（42）

"网络营销"：厚植家国情怀　坚定理想信念 …………………… 何承芳（48）

"配送管理"：疫情无情人有情　物资配送显担当 ……………… 高捷闻（55）

"金融基础"：讲好中国金融故事　培育新型金融人才 ………… 苏　雯（63）

第二篇　单元教学中的价值塑造

"销售和收款循环审计"：审"时"度"势"　计"深"虑"远" …… 罗　艳（71）

"个人所得税"：个税连着你我他　诚信纳税靠大家 …………… 金勤勤（77）

"机器设备智能估值"：校企珠联璧合　共育能工巧匠 ………… 李　娜（84）

"经营所得的纳税业务处理"：疫情无情税有情　个税红利惠民生 …… 刘志玲（99）

"存货的采购成本":"一带一路"助运输　互通互联稳仓储 ……………… 陈　爽(112)
"股票投资":理性投资　诚信做人 ……………………………………… 贺　娟(118)
"机器设备智能估值":创新驱动发展　智造引领未来 …………………… 戴小凤(123)
"物业安全服务":服务提升品质　管理规范行为 ………………………… 王　宣(131)
"智能物业设备运行阶段的管理":拧紧螺丝钉　站好维修岗 …………… 程训敏(137)
"梁构件平法钢筋算量":"筋"益求精　独具匠心 ………………………… 李　茹(142)
"建设工程项目质量管理":增强质量意识　弘扬工匠精神 ……………… 翟美龄(149)
"平面控制测量":大国工程　没"量"不行 ………………………………… 童　进(156)
"固定资产折旧":资产折旧有减法　职业生涯有加法 …………………… 胡　茜(162)
"房地产项目 STP 策划":筑造理想人居　"质"敬美好生活 ……………… 徐书隽(167)
"中式风格空间设计":传承中式美学　赋能室内设计 …………………… 徐祈丰(171)
"社会保障":撑起社会保障伞　托起稳稳小确幸 ………………………… 吴月明(175)
"认知现金规划":理财有道　生活无忧 …………………………………… 李程妮(180)
"现金规划设计":珍视信用记录　规划增值人生 ………………………… 王　佳(192)
"物流基础导论":乘时代之风　迎格局之变 ……………………………… 吴琳娜(201)
"人员甄选的内容与方法":崇贤尚德　人尽其才 ………………………… 卞振平(206)
"组织结构":品三湾改编　悟组织发展 …………………………………… 程阳阳(215)
"提高沟通与说服水平":"灵魂砍价"为民生　一言一语总关情 ………… 陶　媛(221)
"类与对象的基础应用":比"类"取"象"　"疫"勇前行 …………………… 张　成(226)
"WPS Office 综合应用":用好技改"关键招"　助力乡村新发展 ………… 张　玮(232)
"计算机数制规则和编码技术":文化润泽心田　科技报效祖国 ………… 赵　楠(237)
"if 条件语句的使用":精准抗疫　策"码"扬"编" ………………………… 邓　慧(242)
"高职学生人际交往概述":乐交善往　美美与共 ………………………… 胡华北(247)
"健康":健康你我　责任先行 ……………………………………………… 吴　妮(254)
"中国饮食文化":赏中华饮食文化　扬大国美食自信 …………………… 杨晓莉(262)
"高职学生挫折应对能力培养":心有大我　玉汝于成 …………………… 陈一乔(266)
"高职学生自我效能感提升":学习孕育新动能　效能驱动新发展 ……… 许文慧(274)
"个体基本素质与职业生涯规划":诚信为人生奠基　求实为成功铺路 … 彭　怡(281)
"自我计划管理":青春与理想同行　规划与行动共频 …………………… 胡亚莉(286)

第三篇　实践活动中的价值凝练

"审计实务"课程实践活动:依法诚信经营　履行社会责任
　　——以上市公司瑞幸咖啡收入舞弊审计为例 ………………… 费　洁(295)
"习近平新时代中国特色社会主义思想概论"课程实践活动:讲好脱贫攻坚叶河故事
　　共谱乡村振兴崭新篇章 …………………………………… 马新民(300)
大学生暑期社会实践活动:汇聚青春力量　勇担时代使命
　　——安徽审计职业学院师生暑期"三下乡"侧记 …………… 杨宾宾(307)
"网络信息编辑"课程实践活动:坚定网络"四个自信"　电商助力民族复兴 … 张乾坤(314)

第一篇
课程设计中的价值引领

"审计基础":培育职业灵魂　彰显审计风采

一、主讲教师

李晓渝,女,硕士,教授,主讲"审计基础""审计实务""计算机审计综合实训"等课程,曾获安徽省高等职业院校教学能力大赛三等奖,指导学生参加省级及以上学科和技能竞赛荣获一等奖,主持教科研项目10项,公开发表论文5篇。

二、课程简介

"审计基础"是大数据与审计专业的基础课程,在大学一年级下学期开设,总学时72学时,其中理论课48学时、实践课24学时,采用线上线下相结合的混合教学模式。近4学期累计开课学生达1200人左右。本课程先后获批校级精品课程、省级精品在线课程。通过本课程的学习,学生可以熟悉审计工作的基本流程,能够运用审计程序解决审计业务中的实际问题,掌握审计报告的编制原则,从而在遵守审计职业道德的前提下运用审计的原理和方法,履行审计职能,提高社会治理水平。

在长期的教学过程中,本课程以人才培养方案为基础,以课程标准为指导,校企双方共同分析岗位所需职业技能及典型工作任务,根据所需知识科学合理地设计课程的教学内容。在调研基础上确定课程讲授内容,将"1+X"证书考证融入课程教学。

三、教学设计

(一)教学目标

1. 知识目标

(1)掌握审计的概念、产生及发展过程、职能、特征等。

(2) 熟悉国家审计、内部审计、注册会计师审计的基本流程。

(3) 熟悉企业各类业务循环内部控制及主要内容。

2. 能力目标

(1) 能够根据审计目标，区分国家审计、内部审计、注册会计师审计。

(2) 能够掌握不同主体开展审计程序的主要内容。

(3) 能够初步运用各种审计技术方法收集审计证据。

(4) 了解审计发展新动态，具备学习新知识和专业拓展的能力。

3. 素质目标

(1) 加强法治教育，促进学生法治思维的养成，依法开展审计活动。

(2) 加强审计职业道德教育，对应审计职业要求培养"独立、诚信、客观、公正"的基本职业素养。

(3) 强化社会责任感。作为高素质的社会主义建设者和接班人，大学生需要主动运用所学审计知识，追踪热点问题，揭示企业财务核算中的错误和舞弊行为。

(4) 激发爱国情怀。以爱党、爱国、爱社会主义为主线，围绕政治认同、家国情怀、文化素养等内容培育学生爱国情怀。

（二）设计思路

1. 课程思政教学内容有效融入

将课程思政融入"审计基础"课堂教学建设，作为课程建设规划、课程核准和教案评价的重要内容，落实到课程目标设计、课程标准修订、教材编审选用、教案课件编写各方面，贯穿于课堂授课、教学研讨、实验实训、作业等各环节。

2. 课程思政融入模式有效创新

健全"审计基础"课堂教学管理体系，改进课堂教学过程管理，提高课程思政内涵融入课堂教学的水平，激发学生学习兴趣，引导学生深入思考。通过组织"审计大讲堂""校友大讲堂"等多种形式的讲堂，深入开展社会实践、志愿服务、实习实训活动，不断拓展"审计基础"课程思政建设方法和途径。

3. 课程思政建设能力有效提升

一是加强教师课程思政能力建设。将课程思政纳入教师岗前培训、在岗培训、师德师风及教学能力专题培训等内容中。开展经常性的典型经验交流、现场教学观摩、教师教学培训等活动,推动教师团队进一步强化育人意识,找准育人角度,提升育人能力,确保课程思政建设落地落实、见行见效。

二是鼓励教师开展课程思政建设重点、难点、前瞻性问题的研究。积极倡导和支持思政专业教师与审计课程授课教师合作开展教学教研活动,构建多层次课程思政建设研究体系。

4. 课程思政教学资源有效拓展

推进现代信息技术在课程思政教学中的应用,注重思政教学资源的先进性与实用性。将"平面教学"与"立体化教学"技术结合,即教师在课堂上作"平面"讲授的同时,多采用多媒体技术、教学短片、图片演示等"立体化"教学手段将思政元素展现给学生,潜移默化地培育学生诚信服务、德法兼修的职业素养。

(三)教学实施

本课程较为突出的特色在于聚焦新时代中国特色社会主义发展需求,开展应用型人才培养,以便更好地服务于国家建设。通过挖掘"审计基础"课程思政元素,组织课程思政内容设计,从而建立起一套行之有效的课程思政实践路径。

1. 思政元素与专业知识有效融合

课程思政元素的挖掘应当基于学校特色与专业培养目标而展开。根据大数据与审计专业培养目标以及学生在毕业时所应达到的知识、能力、素质三项要求,可将"审计基础"课程思政教育细分为6个思政目标、14个思政元素,进而构建"立德树人、德技并修"的人才培养体系(图1)。

2. 课程思政内容巧妙融入设计

(1)搜集案例与事例,形成审计基础教学案例库。纵观国内外审计发展历史,无论是政府审计领域还是社会审计领域,都涌现出诸多杰出的审计专业人才和经典的审计案例。在教学案例内容选择上尽量做到既符合我国国情又紧随国际化步伐,既具有时效性又不失博古通今。

(2)拆解每个案例的审计知识点,将案例与教学知识点相结合。

(3)结合思政元素分析案例,从思政教育的角度去重述案例,凸显思政教育的主题(图2)。

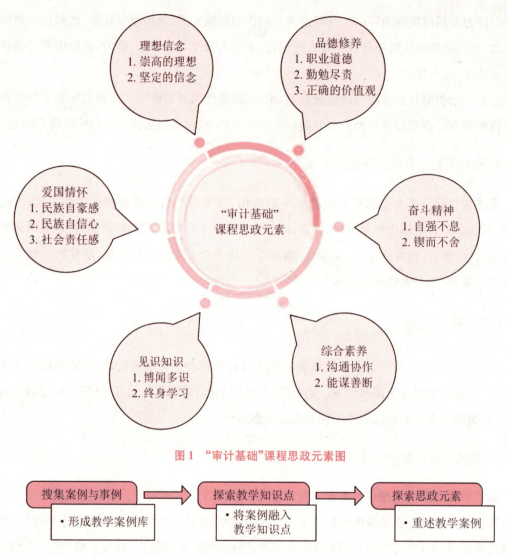

图1 "审计基础"课程思政元素图

图2 "审计基础"课程思政内容设计思路

"审计基础"课程思政内容具体分布如表1所示。

表1 "审计基础"课程思政内容分布

教学知识点	案例内容	思政元素	思政目标
民间审计的起源与发展	潘序伦先生与"立信"	崇高的理想	理想信念
审计的概念	莫茨和夏拉夫《审计理论结构》	坚定的信念	理想信念
审计组织和人员	中国审计署参与联合国审计	民族自豪感	爱国情怀
国家审计机关	中国的"审计风暴"	民族自信心	爱国情怀
审计的职能	刘志军案	社会责任感	爱国情怀

续表

教学知识点	案例内容	思政元素	思政目标
审计职业道德和法律责任	安然事件	职业道德	品德修养
审计程序	中注协行业宣传片《永动的脉搏》	锲而不舍	奋斗精神
接受审计委托	康得新、华泽钴镍等审计业务委托	沟通协作	综合素质
审计计划	弘高创意审计案例	能谋善断	综合素养
审计技术方法	蓝田股份、獐子岛审计案例	博闻多识	知识见识
审计证据	雅百特审计案例	终身学习	知识见识
审计工作底稿	九好集团审计案例	勤勉尽责	品德修养

(四) 课程思政的实践路径

在课程思政的实践路径方面,通过改革课程设置、组织线上线下混合式教学、开展过程化考核等方式将课程思政融入到具体课堂教学中。"审计基础"不仅是大数据与审计专业学生的专业必修课,同时也是"互联网＋"产业专业群中的跨学科课程。因此,需要根据不同专业的特色,分别设置课程思政的侧重点及内容,做到"锦上添花"的差异化定制。

在线上线下教学模式中,课程借助职教云和超星线上平台,开展新型教学活动,随时关注学习动态。如利用线上平台主题讨论的模块,形成"发帖、看帖、跟帖、回帖"的新型互动方式,完成"发现思政案例、分享思政案例、交流学习心得"的线上思政教育过程。

审计工作注重审计程序在实施过程中的客观严谨、审计证据的充分适当。因此,在课程考核方式上,强调过程化考核,注重学生的平时成绩,培养学生勤勉、认真的学习态度。本课程平时成绩考核可由五个环节构成:课外阅读、主题讨论、小论文写作、情景剧再现、课堂纪律。

对于一些实践能力较强的知识点,在课堂中尝试以情景再现的方式,展现这些审计程序在模拟审计现场中的工作方式。通过这个过程帮助学生发现理论与实践的联系与区别,树立正确的价值观,塑造能谋善断的能力,培养沟通协作的意识。

四、成效与反思

思想政治教育贯穿人才培养体系,课程思政的探索也并非一朝一夕就能完成,"审计基础"课程思政的教育内容需要紧跟时代的发展,在教学实践中不断地探究和锤炼。2016 年"审计基础"立项为高等职业教育创新发展行动计划(2015—2018)精品在线开放课程,2021

年"审计基础"立项为安徽省示范金课建设项目,课程组以省级教学名师为组长,以省级审计教学团队成员为骨干,多数教师具有国家审计、社会审计和企业审计的兼职锻炼经历。审计课程思政教学团队将继续紧跟时代发展步伐,不断创新课程思政内容和设计,促进人文和思想教育的融合,在一点一滴中让学生自觉践行社会主义核心价值观,成为德才兼备的审计人才。

【专家点评】

该案例从"审计基础"课程视角出发,立足审计人员职业素养设计课程思政,具有整体性、战略性、全面性。审计人员的职业素养包括:依法审计的法律素养,诚信、客观公正、独立勤勉尽责的道德素养,强化社会责任感的担当素养,激发爱国情怀的爱国素养。该案例根据中国特色社会主义进入新时代对审计行业、审计人才提出的新要求,从审计人才的素质目标维度,建构了"审计基础"课程所需要融入的思政元素,并提出了将这些思政元素内化于心、外化于行的相关教学举措。

"注册会计师审计实务":树诚信风尚铸审计能量

一、主讲教师

黄季红,女,硕士,教授,主讲"注册会计师审计实务""审计基础""计算机审计综合实训"等课程,曾获国家级课件设计大赛奖项2项、部级科技进步奖1项、省级质量工程优秀结题项目2项,指导学生参加省级及以上学科和技能竞赛荣获一等奖1项、三等奖2项,主持(参与)教科研项目10余项,公开发表论文10余篇。

二、课程简介

"注册会计师审计实务"是大数据与审计专业的核心课程。本课程的教学以职业能力培养为核心,坚持以就业为导向,以校企合作为途径,以真实的工作任务为教学内容,以基于注册会计师审计工作过程的项目为教学载体。通过本课程的学习,促进学生理解企业财务报表审计的内容和范围、审计的方法和程序,熟练掌握企业各种业务循环审计的步骤以及相关会计账户审计的要点(表1)。

表1 课程教学内容及课时安排

序号	课程任务/项目名称	学时		
		理论	实训	合计
1	财务报表审计概述	4	0	4
2	销售与收款循环审计	10	6	16
3	采购与付款循环审计	8	6	14
4	生产与存货循环审计	10	6	16
5	筹资与投资循环审计	8	4	12
6	货币资金的审计	6	4	10
7	合计	46	26	72

三、教学设计

(一) 教学目标

1. 知识目标

(1) 熟悉注册会计师审计的基本要求。
(2) 熟悉注册会计师审计的基本流程。
(3) 掌握企业各类业务循环的主要业务活动、主要凭证和记录。
(4) 了解并熟悉企业各类业务循环内部控制及内部控制测试的主要内容。
(5) 掌握企业各类业务循环中主要会计账户实质性测试的要点。

2. 能力目标

(1) 能够根据项目审计目标,运用各种审计程序搜集审计证据。
(2) 能够根据开展的审计程序编制相关审计工作底稿。
(3) 能够初步运用各种信息技术开展审计活动。
(4) 具备了解行业发展新动态、学习新知识和专业拓展的能力。

3. 素质目标

(1) 加强大学生的法治教育,促进其法治思维的形成,依法开展审计活动。
(2) 加强审计职业道德教育,培养"独立、诚信、客观、公正"的基本职业素养。
(3) 强化社会责任感。作为高素质的社会主义建设者和接班人,大学生需要主动运用所学审计知识,分析资本市场存在的热点问题,揭示企业财务核算中的错误和舞弊行为。
(4) 激发爱国情怀。以爱党、爱国、爱社会主义为主线,围绕政治认同、家国情怀、文化素养等内容激发学生爱国情怀。

（二）设计思路

1. 指导思想

"注册会计师审计实务"课程思政设计以立德树人为根本任务、以全面提高人才培养质量为重要任务。在培养学生掌握会计报表审计流程和审计基本技能的同时，结合课程思政资源，通过各种教学手段将思政元素引入教学活动当中，帮助学生树立正确的人生观、价值观、职业道德观，激发创新思维，引导学生养成审计职业素养，培养善于思考、善于分析、善于解决问题的综合能力，实现立德树人、全面育人的人才培养目标。

2. 总体设计

审计作为一种经济监督手段，对国民经济的健康发展具有不可忽视的作用。学院在制定大数据与审计专业人才培养方案时，明确"注册会计师审计实务"课程不仅要加强审计职业技能的培养，还要注重审计人员职业道德的教育。在审计职业道德中，"诚信为本、依法审计"是实现审计监督职能的首要要求；"文化自信、制度自信"是审计人员爱国爱党的基本要求；"勤勉尽责、工匠精神"是开展鉴证业务和相关服务等业务不可或缺的职业操守。所以，"注册会计师审计实务"课程的思政元素可概括为"诚信为本、公正守法；文化自信、制度自信；勤勉尽责、精益专注；工匠精神、团结协作；激浊扬清、追求卓越"。

根据大数据与审计专业核心能力指标及审计行业的市场需求，教师将思政元素细化到课堂教学活动中，对"注册会计师审计实务"课程各章节思政融入的内容进行了总体设计（表2），让学生在课程学习过程中掌握职业技能、习得专业知识、实现德育目标。

表2 "注册会计师审计实务"课程思政总体设计

章节	技能学习成果	思政育人切合点	思政元素	德育目标
财务报表审计概述	能通过自主学习的方式，掌握注册会计师审计基本要求和技能	1. 学习审计职业道德基本原则 2. 理解会计责任及审计责任 3. 讲述我国审计政策变更情况、审计作用日趋重要的趋势、经济发展历程，传递踏实严谨、雅瞻审慎的儒学文化 4. 培养学生团队精神，提高团队协作能力	1. 培养学生诚信为本、公正守法的审计职业素养 2. 开展传统文化教育，增强学生制度自信，培养爱国情怀	诚信为本 公正守法 文化自信 制度自信

续表

章节	技能学习成果	思政育人切合点	思政元素	德育目标
业务循环审计	通过讲授和实训掌握五大业务循环实质性测试，能够编制相应审计工作底稿，形成适当的审计结论	1. 引入财务舞弊案例，培养学生审计职业素养，强化社会责任意识 2. 学生学习业务循环的流程和相关内部控制知识，教师强调学生关注内部控制风险，培养学生良好职业操守及踏实工作作风 3. 掌握五大业务循环实质性程序原理，执行业务循环实质性程序，实务操作数据繁琐、量大，培养学生勤勉尽责、精益求精的工匠精神 4. 培养学生团队协作能力、团队精神	1. 培养学生诚信为本、公正守法的审计职业素养 2. 培养学生激浊扬清的社会责任意识 3. 培养学生精益专注、勤勉尽责的职业操守 4. 培养学生团结协作、敬业奉献的团队意识 5. 培养学生追求卓越、勇于创新的进取精神	诚信为本 公正守法 激浊扬清 勤勉尽责 精益专注 工匠精神 团结协作 追求卓越 勇于创新

（三）教学实施

1. 校企共建思政课堂

首先，充分利用校外审计实训基地，学生可在岗位实习中，切身体会审计人员敬业、精益、专注和创新的职业精神。其次，充分发挥基地专家、行业能手的作用，邀请他们来学校开展审计职业道德教育讲座，为学生普及对于审计行业人员的思政素质要求。再次，校外专家和教学团队共同编制审计思政案例，将真实舞弊案例纳入审计思政案例库，引导学生树立正确的人生观、价值观和职业观。最后，充分利用网络资源，有针对性地向学生推送"审计署""CPA视野"等平台上与思政教育相关的文章，培养学生的制度自信、文化自信，树立爱国情怀。

2. 情景演绎激发共鸣

在学生了解注册会计师对财务报表进行审计的基础上，引导学生以企业真实的财务舞弊案例为背景，结合注册会计师的职业道德等思政内容设计财务报表审计案例，鼓励学生利用各种资源主动开展探究性学习，各小组以情景剧形式进行作品展示。体验式教学可以引起学生情感共鸣，增强学生对注册会计师社会责任、职业道德的感悟。

3. 思政考核有效融入

更新"注册会计师审计实务"课程考核方案。课程专业知识和技能模块的考核比例调整为80%，增加20%的课程思政考核模块。在教学和实训过程中融入审计法律法规、职业道德等小测试，并通过学生互评对学生的协作精神、工作态度等进行打分。在考核学生是否掌握财务报表审计基本知识和技能的同时，考查学生是否能恪守诚信为本、公正守法的职业要求，是否能树立制度自信、文化自信的爱国情怀，是否具备了勤勉尽责、精益专注的工作态度，是否具有良好的团队协作精神。

（四）特色创新

1. 课程思政目标科学设计

"注册会计师审计实务"课程的培养目标：在执行会计报表审计业务中，能够熟悉和掌握五大业务循环审计的基本流程，能够运用审计基本方法和技术方法获取审计证据，编制审计工作底稿，形成审计结论，并出具审计报告。基于课程培养目标，课程的思政培养目标可拟定为：养成法治思维，依法开展审计活动；培养"独立、诚信、客观、公正"的基本职业素养；强化社会责任感；激发爱国情怀。

2. 思政自然融入教学内容

结合"注册会计师审计实务"课程内容，将"诚信为本、公正守法；文化自信、制度自信；勤勉尽责、精益专注；工匠精神、团结协作；激浊扬清、追求卓越"的思政元素与教学内容有机地结合起来，优化设计课堂教学内容。通过案例分析、角色扮演、动画视频等多种形式的教学手段实现既定的思政教学目标。

3. 任务驱动构建立体课堂

"注册会计师审计实务"课程特点是强调审计操作技能的培养。为提升学生学习的获得感，增强学习兴趣，采取任务驱动式教学。在实训操作中，应设计具体的审计任务，并将各类舞弊风险点嵌入实训模块中，让学生运用所学知识和技能去发现问题、分析问题、解决问题，从而提升技能训练的挑战性和趣味性。学生在操作过程中也能充分发挥主观能动性，感受审计工作中精益专注、团结协作的重要性。磨炼学生严谨细致、精益求精、百折不挠、持之以恒的工匠精神，帮助学生形成诚信客观、勤勉尽责的职业素养，让学生在课堂中体悟审计的魅力，增强职业认同感和自豪感。

4. 以生为本创新教学模式

利用各种手段创新课堂思政教学模式，提高课程思政内涵融入课堂教学的水平。以学生为主体，发挥学生主动性，鼓励学生运用抖音、快手、微信公众号等新媒体平台展现思政教学成果。比如让学生拍摄小视频，分组扮演客户、审计经理、审计专员等角色，演绎审计舞弊案例，训练学生多维度分析的能力，帮助他们在价值冲突中进行正确的伦理道德抉择，培养学生对法制的敬畏感，树立正确的职业观、人生观。

四、成效与反思

（一）"求真"与"善美"有效融合铸就"真善美"

目前，"注册会计师审计实务"课程思政建设刚刚起步，在挖掘课程思政元素和进行思政融入的过程中还存在很多不足。专业知识获得是一个"求真"的过程，思政教育是追求"真、善、美"的过程，要融合两者是课程思政改革的难点。专业教师如何深入挖掘课程中所蕴含的思政元素，同时做到在教学中将思政教育"润物细无声"般地传递给学生，这对专业课教师来说是新问题、新挑战。

（二）思政与专业教师协同破解"各唱各戏"

审计专业教师通常在专业领域具有一定的教学经验，能够较好地传授审计专业知识和技能，但缺乏将全方位、全过程、全员思政内涵和精髓融入课堂的能力。而思政课教师由于对专业课程体系不熟悉，在进行思政课程教学中不能结合学生专业特长"对症下药"。两者在思想政治教育上协同不足，形成"课程思政"与"思政课程"各唱各戏的局面，这也是思政教育有待解决的问题。

【专家点评】

该案例的课程思政任务是围绕素质目标的实现来完成的，强调"注册会计师审计实务"课程的教学目标是知识、能力和素质三大目标的统一。其中，素质目标要通过课程思政的显性融入或隐性融入来实现。其显著特点是将章节内容、技能学习成果、思政育人切合点、思政元素、德育目标达成一一对应。该案例以"立德树人、诚信为本、依法审计"为主题，恰如其分地将思政元素有机融入专业知识的教学之中。教学设计、教学创新、教学成效和教学反思等方面均较好地体现了专业知识和思政元素的结合。

"内部控制":行法治内控路 做诚信内控人

一、主讲教师

杨晶晶,女,硕士,讲师,主讲"企业内部控制""审计基础""审计实务"等课程,曾获安徽省高等职业院校教学能力大赛三等奖,主持教科研项目5项,公开发表论文3篇。

二、课程简介

"内部控制"是大数据与审计专业的核心课程。通过本课程的学习,学生能够了解企业内部控制理论的建立与发展过程,明确企业内部控制的必要性和重要性,为企业内部控制的设计、评估和报告构建良好的思维框架,培养分析企业内部控制存在问题的能力。

"内部控制"作为一门较新的课程,目前对其的研究不多,课程思政素材有待开发,且课程本身来源于西方,课程内容很少体现我国的社会主义市场经济特色和价值观,课程思政基础较为薄弱。因此,"内部控制"课程思政设计应重新梳理本课程独有的价值体系,借助已建成的线上线下混合式平台,充分融合我国社会主义市场经济特色,彰显我国的经济改革经验和经济发展成就。

根据"内部控制"课程的特点,本课程的教学内容包括内部控制概述、内部控制要素和内部控制在企业常见业务中的应用。课程偏向实践应用,要求学生掌握内部控制的基本理论和前沿理论,掌握内部控制在企业管理和审计实践中的实际运用,能够解决常规经济活动中的内部控制问题,识别、评估经济活动中内部控制的重大缺陷。

三、教学设计

（一）教学目标

1. 知识目标

（1）理解内部控制概念，了解内部控制在经营管理与审计方面的重要作用。
（2）理解内部环境、风险评估、控制活动、信息与沟通、监督的主要内容。
（3）了解货币资金、采购与付款、销售与收款等环节的主要业务活动，掌握主要的控制措施。

2. 能力目标

（1）能够灵活掌握内部控制的相关概念。
（2）能够运用主要控制措施。
（3）能够设计资金活动、采购与付款环节、销售与收款环节的内部控制。
（4）能够在审计工作中运用内部控制知识，执行部分控制测试的工作任务。

3. 素质目标

（1）培养学生科学的风险管理观念及良好的职业道德操守，包括爱岗敬业、诚实守信、廉洁自律、客观公正、坚持准则。
（2）将社会主义核心价值观、工匠精神、奉献精神融入教育教学全过程，培养学生形成正确的人生观、价值观。

（二）设计思路

从"控制"这一关键主题出发，了解"治理"的相关概念，了解推进我国国家治理体系与治理能力现代化的重要性，以及了解审计在促进国家治理体系和治理能力现代化中的重要作用，提升审计职业荣誉感；以每章的反面先导案例为戒，分析内部控制知识点相关的警示案例，将正面教育与纪律约束相结合，培养正确的职业道德观念和法治意识；通过实训中的过程性考核，增强团队协作能力，保持良好的人际关系（表1）。

表1 "内部控制"课程项目与思政要点梳理

序号	课程项目	思政要点
1	内部控制概述	列举失败的警示性案例与正面的企业内部控制案例,以讨论的形式诱发学生思考,引导学生树立正确的社会责任观和价值观
2	内部控制的发展	强调我国在内部控制领域的重要举措和成功经验,增强学生的民族自豪感,坚定民族自信
3	内部环境	提出"一诺千金""不卖假货""不做假账"等朴素的道德伦理观念,引导学生重视契约精神,做一个诚实守信、遵纪守法的人
4	风险评估	帮助学生树立正确的世界观、人生观、价值观,向学生教授"风险与收益相匹配"的基本规律,帮助其树立正确的价值投资理念,避免产生"不劳而获""一夜暴富"的投机倾向
5	控制活动	对学生进行公民诚信教育与职业道德教育、风险意识与危机意识教育、金钱观与消费观教育、社会责任与家国情怀教育等
6	资金活动内部控制	逐步引导学生提升金融素养,使其能够不被物质欲望所操纵,根据预算约束合理规划消费期间,控制超前消费与透支行为,从而为个人征信和未来职业发展奠定良好基础
7	采购与付款循环内部控制	设定企业真实主要采购业务场景,建立学生的规则意识和法治意识,以反面案例为警示,引导学生养成坚持准则的职业操守
8	销售与收款循环内部控制	设定企业真实主要销售业务场景,建立学生的风险意识和法治意识,以反面案例为警示,培养学生诚实守信的职业道德
9	案例实训	通过反面案例,启发学生主动思考,主动探究学习,帮助学生树立正确的内部控制价值观

(三)教学实施

1. 深入挖掘优化思政内容供给

以马克思主义基本理论、社会主义核心价值观和中国优秀传统文化为核心,以习近平新时代中国特色社会主义思想为指引,深挖校园文化中的思政教育资源,将校训文化与课程思政有机融合。

2. 课程思政与专业知识有效融合

将课程内容与课程思政充分融合,特别是能够反映我国社会主义市场经济特色的优秀成果和宝贵经验,体现近年来我国审计文化的进步,充分彰显审计自信。

3. 线上线下联动提升学习效果

采用线上+线下混合的教学形式,激发学生的学习兴趣,提升学习效果。线上综合采用职教云、慕课平台等多种手段,丰富课程思政资源种类;线下精心组织案例分析内容,加强学生间的思考讨论,强化学生的探究式学习。

4. 过程性考核实现评价科学化

构建过程性课程考核评价机制,侧重于对学生全过程课堂表现的评价。课内关注学生的认知和价值观,课外关注学生的情感和个人修养,平时通过学生讨论、测验、案例分析等形式推进对学生全过程学习的评价。

(四)教学成效

1. 加强诚实守信的职业理念教育

结合课程内容,精心选择适用的教学案例,在强化学习效果的同时,将诚实守信、不做假账的道德素质植入学生内心。近年来,我国资本市场出现了不少财务丑闻,公司通过失真的会计信息,误导投资人作出错误的判断,利用内幕消息从中获利,侵害投资人利益,扰乱了资本市场的秩序。造成这些事件的主要原因都是从业人员的职业道德缺失和对诚信的漠视。因此,学生通过学习案例能够自主思考,树立诚实守信的职业道德品质。

2. 加强社会主义核心价值观教育

古时仁人志士倡导"先天下之忧而忧,后天下之乐而乐",大学生应继承中华民族优秀传统。对于"内部控制"课程来说,其理论与实践在我国的发展时间仅仅短短十几年,但是我国资本市场的迅速发展提供了较多的案例素材,为在本课程中加强社会主义核心价值观教育奠定了坚实基础。

3. 建设"内部控制"课程思政话语体系

习近平总书记强调,"创新对外宣传方式,加强话语体系建设,着力打造融通中外的新概念新范畴新表述,讲好中国故事,传播好中国声音,增强在国际上的话语权"。长期以来,内部控制学一直是西方语境占据主要的话语体系,但是经过短短十几年的发展,我们自身已经形成了丰富的教学案例库资料。因此,在讲授"内部控制"课程的过程中,教师需要融入我国的国情特色,服务我国的社会经济发展,强化中国国情的情景应用。

四、成效与反思

虽然本课程已经在把握课程属性、价值属性和特色优势的基础上,努力挖掘本课程中蕴含的思政元素,但是思政元素较为简单,其深度和广度还略显不足。教师在传授知识的同时,可能对学生接收信息的状态无法实时了解,思政教育的引入略显生硬且牵强,专业知识与思政教育融合不够,与学生的日常生活距离较远,不能很好地引发学生产生共鸣,可以在如下几方面做出改进:

(1)开展多元化教学激发学生主动性。采用多元化教学方法,灵活采用慕课、职教云等线上平台,鼓励学生自主组队、自主选择感兴趣的案例主题,引导学生提高学习主观能动性。

(2)强化集体备课探索教学标准管理。课程小组组织教师通过集体备课的形式把握教学内容的重难点,共享课程资源,探索课程教学过程标准化管理。

(3)深入提炼思政元素优化考核标准。教师通过集体讨论的形式筛选适合内部控制知识点的思政要素,选取具有代表性的思政案例融入课堂之中,并将课程思政情况纳入教学考核标准。

【专家点评】

> 该案例结合"内部控制"课程实际,多角度充分挖掘课程中的法律意识、职业道德规范等思政教育元素。通过挖掘提炼育人点,把审计课程的意义与功能上升到促进国家治理体系和治理能力现代化的高度,提升学生审计职业荣誉感。以反面先导案例为戒,运用包含内部控制知识点的相关警示案例,实现正面教育与纪律约束相统一,培育和践行正确的职业道德观念与法治意识。

"审计基础"：取信于民 听审于民

一、主讲教师

胡蓉，硕士，讲师，主讲"审计基础""内部控制""绩效审计"等课程，主持（参与）教科研项目14项，公开发表论文7篇。

二、课程简介

"审计基础"是大数据与审计专业的基础课程，也是取得"X"职业技能等级证书——审计专业技术初级资格证书的一门必考课程。本课程旨在培养学生掌握审计学的基本知识、基本理论和基本程序方法以及熟练掌握审计工作程序、审计检查方法等。课程内容包括审计学的基本知识、基本理论和基本程序方法，重点阐述了注册会计师审计的理论与方法，兼顾了内部审计和政府审计的有关内容，培养学生具备基础的审计知识及审计职业道德素养。

三、教学设计

（一）教学目标

1. 知识目标

（1）了解审计的定位、特征，认知民间审计的起源与发展。
（2）理解审计对象与目标、职能与任务。
（3）理解国家审计机构、社会审计组织和内部审计部门的区别。
（4）认知审计准则、审计依据，明确两者之间的关系。
（5）认知审计程序、审计方法、审计证据与审计工作底稿，理解其在整个审计实施过程中的重要性。

(6) 掌握审计程序和方法,收集和评价证据,形成审计结论。

(7) 掌握审计工作底稿和审计报告的种类。

2. 能力目标

(1) 能够理解审计基础理论知识,具有探究学习能力。

(2) 掌握审计程序中三个阶段的工作任务,以及审计方法的具体运用。

(3) 学会内部控制制度的测试、评审及审计报告的编写。

3. 素质目标

(1) 树立正确的"三观",塑造良好品格。

(2) 培养学生职业自豪感和职业自尊心。

(3) 激发学生对审计专业的热爱。

(二) 设计思路

审计学科的发展离不开德育教育,"审计基础"这门课程的教学目标与国家课程思政教育的方向不谋而合。因此,课程教学要结合现代社会发展的需要,不仅要注重培养学生的专业技术能力,也要注重教育学生,引导学生树立正确的世界观、人生观和价值观,培养学生具备社会公德和职业道德。

通过"审计基础"课程的学习,学生将系统地掌握审计的基本原理、通用程序、方法和技能,理解审计工作及审计人员在整个社会经济发展中的职能、角色、定位,为掌握包含具体业务流程的审计实务操作技能培养扎实的理论和思想基础。"审计基础"课程以立德树人为根本,充分挖掘审计专业知识蕴含的德育元素,将德育渗透并贯穿整个教育教学的全过程,助力学生的全面发展。

(三) 教学实施

1. 创设问题情境,实施启发式教学

创设问题情境,实施启发式教学,可以有效激发学生的学习兴趣,促使学生积极主动地参与到"审计基础"的教学过程中来。教师的主讲内容聚焦于介绍教学情景主题、基本观念及分析问题的方法,同时要求学生多做书写和口头表达上的沟通,把主动权交给学生,将思考问题、分析问题、表达意见的权利交给学生。

启发式教学承认存在个体差异的学生才是学习的主体,教师注意充分调动学生的学习

主动性，引导他们独立思考、积极探索，生动活泼地开展学习，自觉地掌握科学知识，提高分析问题和解决问题的能力。

例如：在讲述审计独立性的时候，先让学生自己思考问题，回答什么是形式上的独立？什么是实质上的独立？然后再告诉他们审计独立性真正的定义，纠正他们的认知偏差。接着可以引用一个独立性的案例，引导学生分析审计人员失去了形式上的独立还是实质上的独立？这两种独立性到底有什么关系？通过这种层层设疑，因势利导，启发学生独立思考、寻求答案，最后归纳总结的教学方法，让学生的认识逐步深入，教学活动变得生动有趣，课本上抽象的理论知识易于被学生理解、吸收，转化为有用的知识体系，而不至于造成学生囫囵吞枣。

2. 开设"德育"专题，显性输入式教学

在学习"审计基础"课程的过程中，关于审计人员的职业责任、执业准则、职业素养、价值观的培养是很重要的内容。在教学过程中，教学团队将这一部分内容的教学知识目标和课程思政目标有机融合，进行系列专题讲授。

如在专题讲授审计监督治理体系中，为学生播放习近平总书记在中央审计委员会中关于审计是党和国家监督体系的重要组成部分相关讲话内容，增强同学们的专业自豪感和历史责任感。在专题讲授注册会计师的职业道德与法律责任时，引申出注册会计师在确保经济数据的真实、准确的同时，能够及时发现风险、促进资本市场的健康发展，并具有防范系统性金融风险及维护国家金融安全方面的社会责任。通过一系列专题研讨授课，学生在学习"审计基础"这门课程的同时，树立社会利益为先的理想信念，认识到作为审计从业人员应有的社会责任，做到明德于心。

3. 寓教于常于行，隐形渗透式教学

所谓的"寓教于常于行"包括两个方面：

一是将思政教育落实到日常生活的行动当中。教师要不断地增强人文社科素养，所谓"言传不如身教"，指的是教师只有具备较高的人文素养、广阔的知识视野、深厚的学识沉淀和良好的行为修养，才能为"课程思政"铺垫良好的基础。教师的学识素养、言谈举止，能将"德育"渗透到学生的内心，真正做到"春风化雨""润物无声"。

二是将思政教育落实到常规的教学活动当中。真正落实"课程思政"教育理念，必然要在日常课程中的各个阶段注重学生价值观的培养。在备课环节精心巧妙地进行教学设计，在课程的各个阶段，当涉及与审计人员执业准则和职业道德有关的内容时，教师可以不断重复以此加深学生对此知识点的印象，直到学生记忆深刻。如在讲授接受和维持审计业务委

托关系时,强调对被审计单位、审计机构和人员自身的质量控制,既不可为发展业务接受被审计单位不合理的要求,时刻保持独立性;也不可以在自身独立性和专业能力不达标时承接不恰当的业务委托,坚持诚信、依法执业的操守,如在讲授与被审计单位的管理层解除审计业务约定时,再次重复注册会计防范资本市场金融风险,维护国家金融安全的职业责任,启发学生理解为何审计人员需要确定是否有约定义务或其他义务向治理层、所有者或监管机构等报告。

4. 线下线上结合,互动体验式教学

在"审计基础"这门课程的教学过程中,教学团队引入大量的教学案例来加深学生对理论知识的认知,鼓励学生参与案例讨论、发表自己的观点,调动学生的学习积极性。与审计相关的不少案例都与道德和价值观的迷失有关。比如财务造假"琼民源"案例给广大投资人造成了巨大的损失,其中的主要原因就是舞弊者的道德与价值观的缺失;结合世界上最大的会计师事务所安达信涉及给安然公司财务报表造假而导致荣誉尽毁的案例,让学生深切感受到审计从业人员诚信为本、操守为重、实事求是、依法执业的重要性。在学生掌握注册会计师如何对财务报表进行审计的技能基础上,教师引导学生以企业真实的财务舞弊案例为背景,同时结合注册会计师的职业道德等思政元素,设计审计案例,鼓励学生利用各种资源主动开展探究性学习,分小组进行讨论学习后各小组以情景剧或小组内演讲等多形式进行作品展示。

教学过程中教学团队充分利用信息化教学手段,发挥线上网络平台的作用。课堂以外的时间教学团队向学生推荐审计相关优秀影视作品或其他多媒体资源,推送审计相关案例,鼓励学生在线上讨论区进行互动讨论。

(四) 特色创新

现以第四章第四节"审计的技术方法"为例来展示课程思政教学特色创新,详见表1。

表1 课程思政教学特色创新

知识点	思政要点	案例名称
原始凭证的审核	诚信	案例:发票报销用心苦,套取现金终暴露
	职业道德	

1. 案例简介

2020年,××市城郊人民检察院指控××市某园林开发公司总经理王某利用职务之

便,通过购买虚假发票和虚开发票的方式贪污公款。

调查发现,王某常以"会务费"的名义虚构单位旅游活动,事后虚开发票或从不法人员处购买假发票报销其个人消费。2021年6月,王某就曾授意当时的办公室主任周某以"单位旅游活动"为由,向公司财务部门借款56000元,供其个人使用。为了冲抵此次借款,王某通过向海南某假期旅行社支付增值税额4480元的方式,取得了该旅行社开具的一张面值为56000元的发票。同时,王某不知从何处取得了一份与该发票对应的旅游合同。王某担心这些材料不符合公司的财务制度,于是特意在发票后面签上了自己的名字,并在旅游合同上加盖了自己公司的公章。为使材料更具可信性,王某还"发动"了办公室的2名心腹,让他们在发票后面签字验证,真可谓"用心良苦"。这样一来万事俱备,王某顺利地将这份发票和合同拿到财务处,用它们冲抵了自己56000元的借款。

此外,根据公司内部人员指证,王某自2018年开始除了经常以从未举办的单位活动套现吸金外,还时常以"预借引种费"为由向公司财务借现金,然后购买假发票冲抵。

据法院调查核实,王某在位期间共贪污公款71万余元,并有其他罪行,数罪并罚,最终被判处有期徒刑13年。

2. 案例点评

该案例中,由于被审计单位会计人员职业道德缺失且公司内部控制不完整、缺乏有效性,虚假业务在原始凭证审核环节未被分辨出来,造成单位财产损失。其教学目的在于让学生对原始凭证审核要点形成清晰的认知(图1、图2),认识到在工作中树立诚信形象和形成良好的职业道德的重要性。

3. 思政元素

本案例中,王某仅以一张虚开的发票与一份来路不明的合同,便顺利地以"会务费"的形式报销"单位旅游费用",说明公司财务人员在进行原始凭证审核时存在玩忽职守的行为。财务人员在报销过程中应对报销事由、报销依据、报销发票的真实性及合理性等进行严格审核、逐层把关,审核无误后方可按照合同规定及时办理付款。该单位此类行为能多次发生,正说明在原始凭证的审核方面存在缺陷,审计人员应建议被审计单位加强针对财务人员的诚信教育,提升其职业道德。

课程思政教学目标:通过案例讨论,让学生了解审计人员对原始凭证审核的要点及严格实施原始凭证审核对保障被审计单位利益不受侵害的重大意义;强化学生的诚信意识;让学生意识到职业道德的养成是其职业能力最重要的组成部分。

图1　审计技术方法知识点一

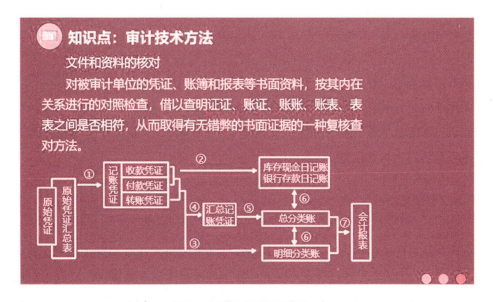

图2　审计技术方法知识点二

四、成效与反思

(一) 成效

1. 课程思政的核心在于隐性思政点的发掘

隐性思政点的发掘,需要教师对思政内涵有深刻的认知,在此基础上紧密联系时事与实践,充分将专业知识的讲授与思政工作无缝结合,避免产生生硬感,让学生在学习专业知识的同时,自然受到思政教育内容的熏陶。从课堂学生的参与以及讨论的聚焦点来看,专业知识点与思政知识点都能被纳入其中,不仅学生接受了专业教育,教师也实现了课程思政教育的目标。

2. 思想教育的核心在于理想信念观的培育

高校学生是课程思政最直接的学习者、感受者和获益者,评价高校课程思政应基于供给侧、投入端,突出需求侧、产出端考查。应立足于学生、以第一视角充分检验人才培养的效果。越来越多的学生关心时政新闻,下载"学习强国""人民日报"等APP,参与政治学习。学生要求入党的积极性明显提高,毕业生报考思政类本科专业的比例大幅增加,一批高素质、有担当的毕业生选择扎根基层,走上"选调生""三支一扶"等岗位,把个人理想追求融入党和国家的建设事业中。

(二) 反思

思政教学包含的内容很广泛,但学生在接收与理解课程中的思政内容时往往需要通过探讨和交流才能充分吸收。专业课教师的思政内容讲授方式可能不便于学生理解,仅仅按照自身的观点来向学生展示思政内容,与思政课教师的沟通也不够及时,导致思政教育内容与专业课程的协同性相对较差。

【专家点评】

> 该案例从习近平总书记关于审计工作重要讲话精神和对深化审计管理体制改革的要求出发,优化教学内容、教学手段、教学目标。通过创设问题情境、开设"德育"专题、寓教于常于行、线下线上结合等多种形式,引导学生树立正确的世界观、人生观、价值观,努力做到审计知识传授与新时代审计学科价值引领相统一、显性教育与隐性教育相统一。

"审计实务":坚守职业底线　捍卫客观公正

一、主讲教师

邓姗,女,硕士,主讲"审计实务""基础会计"等课程。

二、课程简介

"审计实务"是大数据与审计专业的核心课程,是一门理论性强、政策性强、知识面宽的应用课程。本课程主要包括两部分:审计业务篇和审计完成篇,基于8个学习情境展开。审计业务篇包括审计抽样、采购与付款循环审计、生产与存货循环审计、销售与收款循环审计、筹资与投资循环审计、货币资金审计、企业财务报表审计;审计完成篇包括完成审计工作与审计报告。

三、教学设计

(一)教学目标

1. 知识目标

(1)理解审计抽样的含义和种类;掌握选取全部项目测试、选取特定项目测试、审计抽样的适用范围;掌握随机数表、等距选样、随意选样的基本方法等。

(2)熟悉货币资金循环内部控制、库存现金的其他实质性程序、银行存款的其他实质性程序、其他货币资金审计。掌握货币资金的内部控制、货币资金循环的控制测试、库存现金的审计目标、监盘库存现金、银行存款的审计目标、函证银行存款。

(3)熟悉销售与收款循环业务特性,销售与收款循环的内部控制,其他业务收入、坏账准备等的实质性程序。掌握销售与收款循环的主要业务活动及会计记录、销售与收款循环的相关内部控制及控制测试、主营业务收入实质性分析程序、应收账款的审计目标、应收账款的实质性分析程序、应收账款的函证。

（4）了解采购与付款循环涉及的主要财务报表项目，理解采购与付款循环审计的基本理论和程序，掌握应付账款、固定资产和累计折旧等账户的审计方法。

（5）理解生产与存货循环审计的基本理论和程序，掌握存货与存货交易的实质性程序。

（6）了解筹资与投资循环的特点与主要业务活动、主要凭证、会计记录，掌握筹资与投资循环的内部控制及测试。

2. 能力目标

（1）工作中能熟练运用审计基本知识，熟悉审计会计相关的法律法规以及行业制度，能够用发展的眼光看待国内外审计专业的区别与联系。

（2）能够胜任简单的审计工作，承担相应的责任。

（3）掌握一定的计算机技术，能够在审计工作中熟练地使用计算机处理审计业务。

（4）能够在工作中展现出审计人员应有的职业道德，树立审计行业积极的正面形象。

3. 素质目标

（1）具有实事求是的态度，坚持客观公正的立场，坚定保密原则，时刻保持良好的职业行为。

（2）具有不断学习和更新知识的能力，不断提高专业胜任能力。

（3）具有审计职业道德和法律意识，今后在所从事的审计工作中保持独立，形成良好的社会道德风尚。

（二）设计思路

"审计实务"课程的重点在于将理论与实践相结合，通过计算机软件的辅助，进行一体化的教学。要以法律法规、行政法规和规章制度为依据，将理论与实务融合，从工作任务的角度来阐述理论与知识、技能与技术。通过启发学生分析典型审计案例、实施风险导向业务循环审计实务工作等，调动学生的积极性和学习潜能，激发学生学习兴趣，提高学生素质，掌握隐含在每一个学习任务中的理论与技能，培养学生可持续发展能力。

(三) 教学实施

1. 复习导入

通过提问促进学生复习上节课相关知识点,带领学生开展针对新知识点的学习。

2. 新课讲授

五大循环审计的学习(货币资金循环审计、销售与收款循环审计、采购与付款循环审计、生产与存货循环审计和筹资与投资循环审计)。

单元一　概述

××循环审计的业务特性

相关循环审计的特点、所涉及的财务报表以及所包含的科目。

一、××循环审计的主要业务活动及会计记录

通过表格将涉及的业务活动、对应的凭证记录、相关的认定和相关主要负责部门进行罗列,让学生明白每一项业务所对应的凭证有哪些、涉及哪些认定和主要负责的部门。

二、××循环审计的相关内部控制

(一)职责分离

(二)授权批准

(三)会计系统控制

(四)独立检查

单元二　××循环审计内部控制与控制测试

一、××循环审计内控

结合单元一中的业务活动,了解每一项活动涉及哪些内控措施、一个企业要想实现较好的内控效果应该要做到哪些、该循环审计的目标有哪些、可能发生错报的环节有哪些,识别和了解相关控制措施,执行穿行测试,最后得出初步的评价和风险评估。

二、控制测试

通过表格罗列出内控目标、关键内部控制措施和常用的控制测试内容。

单元三　××循环审计中涉及的重要账户审计

重点讲解重要账户审计的目标以及实质性程序,让学生通过阅读案例精选和知识链接并结合前面所学知识了解整个审计过程,加深理解。

3. 巩固练习

提问课堂相关知识点来巩固学生对重点内容的理解。

4. 归纳小结

梳理课堂学习内容,带领学生一起回顾知识点,点明重难点。在传授理论知识的同时,也不忘育人,在专业课程中实施思政教育形式可以多样,方法手段应丰富多彩,内容应贴合实际,以"润物细无声"方式实现专业知识传授与思想政治教育的同向同行,将价值塑造、知识传授和能力培养三者融为一体。让学生在接受知识的同时增强审计职业素养,引领学生多维度地思考问题,加强综合能力的培养,实现全方位的育人。

作业布置:课后习题,思考审计人员在进行审计时应该遵守哪些职业道德。

(四)特色创新

本课程注重审计学理论知识的传授、实践操作技能及判断分析问题能力的培养,在理论学习结束后会带领学生进入审计实训系统进行实操,讲练结合更有利于加深学生对审计实务的理解,激发学习兴趣。同时,将课程思政与审计实务课程进行无界化融合(表1),育人效果更加显著。

表1 "审计知识+思政教学目标"交互设计

章节内容	审计知识概述	课程思政目标
一、货币资金循环审计	货币资金循环内部控制、库存现金盘点表和银行存款余额调节表	引导学生深入社会实践、关注现实问题,培育学生诚信服务、德法兼修的职业素养等
二、销售与收款循环审计	销售与收款循环内部控制、营业收入审计与应收账款审计、应收账款函证	培养慎独的职业道德素养,提高职业判断能力等
三、采购与付款循环审计	采购与付款循环内部控制、应付账款与固定资产审计	培育追求真理的责任感和使命感;坚守客观和公正原则,坚持底线思维,严守政治底线、法律底线、纪律底线、道德底线等
四、生产与存货循环审计	生产与存货循环审计内部控制、存货审计和应付职工薪酬审计	树立底线和边界意识,只有在边界内做事才能确保工作正常运转,按照职责分工明确每个人应该做好的分内事,从而帮助组织提高运营效率

四、成效与反思

2016年12月7日,习近平总书记在全国高校思想政治工作会议上强调:"高校思想政治工作关系高校培养什么样的人、如何培养人以及为谁培养人这个根本问题。要坚持把立德树人作为中心环节,把思想政治工作贯穿教育教学全过程,实现全程育人、全方位育人,努力开创我国高等教育事业发展新局面。"大学教育坚持立德树人,把培育和践行社会主义核心价值观切实融入到教书育人的全过程是目前实践教学的重心和关键。2018年教育部印发《新时代高校思想政治理论课教学工作基本要求》,再次指出新时期更需要落实以教师为主导,以学生为主体,师生加强互动,激发学生学习过程中的积极性和主动性,从而真正实现知识传授、能力提升和价值引领,可见国家对于立德树人教育理念的高度重视,将社会主义核心价值观教育融入教书育人全过程势在必行。

在课程建设中,通过合理地提炼思政元素,聚焦法律意识、职业道德等的培养,较好地实现了立德树人目标。值得注意的是,思政元素的融入效果如何不是由教师来反馈的,最终的评价标准是学生。教师应该做到积极主动地去了解学生对课程的评价以及法律意识、职业道德规范及爱国主义等思政教育元素的培养情况,结合学生的反馈和需求及时调整教学方法和内容,最大化调动学生的学习积极性。要培养学生多角度思考问题的思维方式,每节课提炼出思政元素,融入课程教学。引导学生意识到成为一名称职的专业人员,不仅需要专业胜任能力,更需要诚信、客观、公正、恪尽职守的审计职业道德。

【专家点评】

> 该案例的思路是将审计知识的教学与思政教学目标交互起来,从审计知识的课程教学中直接提炼思政元素,通过设定课程思政目标,组织审计实务课程各章节的教学。教师以提炼课程育人点为抓手,多角度充分挖掘课程中的法律意识、职业道德规范及爱国主义等思政教育元素。课程教学中实施思政教育形式多样,方法手段丰富多彩,内容贴合实际。

"管理会计实务"：践行会计初心恪守职业道德

一、主讲教师

叶爽，女，硕士，助教，主讲"审计基础""会计基础""管理会计实务"等课程，主持教科研项目2项。

二、课程简介

"管理会计实务"是大数据与审计专业的核心课程，以企业管理会计工作过程为主线设计课程内容。"管理会计实务"课程思政的教学目的是传播马克思主义理论和新时代党的创新理论，激发学生爱党、爱国、爱人民的热情和民族自豪感，引导学生关注我国中小企业的运营管理，培育学生经世济民、德法兼修的职业素养，培养爱岗敬业、客观公正、廉洁自律、创新协作的新时代管理会计师。

三、教学设计

（一）教学目标

1. 知识目标

(1) 学会辨认管理会计问题。
(2) 了解成本性态分类方法、本量利分析基本数学模型。
(3) 掌握预测的基本程序和方法、短期经营决策和长期投资决策方法。
(4) 掌握全面预算体系构成及编制方法。
(5) 了解成本控制含义，掌握标准成本控制方法及成本差异计算方法。

(6) 了解责任中心划分、责任评价的方法及内部转移价格的制定。

2. 能力目标

(1) 培养学生自主学习能力和创新能力。

(2) 培养学生独立思维能力和管理决策能力。

(3) 培养学生良好的与人沟通和团队协作能力。

(4) 培养学生迎难而上、自强不息的能力。

(5) 培养学生形成优秀思想品德、业务素质和职业道德的能力。

3. 素质目标

(1) 培养学生自觉践行社会主义核心价值观。

(2) 促进学生热爱中国传统文化,增强"四个自信"。

(3) 促进学生遵守宪法法律。

(4) 促进学生树立管理会计师职业理想,端正职业认知,养成正直、客观、专业、尽职和保密的职业道德。

(二) 设计思路

"管理会计实务"课程思政元素育人设计如表1所示。

表1 "管理会计实务"课程思政元素育人设计表

章节	知识点	思政元素	育人设计
总论	1. 管理会计的定义 2. 管理会计的形成与发展 3. 管理会计的职能和信息特征	1. 价值观 2. 四个自信 3. 职业素养	1. 引入中国管理会计之父——余绪缨教授案例,引导学生向其学习,树立正确价值观,坚定理想信念,做到终身学习 2. 介绍我国对管理会计发展作出的贡献,增强学生制度自信和文化自信,认识到社会主义市场经济蓬勃发展推动我国管理会计实务创新 3. 管理会计在为企业管理者提供信息的过程中可能接触到企业战略机密,管理会计从业人员须保持初心,坚持企业利益大于个人利益,坚守职业底线,履行保密原则

续表

章节	知识点	思政元素	育人设计
成本性态与变动成本法	1. 成本分类 2. 成本性态与成本形态分析 3. 变动成本法与完全成本法 4. 变动成本法的优缺点及实际应用	1. 中华民族优良传统 2. 爱国主义教育 3. 马克思主义发展观和联系观	1. 宣传习近平总书记作出的关于制止餐饮浪费行为的重要指示，引导学生树立成本意识，倡导光盘行动，弘扬勤俭节约的中华传统美德 2. 布置学生查阅湖北省财政厅公布的武汉抗疫支出，区分其中的变动成本、固定成本和混合成本，引导学生更加认同社会主义制度的巨大优越性和生命的无价，树立爱国主义精神 3. 将马克思主义发展观和联系观引入变动成本法教学中，引导学生辩证地研究成本项目变与不变的关系
本量利分析	1. 本量利分析概述 2. 单一品种本量利分析 3. 多品种本量利分析	1. 大局意识 2. 创业教育	1. 讲授本量利分析前提涵盖的四个假设，引导学生树立大局意识，从全局角度看待问题 2. 讲授本量利分析基本原理，假设学生创业开餐饮店，思考如何做到保本、保利，培养学生创新创业思维
经营预测	1. 经营预测概述 2. 销售预测 3. 成本预测 4. 利润预测 5. 资金需要量预测	1. 实事求是 2. 中华传统文化 3. 理论与实际相联系	1. 分析因脱离社会主义经济发展规律和中国经济发展实际而错误进行的"大跃进"运动，教育学生做人做事要从实际出发，实事求是 2. 强调经营预测重要性时，引用中华传统文化《论语·卫灵公》中"人无远虑，必有近忧"，启发学生做事情应有长远的眼光、周密的考虑，要有居安思危的风险意识 3. 将管理会计知识与生活实际联系，预测经济活动资金需要量，让学生利用微信记账小程序预测家庭开支
生产经营决策	1. 生产决策 2. 定价决策 3. 长期投资决策	1. 爱国主义教育 2. 价值观 3. 信用教育	1. 讲解宏观环境在定价决策中的重要性，引导学生关注时事政治，关心国内外时局和国家宏观环境发展动向 2. 介绍资金时间价值，引导学生认识到无论是在个人消费层面，还是在企业投资决策层面，都要考虑未来价值，将眼光放长远 3. 在复利计算时引入借贷陷阱案例，进行信用教育，防止学生实施诈骗和被诈骗

续表

章节	知识点	思政元素	育人设计
全面预算	1. 全面预算概述 2. 预算编制方法	1. 中华传统文化 2. 马克思主义哲学整体和部分关系 3. 宪法法治意识	1. 引用《礼记·中庸》"凡事预则立,不预则废",教育学生做事要有计划 2. 讲授预算报表编制,强调整体决定部分,部分影响整体,培养学生全局意识,提高对企业业务、行业和宏观政策的把握能力 3. 企业预算的编制应遵循管理会计基本指引和应用指引,符合国家财税法规和会计准则,介绍管理会计职业相关法律法规,促进学生知法守法,恪守职业道德,规范职业行为
标准成本系统	1. 标准成本的制定 2. 成本差异的计算分析	1. 马克思主义哲学的联系观 2. 实事求是	1. 在制定标准成本、进行成本差异分析过程中,引导学生辩证认识成本差异的可控性和关联性,正确实行业绩考评 2. 介绍长江电工案例,构建"成本领先战略"为目标的标准化成本体系,强调成本管理要结合自身实际,实事求是
责任会计	1. 责任会计 2. 责任中心	1. 职业素养 2. 辩证唯物主义	1. 加强对学生的责任意识教育,围绕责任会计职能,强调责任分担的意义,强化学生责任担当 2. 介绍华为区域和代表处由收入中心转型为利润中心,启发学生对辩证唯物主义认为的物质世界处在永恒的运动、变化、发展之中进行思考

(三)教学实施

教师须科学规划"管理会计实务"教学实施过程,以"润物无声"的方式在课堂中加大思政育人力度。课前通过职教云平台发布学习任务单和线上课程资源,要求学生预习,对知识点形成基础认知。课中抓住课堂教学主渠道,综合运用案例教学法、角色扮演法等实现专业教学和思政育人相得益彰。课后充分利用网络平台和课程学习小组拓展课外专业课程思政教学,锻炼学生知识迁移能力,培养学生团队精神。

(四)特色创新

本案例基于2016年6月财政部发布的《管理会计基本指引》,结合2020年5月教育部印发的《高等学校课程思政建设指导纲要》中提出的课程思政内容,以爱国、爱社会主义、爱人民、爱集体为主线,围绕政治认同、家国情怀、文化修养、宪法法制意识、道德修养等优化内容供给,提炼习近平新时代中国特色社会主义思想、社会主义核心价值观、中华优秀传统文化教育、爱国主义教育、宪法法治教育和职业道德教育等蕴含的育人点,将其合理地融入各章节知识点中,实现有广度、有深度、有温度的课程思政教育,解决专业教师的育德意识和育德能力薄弱问题,重构"管理会计实务"课程思政教学体系。

四、成效与反思

开发"管理会计实务"课程思政案例,既可以推动该课程教学改革,在课程设计和教学过程等方面推进思政建设,提升教学质量,也可以提炼课程思政元素并融入专业知识教学中,发挥隐性育人的功能,潜移默化地实现价值引导和思想渗透,促使学生既学好知识,又涵养品德。但本案例对各章节思政要素总结得不够凝练,与教学目的结合得不够充分,形式化明显,为了课程思政而思政,搭建专业知识与思政元素之间的桥梁不够巧妙,有待后续努力实现衔接过渡之处自然流畅,如春风化雨般渗入学生心里。

【专家点评】

> 该案例以"践行会计初心 恪守职业道德"为主题,结合相关章节知识点蕴含较为丰富的思政元素的特点,授课教师做好育人设计,将育人与育才统一起来。在教学过程中,充分运用课堂主渠道,将角色扮演与案例分析等方法综合运用,将知识传授、价值塑造和能力培养三者融为一体,实现学生德才兼备、内外兼修。

"纳税实务"：守税收诚信门　做合格会计人

一、主讲教师

叶帆，女，硕士，助教，主讲"成本会计""管理会计""纳税实务"等课程，曾获安徽省信息素养大赛一等奖、图书馆服务创新案例赛一等奖、省级比赛优秀指导教师称号，指导学生参加安徽省财税案例赛获一等奖，主持（参与）教科研项目5项，公开发表论文5篇。

二、课程简介

"纳税实务"为大数据与会计、大数据与财务管理等专业的核心课程。自建校以来，学院就开设了"纳税实务"课程，建立会计实训实验室并开发具有鲜明高职高专特色的系列教材，2008年设立会计实训实验中心，面向全院所有专业开展实践教学工作，并且承担学生考证培训、专业技能大赛、教师培训以及会计继续教育培训工作。会计实训实验及税务实训平台的搭建与广泛使用，更是为纳税实务课程提供了强有力的保障。

"纳税实务"课程以会计专业人才培养要求为出发点，将税收知识的讲授与会计从业人员诚信素养的培育有机结合起来，让学生在掌握纳税理论的同时形成良好的政治素养与职业道德，做合格会计人。

三、教学设计

（一）教学目标

1. 知识目标

（1）掌握不同税种，如增值税、企业所得税等常见税种的计算与纳税申报。
（2）掌握万科集团纳税筹划案例中所设纳税筹划的具体方法与思路。

2. 能力目标

（1）培养根据各税种的征税范围确认企业日常经济活动涉及税种的能力。

（2）培养根据各税种的相关规定对企业日常经济活动所涉及的各个税种进行税款计算的能力。

（3）培养根据纳税申报的相关规定进行纳税筹划的能力。

3. 素质目标

（1）树立税收诚实守信意识，执业过程中严格要求自身，具备良好的职业理想和职业道德。

（2）培养良好的纳税意识，及时纳税，依法纳税。

（3）树立良好的会计职业道德素养，树立"四个自信"，守税收诚信门，做合格会计人。

（二）设计思路

本课程以万科企业相关纳税操作为例，对纳税筹划知识进行讲解。近年来，受全球疫情影响，全国商品房销售面积增速逐季放缓，行业竞争更加激烈，房地产企业的复杂性和市场的不确定性让企业转型面临诸多挑战。即便如此，万科依然不停前行，根据公开的财务报告，近年来，其收入总额和营业利润仍在稳步上升。案例详细地分析了万科在筹资阶段、销售阶段、持有阶段的纳税思路，重点讲解以企业所得税为主，增值税、个人所得税等为辅的各项计税方式在该企业的具体应用。基于实际数据，万科制定了详细的纳税筹划方案，合理、合法地节约了大量纳税支出，也为其他房地产企业提供了借鉴。

（三）教学实施

（1）通过书本上的知识讲解，学生更加深入了解纳税实务有关知识点，熟练掌握企业所得税、个人所得税、增值税、消费税等各项税种的税收计算和纳税申报。认识到在市场经济中诚信的重要作用，不仅能稳定市场，更能促进企业良性发展，尤其是诚信在纳税中必不可少。学习本门课程之前，多数学生未曾关注过纳税过程中的诚信问题，也不曾进行详细的思考，但在课程学习的过程中，学生不断加强会计从业人员自我诚信品质的塑造。

（2）通过案例学习，不少学生表示对"纳税实务"这门课有了新的认识，树立了税收工作诚信观念，设身处地地感受到了会计从业人员应该遵循的诚信原则，身为会计从业者要始终坚持站在客观立场，秉持公正的工作态度，合理筹划税收，做到诚信纳税。为学生播放相关案例教学视频，用贴近实际的案例让学生思考如何在工作中提高职业道德修养。

在课堂上,基于万科实际数据,就"制定详细的纳税筹划方案,合理、合法地节约大量纳税支出"开展专题讨论,学生进行知识交流、观点分享。通过纳税业务流程和各项政策的学习,培养学生独立自主的思考能力和高效配合的团队协作能力,诚实守信、爱岗敬业的个人素养,树立学生正确的世界观、人生观、价值观。学生们分小组进行案例讨论后,每组选派一名学生代表发言,阐述小组观点,对案例进行总结,各小组之间相互交流感悟,激发学生思维的活跃性,从而引发更深刻的思考,努力做到知识传授与价值引领相统一、显性教育与隐性教育相统一。

(3) 通过实操课程,带领学生实际操作,动手体验税额计算和申报过程,对企业税收进行筹划,要求学生在体验的过程中,总结纳税筹划时可能存在的问题,比如如何合理合法避税,引发学生对诚信的思考,尤其是对诚信纳税、不偷逃税款的感悟和思考。

(四) 特色创新

1. 课程思政自然融入

以专业育人为出发点,根据课程性质,以"立德树人"为原则,明确本课程思政目标。始终将思政元素贯穿课程始终,做到不单独讲思政,却处处透出思政;不特意讲诚信,却处处显现诚信,潜移默化地引导未来的会计从业者。

2. 内容构成精准全面

为确保学生专业技能水平达到初级职业资格水平,课程内容设置参考会计初级资格考试的范围和要求,力求全面覆盖考试内容,对考试不涉及但有必要拓展的知识点和能力要求,也要求基本掌握。

3. 授课内容新颖实用

课程按税种设置任务,以案例整体贯穿课程,按办理纳税申报的工作过程设置纳税情景,课程配套教材全面覆盖多个税种,重点展示增值税、企业所得税,穿插提示、归纳、拓展、思考等小窗口,内容新颖,有助于学生对会计政策的理解和纳税申报操作技能的掌握。

4. 授课过程理实结合

本课程将纳税实务的理论讲解与税收实操的技能训练集于一体,以业务需要融合税收政策,贯穿整个技能操作环节。学生完成课堂实践的同时掌握了税制基本内容,学会处理相关涉税业务。

四、成效与反思

(一) 成效

1. 理实相融,知行合一

在教学实践中,高度重视学生对纳税实务基本理论的掌握,训练学生熟练掌握税收计算与申报的基本技能,秉承"一切为了学生、为了学生的一切"的理念,注重夯实基础知识,实现从知识课堂向能力课堂的转变。改变传统的课堂教授、作业、考试模式,采用更加新颖的一体化教学模式,提高学生的主动性和创造性。

2. 形式多样,效果显著

本课程中的案例讲解和学生汇报双向进行,教师与学生点评共同展现,使知识在师生、生生之间传递、交流与互动,实现了从单向灌输课堂向多向交流对话课堂的转变。这种活跃的课堂氛围不仅促进了学生创新思维的碰撞,培养了学生交流与表达的能力,还能有效促进学生树立自信,形成以学生为主导、以教师为辅的课堂,提升课堂效率。除此之外,还可以加深学生对税收知识的掌握,激发学生主动学习的动力。

3. 显隐结合,诚信立人

在日常教学过程中,利用一些学生感兴趣的时事新闻、民间轶事,潜移默化地进行思政教育,带领学生观看相关警示教育宣传片,让学生在遵守会计从业规范的基础上,进一步提高自我职业道德修养,尤其是会计职业道德中的诚信教育。鼓励学生约束自我行为,对不当利益说不,在会计岗位上自律自省,做诚信的会计相关从业人员。

4. 教学相长,师生共进

加强教师课程思政能力建设,开展教师思政课程能力培训,经常性地组织经验交流、现场教学观摩活动,充分利用互联网、大数据等技术,利用慕课平台等在线开放课程,促进课程思政优质资源共享共用。加强教师技能培训,在岗前培训、继续教育、师德师风建设中融入思政课程,提升教师思政教学水平,推动课程思政建设发展,塑造师生共进良性格局。

(二) 反思

在教学实施过程中,还有一些需要不断努力、继续改进的地方。在选择案例时,应更加关注学生的群体喜好和理解能力,既要选取学生喜闻乐见、兴趣浓厚的案例,又要深入浅出地进行讲解,传播税收诚信理念,尽量避免选一些过时的或晦涩难懂的案例。在以后的授课中,还可以提前布置和安排,由学生自主寻找案例,课堂由学生自主讲授,以增加学生对知识点的理解。

通过贯穿课程始终的案例分析和诚信教育,使课程思政真正融入到教学环境中去。课上案例讲述与学生讨论相结合,辅以教师点评、课程视频播放、实践操作等方式,将纳税实务课程涉及的思政内容贯穿始终,也希望可以通过这种思政融入课程的学习让学生树立税收诚信意识,做一个合格的会计人,守好税收诚信之门。

【专家点评】

该案例以"纳税实务"课程为载体,以万科企业股份有限公司纳税筹划实践为例贯穿本课程始终,遵循"立德树人"原则,将育人与育才具体化为:将讲授税收知识与培育会计从业人员诚信素养相结合,以专业育人为出发点,明确诚信为本门课程思政的核心目标,不单独讲思政,却处处透出思政,不特意讲诚信,却潜移默化地使未来的会计从业者保持诚信。

"经济法基础":经世济民 德法兼修

一、主讲教师

杨超,男,硕士,助教,主讲"经济法基础"课程,曾获院级课程思政竞赛二等奖,主持(参与)教科研项目5项。

二、课程简介

"经济法基础"是大数据与会计专业的基础课程。通过本课程的学习,学生能掌握有关经济法律制度的基本理论和具体法律规定,精通劳动合同法、消费者权益保护法等重要法律知识,掌握有关公司法、合伙企业法等相关法律规定,熟悉票据法、担保法、社会保险法的基本法律内容。本课程意在培养学生综合运用所学法律知识,具有分析和解决现实生活中所发生的经济纠纷的能力。

三、教学设计

(一)教学目标

1. 知识目标

了解"经济法基础"课程主要内容,认识融入思政元素的意义。

2. 能力目标

熟练掌握"经济法基础"课程主要内容,并能将其运用于实际生活。

3. 素质目标

充分理解"经济法基础"课程主要内容,能够做到约束自身行为,引导他人树立正确价值观。

（二）设计思路

1. 课前

在制定人才培养方案、选用教材、制定教学大纲、编写教案、制作课件等方面融入思政元素，运用多种形式，让学生深入了解思政内涵。

2. 课中

通过转变教学方式、丰富教学手段等途径，充分利用课堂上"面对面"的时间，高效传递知识。

3. 课后

思政元素不同于简单的知识内容传授，需要深入浅出地讲授和持续不断地理解，只有重视课后内化与反馈，才能更好地促进思政元素融入教学。

（三）教学实施

1. 精心准备夯实教学基础

首先，要确保在制定人才培养方案、选用教材、制定教学大纲、编写教案、制作课件等环节提前融入思政元素，以党员教师为主体成立课程设计小组，加强教研组教师之间的思想交流、碰撞，邀请学校思政课教师进行指导，研究如何将思想道德与法治、毛泽东思想和中国特色社会主义理论体系概论、马克思主义基本原理、中国近现代史纲要、形势与政策等课程内容具象化、实际化、可吸收化。课程思政教育除了让学生在课堂上理解、课堂下吸收马克思主义和中国特色社会主义理论，也能促进学生树立正确的世界观、人生观、价值观。在此基础上，教师要引导学生自觉遵守法律规范、恪守职业道德、严守道德底线。因此，需"具体问题具体分析"，制定并完善教学大纲、教学计划、教学设计等教学资料，为课程思政教育奠定基础。

2. 模块化设计重塑教学内容

开展课程思政教学，就要改变传统按照章节组织教学的方法，例如可以对"经济法基础"课程教学内容进行重分，以课程思政理念为指导，以依法治国、职业素养、实操技能等为要素点将具体内容分为四大模块：

模块一：经济法基础实务，主要结合思政元素和实务内容讲解经济法相关基础知识，例如实习、就业过程中的劳动合同法和社会保险法知识、日常生活中的消费者权益保护法和食品安全法知识等。

模块二：会计法律制度，从会计基本法律制度出发，到会计核算和监督，再从实操出发，引出会计相关工作岗位的设置和职业素养。

模块三：支付结算法律制度，包括但不限于银行账户的结算，票据、银行卡的使用和管理，网上支付，结算方式的区别，相关结算纪律和法律规定，结合模块二所涉及的职业素养进行讲解。

模块四：税收法律制度，主要包括增值税、消费税、企业所得税、个人所得税、房产税、印花税等相关税种的法规与计算，另有税务管理、税款征收与税务检查、税务行政复议和税收法律责任，倡导学生树立"坚守初心、税收为民"的重要理念。

3. 案例式教学激发学生兴趣

在"经济法基础"课程思政教学中，必须要摆脱"老师讲学生听""左耳进右耳出"现象，要以翔实丰富的案例作为支撑点，努力把课程中出现的价值引导、思想引领、政治方向和思政教育等知识点与课程内容进行深层次的有机融合。除此之外，还应发挥教研室力量，共同进行案例编写，更好地实现思政教育目标。

4. 团队式参与调动学生参与

以宿舍、学号为单元或通过自由组合等方式将学生分成小组，依据实际工作安排相应的财务岗位。对标财务工作实际，实现业务目标的考核，如出具财务报表、实现资产入账等。除了基本人员安排之外，每组中需另外选出 1 人对其他小组进行监督。小组教学能充分调动学生学习积极性，通过相互学习和比较，汲他人之所长，克服自身缺点与不足。小组教学是实操教学的基础，团体实操模式需多人分担多个岗位进行模拟演练，如开展模拟面试、聘任等活动，需要有人担任企业方、应聘方等。

5. 实操式教学践行理实统一

在票据法、税收法、劳动合同法和社会保险法的内容教学中，将"陷阱"放入教学工具和学习过程中，让学生充分理解空头支票和偷税漏税的危害，尝试使用一些存在问题的教学工具，引导学生主动发现问题。例如在数据系统中故意设计部分错误；让部分学生担任"卧底"，负责干扰小组报税。结合教学内容，让学生快速掌握具体票据法、税收法、劳动合同法和社会保险法的知识,认识到税收的重要性,知晓如何及时、足额缴纳税款和社会保险相关款项,保障国家获得充足的财政收入和社会保险款,为社会稳定运行奠定坚实基础。当前国际形势复杂,国家更需要各行各业资金的支持,引导学生在日后的工作中能够做到为国理财、为国纳税。

(四)特色创新

1. 线上线下联动式教学互动性强

在当前社会背景下,互联网技术日新月异,在给传统课堂教学方式带来了诸多便利的同时,也带来了更多的挑战。作为时代弄潮儿的"00后"大学生们,相较于以前的学生,他们更擅长从网络和新型教学工具中获得知识和信息,新时代背景下的教师必须创新教学手段。除了传统板书+PPT的固定模式,教师应充分利用新型"互联网+"的手段和工具,让思政元素充分渗透教学过程,让学生在兴趣中学、在爱好中悟。例如通过短视频分享案例让学生在趣味中了解经济法知识;利用职教云、腾讯会议等教学软件实现教育线上线下相结合,能够让学生切身感受法律的威严和承诺的责任;可以在课后让学生制作短视频,记录自己的课程感悟,并加以评比。在这样的新型教育方式下,学生能够更快地学会相互合作、相互尊重,提升表达能力,深刻理解自己和他人所阐述的观点。教师在充分传授知识的同时,巧妙地将法律教育和思政教育结合起来,实现思政元素和专业知识的巧妙融合。

2. 案例式教学激发兴趣效果好

案例教学法是法律知识教学中重要的教学方法。但在对"00后"大学生的教学中,教师要意识到学生在不断变化,案例也要随之更新。在税法教学中,可通过对当下某些明星和网红的偷税漏税行为进行讲解和分析,并对官方公布的信息进行解读和阐述,在此过程中,教师能够感受到学生的互动欲望有明显提高。如在合同法律制度章节中,学生对合同的基本知识很感兴趣,无论是常规的租房合同还是合同中的其他权利义务知识,尝试用生活中的案例进行知识引入;如公交站牌、电视广告等,都是常见的要约邀请行为,可以公交车为例进行分析:一般的客运合同以承运人向旅客交付客票为合同成立的要件,而在常规情况下公交车的营运路线、停车站点、票价和乘车规则等会在多处公示,这些即可成为公交运输合同的主要内容,可以将站牌信息视为要约邀请,在乘客和公交公司都了解以上内容的前提下,乘客依然选择乘坐公交车,此时可以认为合同已经形成。乘客招手或者主动上车视为乘坐的意思表示,应被视为要约行为,而司机在乘客招手后停车、允许其上车,可以认为这是司机代表公交公司作出的对乘客要约的承诺,此时合同成立。

在教学过程中,正是这些身边的案例让学生体会到身边的法律知识,了解到法律并非遥不可及,知识就在自己身边。由此看来,课程思政的贯彻并非遥不可及。

除此之外,更有无数与学生息息相关的例子,比如实习的过程中可能会面临租房、签就业协议这些问题。这就需要对学生进行思政元素的渗透:一是要明确签订合同的各方地位平等,二是各方都要依据合同约定履行义务,三是具备契约精神。又比如在签订劳动等合同时须注意的一些细节问题,这不仅要求学生知法懂法,更要会用法。只有这样,学生才能在实际生活中避免上当受骗,这正是课程学习和课程思政的意义所在。

3. 课程思政与思政课程同向同行

(1)学生层面。课程思政的融入是全方位、全过程的,所以学生可通过任意课程来了解思政元素、接受思政教育,而不仅仅只依靠思政课程,这也就是课程思政的意义。

(2)授课教师层面。授课教师大多并非专业思政课教师,专业课教师也应当加强与思政课教师的联系,加强自身思政知识的学习,推动专业课程与思政课程有机结合。

(3)思政课教师层面。思政课教师是专业的思政教育人员,思政课堂也是学生接受思政教育的主阵地。作为思政课教师,应当积极分享思政课教育经验,不仅对学生,也要对其他教师进行思政知识的传授,共同推进思政教育。

四、成效与反思

课程思政远远不是一节课或一门课可以完整呈现的,但正是这些具体生动的教学形式,让课程思政教育有血有肉、有形有魂。"经济法基础"课程基于课程思政教育改革,不仅仅针对本系或者本校,更希望可以基于这门课程带动其他课程进行课程思政改革,努力促进高职院校实现扩大课程思政范围、完善课程思政体系目标。同时,高校教师可通过挖掘课程思政元素、构建生动教学情境以及充分运用现代信息技术手段,让"经济法基础"课程教学工作得以高质量完成,切实提高学生思想政治水平。

【专家点评】

  该案例根据"培育学生经世济民、诚信服务、德法兼修的职业素养"的课程思政建设思路,注重课程思政与思政课程同向同行。首先,在学生层面,"经济法基础"课程思政的融入是全方位、全课程的,因为经济法就是道德在经济生活中的实践化。其次,在专业课教师层面,应当加强和思政课教师的联系,加强自身思政知识的学习,确保教师具有丰富的思政知识以战斗在思政教育的第二阵地。最后,在思政课教师层面,思政课教师是最专业的思政教育人员,思政课堂也是学生接受思政教育的第一阵地,作为思政课教师,也应当积极分享自己的思政课教育经验。

"网络营销":厚植家国情怀 坚定理想信念

一、主讲教师

何承芳,女,硕士,副教授,主讲"网络营销""客户关系管理""网店运营推广"等课程;曾获国家级在线精品课程认定 1 项,省级教学成果奖二等奖 1 项、三等奖 1 项,安徽省高等职业院校教学能力大赛三等奖 1 项;指导学生参加市场调查及创新创业类竞赛荣获国赛二等奖 5 项、三等奖 5 项,省赛一等奖 4 项、二等奖 12 项、三等奖 25 项;主持(参与)教科研项目 10 余项;公开发表论文 7 篇,出版专著 1 部。

二、课程简介

"网络营销"是电子商务专业的核心课程,先后获批省级大规模在线开放课程、示范课和提质培优课程。本课程将满足企业从传统营销向新媒体营销转型升级对专业人才的新需求,培养适应网络经济和电子商务发展需要的应用型专业人才。课程从政治意识、法律法规、网络伦理和思想道德四个方面,树立学生坚定的政治方向,引导学生端正世界观、人生观和价值观,自觉遵守法律法规,提升网络文明素养,推动网络文化环境和谐健康发展,培养学生爱岗敬业精神、创新意识、团队协作精神,培养学生科学思维,为学生全面发展和就业、创业打下坚实的基础。

三、教学设计

(一)教学目标

1. 知识目标

(1)了解网络营销的概念、八大职能。

(2) 熟悉网络营销常用工具。

(3) 掌握网络环境分析和 SWOT 分析法。

(4) 熟悉网络消费者行为因素、网络营销 STP 战略。

(5) 掌握网络营销 4P 策略分析方法。

(6) 掌握网络营销推广的手段和方法。

(7) 学会进行网络营销策划方案的设计。

2. 能力目标

(1) 培养使用网络工具开展相关调研活动、收集和分析数据、撰写调研报告的能力。

(2) 培养收集、运用信息分析网络消费者市场及进行市场细分和选择的能力。

(3) 培养运用网络工具策划相关营销活动的能力。

(4) 培养综合运用网络营销策略的能力。

(5) 培养自主探究的能力。

3. 素质目标

(1) 培养诚实守信、尊重他人、吃苦耐劳的良好品质。

(2) 培养自觉遵守网络营销工作的职业道德。

(3) 培养勇于探索、积极创新的科学精神。

(4) 培养坚定政治立场，遵纪守法，引导学生形成正确的世界观、人生观、价值观。

(5) 培养养成良好的道德行为习惯，具备扎实过硬的业务素质和身心素质。

(6) 培养创新创业思维、良好道德品质、敬业精神、团队意识。

(二) 设计思路

本课程贯穿"以学生为主体、以能力为本位"的教学思想，秉承"项目导向、任务驱动、情境教学"的理念，围绕知识目标、能力目标、素质目标，将思政元素融入整个教学活动，通过案例分享、教师讲解、学生思考、小组互动等教学方式，在教学过程中增强爱国主义教育，强化对民族和国家的认同感和归属感，将大国工匠精神、新时代道德规范和理想信念等潜移默化地融入到专业课程教学内容中，推进课程思政与专业课程有机结合，充分发挥专业课程的育人功能，增强大学生价值引领，落实教师的育人职责。

本课程具体设计如表 1 所示。

表1 "网络营销"课程设计

项目	教学任务		思政教育目标
项目一 认识网络营销	任务一	了解网络营销	了解国家政策,践行文化自信,树立民族自信心,增强民族自豪感
	任务二	探索网络营销岗位需求	遵守网络营销职业道德,遵纪守法
项目二 分析网络营销环境	任务一	网络营销宏观环境分析	了解社会主义发展史,增强"四个自信"、遵纪守法,培养爱党爱国情怀
	任务二	网络营销微观环境分析	形成正确的世界观、人生观、价值观,增强民族责任感
	任务三	SWOT策略分析	能够正确认识自我,做事有规划、有条理
	任务四	网络市场调研与分析	做到尊重知识产权,培养精益求精、实事求是、严谨认真的工匠精神
项目三 网络营销STP战略	任务一	网络消费者分析	培养正确的世界观、人生观、价值观,自觉维护网络健康生态,尊重他人
	任务二	网络市场细分	开展爱国主义教育,培养学生感恩之心,增强文化自信
	任务三	网络目标市场选择	增强民族自豪感和责任感,培养创新意识和精益求精、严谨认真的工匠精神
	任务四	网络目标市场选择实训	细心、实事求是、精益求精、遵纪守法
	任务五	网络市场定位	增强民族自信心,树立正确的世界观、人生观、价值观,培养良好的职业道德、创新意识和创业思维,形成爱岗敬业的职业素养
项目四 制定4P策略	任务一	制定网络营销产品策略	增强民族自信心,了解从中国制造到中国创造的发展史、改革开放史
	任务二	制定网络营销价格策略	正确面对事情的两面性,尊重消费者,遵纪守法
	任务三	制定网络营销渠道策略	引导学生遵纪守法,增强文化自信
	任务四	制定网络营销促销策略	自觉维护网络秩序,形成脚踏实地的学习作风,培养专业、敬业精神,树立正确的世界观、人生观、价值观
项目五 网络营销平台建设	任务一	企业网站建设	共同维护互联网文明,传播积极向上文化
	任务二	企业网站推广	培养踏实、坚持的工匠精神
	任务三	其他网络营销平台建设	引导学生重视整体利益,遵纪守法

续表

项目	教学任务		思政教育目标
项目六 网络营销策划与实施	任务一	网络广告设计与策划	培养诚信、创新、敬业品质,遵纪守法,守住道德底线
	任务二	搜索引擎营销策划	培养耐心、坚持品质,能够抓住主要问题,遵纪守法
	任务三	微营销推广策略	形成社群之间的互相信任、尊重、理解氛围
	任务四	直播营销推广策略	遵守基本的职业道德,拒绝低俗,遵纪守法
	任务五	其他营销推广策略	培养奉献精神以及正确的世界观、人生观、价值观
项目七 网络营销效果评估	任务一	网络营销效果评估指标	培养耐心、细心、实事求是、精益求精的工匠精神
	任务二	网络营销流量转化	教育学生科学看待事物,形成正确的荣辱观、顺逆观

(三) 教学实施

本课程以任务驱动开展混合式教学,基于翻转课堂将教学过程分解为课前准备、课中导学、课后拓展三个部分。课前,植入网络营销正能量资讯和思政资源;课中,融合网络营销典型思政事件、典型人物故事、工匠精神、道德法制观念;课后,培养学生团队协作、创新创业的能力,让学生逐步成长为德才兼备的高素质技术技能人才。

1. 课前准备

教师在课前通过职教云、QQ群等载体分享互联网资讯,例如2022年互联网"清朗"行动,引导学生规范网络行为,遵纪守法,树立正确的世界观、人生观和价值观。

2. 课中导学

(1) 案例引入:

① 每节课安排2名学生进行最新案例分享,提高学生对国家大事的关注度,增强学生的互联网意识,提高学生的参与度,增强职业敏感性和认同感。

② 教师引入课程思政案例,引发学生思考。例如通过"3·15"晚会上的酸菜包曝光事件,结合白象方便面的"自强人"宣传报道,引导学生在思考白象集团网络营销机会与可行的网络营销方法之余,了解到企业的社会责任。同时,结合疫情期间京东"自杀式物流"、拼多多上海专供、盼盼食品为大学生送食品等事件,增强学生的民族自豪感和责任心。

(2) 知识讲解：

在授课过程中，教师通过知识点＋案例分析，增强学生对专业知识的理解，提高专业技能。例如在分析网络营销4P策略时，引入"故宫文创"案例，分析故宫博物院文创历程、产品以及网络营销的方法，在学习知识的同时体会到中华民族博大精深的文化底蕴，了解中华文化的璀璨魅力，增强学生的文化自信，厚植学生家国情怀。将网络营销产品策略介绍与改革开放史相结合，借助从中国制造到中国创造的转变，中国"新四大发明"和2020年疫情期间中国制造抗疫担当，增强爱国主义教育，激发学生自强自信精神，传递责任、担当、创新等理念。

3. 实训阶段

在教学过程中，学生自由组建团队，合理分配工作任务，完成网络营销策划方案的设计，培养学生团队协作能力。在培养学生自主学习和分析能力的同时，要求学生能够关注行业动态，不断跟随时代和社会的发展进程，实现思政教育在网络营销教学中的润物细无声，鼓励学生创新创业，培养学生坚持、耐心、细心、实事求是、精益求精的工匠精神，如图1所示。

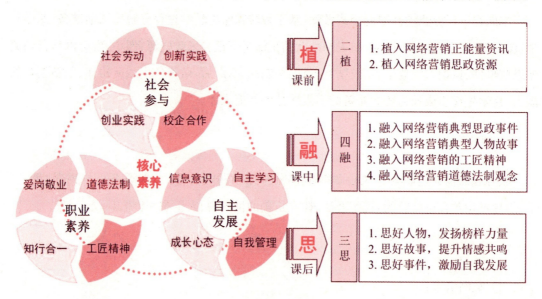

图1　思政融合路径

（四）特色创新

1. 创新思政融合路径，实现思政自然融入

在深入学习《高等学校课程思政建设指导纲要》后，教学团队深刻感受到新常态下思政

元素融入课堂的必要性和紧迫性,提出了"教师引领、学生互动、以德施教、以德育德"的课程思政建设总体方针,创新思政融合路径,将思想政治教育元素有机融入教学体系和教学内容。

2. 聚焦学生核心素养,实现思政浸润课程

"网络营销"课程从职业素养、自主发展和社会参与三个方面培养学生的核心素养,即:从爱岗敬业、工匠精神、知行合一、道德法制层面培养学生的职业素养;从信息意识、自主学习、自我管理、成长心态方面关注学生的自主发展;从创新实践、创业实践力、校企合作、社会劳动方面培养学生社会参与意识。通过课程思政武装学生的思想,形成学生学习的内驱力,引导学生全面成长。

3. 课赛融通协同育人,德技并修双向实现

将创新创业融入课程教学过程中,以各类比赛为契机,提升学生的社会责任感、服务意识、市场敏锐度和团队协作精神,培养学生的劳动意识、创业意识、创业能力,提高学生的职业道德,提升学生的专业技能,实现德技并修。

四、成效与反思

(一)成效

1. 厚植创新创业意识,课赛融通成果丰硕

在课堂教学环节通过案例分享、讨论、思考,拓展学生网络营销思维;网络营销实训环节,提升学生的创新创业能力;通过课中考核和实训考核,学生的创新能力显著提升。指导学生参加各类创业类比赛成果丰硕,获"三创赛"国赛三等奖1项、省赛一等奖2项、省赛二等奖2项等。

2. "四史"教育浸润课程,价值引领科学育人

在课程知识点讲授过程中,融入"四史"教育,充分发掘和运用思想政治教育资源,有效融入理想信念、家国情怀、法制意识、社会责任、文化自信、人文精神等价值元素,深化学生认知,增强民族和文化的归属感、认同感和荣誉感,帮助学生形成正确的世界观、人生观、价值观,增强学生情感共鸣。

（二）反思

1. 坚定正确立场

学生在网络上接收的信息内容良莠不齐，需要教师在教学过程中坚定正确的政治立场，引导学生树立正确的世界观、人生观、价值观，引导学生在大是大非面前具有判断力、大局意识。

2. 遵守网络法规

学生在生活和学习中常用到互联网工具，需要教师引导学生遵守公序良俗和法律法规。

3. 强化职业操守

电子商务专业的学生毕业后大多会从事网络营销或电子商务相关工作，需要教师在授课过程中，强化学生网络伦理道德教育，增强职业操守和道德规范。

【专家点评】

该案例以"网络营销"课程为载体，以任务驱动开展混合式教学，以翻转课堂的教学方式，将课前准备、课中导学、课后拓展有机衔接。课前将网络营销正能量资讯和思政资源有效植入；课中融合网络营销典型人物故事、典型思政事件、道德法制观念、工匠精神；课后实训环节，锻炼学生创新创业能力、团队协作精神；最终，将社会主义核心价值观对公民个人的要求在"网络营销"课程中落实、落细，引领学生逐步成长为德才兼备的高素质技术技能型人才。

"配送管理"：疫情无情人有情 物资配送显担当

一、主讲教师

高捷闻，男，硕士，副教授，主讲"配送管理""统计基础"等课程；曾获安徽省高等职业院校教学能力大赛三等奖 2 项、省级教学成果奖二等奖 2 项；指导学生参加省级及以上学科和技能竞赛荣获国赛二等奖 5 项、三等奖 5 项，省赛一等奖 5 项、二等奖 12 项、三等奖 21 项；主持（参与）教科研项目 10 余项；公开发表论文 8 篇，撰写专著 1 部。

二、课程简介

"配送管理"是现代物流管理的专业核心课程，以现代物流管理从业人员所需的职业素养和职业技能为出发点，突出职业能力的全面培养，强调理论教学与实训环节的有效衔接融合。不仅要求学生能掌握物流配送的相关知识和基本技能，形成一定的学习能力和实践能力，更意在培养学生吃苦耐劳、爱岗敬业等良好品质；树立成本意识、质量意识、效率意识、服务意识、环保意识；提高发现问题、分析问题和解决问题的能力；锻炼学生合作与沟通的社会交往能力以及培养学生诚实、守信、合作、敬业等精神，从而提高学生综合素质。

根据配送管理的工作流程，本课程内容主要分为订单处理作业、备拣货作业、流通加工作业、配货与送货、退货管理、配送成本控制与绩效评价 6 个项目。基于不同配送情景，进行配送工作流程的训练，提升学生的配送技能。

三、教学设计

（一）教学目标

1. 知识目标

（1）了解配送的发展历程、基本要素。
（2）了解配送在物流中的地位。
（3）掌握配送的概念、内涵。

2. 能力目标

（1）能识别配送与仓储的区别与联系。
（2）能识别配送与运输的区别与联系。

3. 素质目标

（1）弘扬配送人员爱岗敬业和吃苦耐劳的精神。
（2）增强配送人员的团结协作意识。

（二）设计思路

"配送概述"思政设计思路采用"3＋2"模式：

1. "3 针对"

针对"配送概述"的内容，寻找思政内容教学切入点；针对社会主义核心价值观的"敬业"精神，寻找教学融入点；针对责任担当素养培养，寻找教学突破点。

2. "2 适应"

适应学生，在课堂上能够让学生潜移默化地受到熏陶；适应高等职业教育，让学生内化于心，外化于行，爱岗敬业。

（三）教学实施

1. 经典案例再解析

（1）视频播放：丝绸之路视频。

（2）问题导向（观点分享、师生讨论）：配送是否简单？

（3）思政元素：家国情怀、吃苦耐劳。

从茶马古道、丝绸之路（图1），到现在的"一带一路"，纵观历史长河，我国的物流经历了长久的发展过程。

图1 丝绸之路

丝绸之路对我国古代社会的发展，主要在于经济上的贡献，它使地处中原的人们与西部邻国实现了商品贸易，极大促进了中国古代经济社会的发展。同时，它促进了欧亚大陆不同国家、不同文明之间在商贸、宗教、文化以及民族等方面的交流与融合，为人类社会的共同发展和繁荣作出了卓越贡献。

2. 重温配送好故事

（1）故事导入：杨贵妃吃荔枝、中国高铁、顺丰机场。

（2）问题导向：配送的核心问题是速度和成本吗？

（3）思政元素：中国速度、民族自豪感。

唐玄宗非常宠爱杨贵妃（图2），为了让杨贵妃吃到新鲜荔枝，修建了一条专门运输荔枝的道路。而那些负责运输荔枝的官员，在拿到荔枝的时候，便快马加鞭地运至下一站，交给下一个等待的人，这样就不会出现因为一匹马或者一个人长途奔波而导致速度减慢的情况。

来自"一带一路"沿线的20国青年评选出了他们心中的中国"新四大发明"：高铁（图3）、

支付宝、共享单车和网购。截至2021年底,我国高速铁路运营里程达3.79万千米,稳居世界第一,高铁网覆盖94.7%的百万以上人口城市。全国已有包括北京、上海、武汉、郑州等全国及区域中心城市,建成了以"八纵八横"主通道为骨架、不同速度等级的区域连接线衔接和城际铁路补充的高速铁路网,形成相邻大中城市间1—3小时交通圈、城市群内0.5—2小时交通圈,高铁已经成为中国速度的代名词。

图2　唐玄宗与杨贵妃

图3　中国高铁领跑世界

而近年来,无论是国家还是企业对物流配送都尤为重视,特别是无人机(图4)、无人仓的运用,"全国范围内24小时送达、全球范围内72小时送达"不再是梦想,更有很多城市实现了"小时达"。

图 4　无人机助力配送

3. 中国速度冠全球

(1) 情景导入：顺丰机场。

(2) 问题导向：如何提升配送速度？

(3) 思政元素：大国力量。

2022年7月，亚洲首个专业货运机场——鄂州花湖机场在湖北正式投入运营(图5)，这意味着国内快递不用隔夜就能送达，消费者网购当天就能享受到拆快递的快乐。"一日达全国，隔夜达全球"，中国速度将再次震撼世界。花湖机场运营后，货物可以实现集中分拣、集中配送，效率得以显著提高。据推算，顺丰航空的成本将至少降低四分之一。

图 5　鄂州花湖机场正式投入运营

空谈误国，实干兴邦。中国速度，是干出来的！嫦娥探测器、杂交水稻、中国天眼等就是最好例证,中国正在深刻地改变自己、改变世界。中国速度,就是大国力量。

4. 时政热点细分析

(1) 事件导入:京东开启"自杀式物流"援助上海抗疫。

(2) 问题导向:配送的范围界定。

(3) 思政元素:责任担当。

2020年新冠疫情暴发时,京东为了保供,曾采取单向物流的方式支援抗疫(图6)。京东物流在疫情期间的这种大规模单向物流的做法,被广大网民赞誉为"自杀式单向物流"。所谓的"自杀式单向物流",指的是运输车辆、司机、配送人员,进入疫情防控城市后就地隔离,然后再换一批人员和车辆进去。为此,京东调集大量人员组成规模巨大的配送队伍,投入到这一物流配送工作中。

图6　单向物流方式支援抗疫

京东物流通过"自杀式物流"方式向上海运送物资。一批次的快递小哥送货至上海后,就会按照防疫要求集中隔离,接着下一批次的快递小哥顶上,再次配送。当14批人全部进入,第一批人隔离完成,完成一次循环,周而复始,以此来保障每天都有人配送物资。

京东小哥的身份,让这份平凡的职业变得闪闪发光。在有需要的时候,逆风而行,坚定地把物资送到目的地,并且不留退路、少添麻烦,在配合防疫工作的同时帮助上海人民解决生活问题(图7)。

图 7 "自杀式物流"援沪

(四) 特色创新

(1) 以丝绸之路历史故事作为切入点,既引入配送的发展历程,又凸显家国情怀。

(2) 以杨贵妃吃荔枝历史故事和中国高铁故事为融入点,既突出配送的核心问题——速度和成本,又凸显中国速度就是大国力量。

(3) 以京东"自杀式物流"为教学突破点,既突出应急配送的必要性,又彰显配送人员面对疫情的责任担当。

四、成效与反思

(一) 成效

1. "3 针对"实现知识传授与价值引领同频共振

(1) 配送故事生动有趣,配送案例具有实用性和时效性,实现了配送核心知识点的精确讲解,增强了学生的学习兴趣。

(2) 配送故事、配送案例体现了家国情怀、吃苦耐劳、中国速度、责任担当等思政元素,通过价值引领实现了润物细无声浸润学生心灵的效果。

2. "2 适应"实现"三全育人"和专业素养同步提升

教学模式适应高职院校学生和高等职业教育,依据配送管理课程项目,提炼出配送的核心及岗位所需职业技能,将技能要点转化为配送核心知识点的组合,解析核心知识点的重难点,分析重难点涉及的思政元素,结合配送案例的实用性、时效性进行再设计,设计出教学目标和重难点的突破路径,通过视频、动画、案例、仿真、实训等途径实现"三全育人",让学生在春风化雨中感受心灵的洗礼,实现自身素养的提升。

3. 学生学习兴趣和学习效果同提高

思政元素融入配送管理课程教学,塑造了"有温度""有思考张力""有亲和力"的课堂氛围,从知识与能力、情感与态度、价值与立场三个维度组织课堂教学,课堂互动感强、学生参与度高,学生的学习兴趣和学习效果提升显著。

(二)反思

"配送管理"课程中每个项目的内容都蕴含着不同的思政元素,在授课过程中,应不断挖掘、不断探索,从而促进教师和学生共同成长。

【专家点评】

> 该案例以"配送管理"课程中的"配送概述"章节进行课程思政设计,针对社会主义核心价值观的"敬业"精神、责任担当素养培养,寻找思政元素的切入点、融入点和突破点。以丝绸之路历史故事作为切入点,既凸显家国情怀,又引入配送的发展历程;以中国高铁故事为融入点,既突出配送的核心问题(速度和成本),又突出中国速度彰显出大国力量;以京东"自杀式物流"为教学突破点,既突出配送人员面对疫情的责任担当,又突出应急配送的必要性。

"金融基础"：讲好中国金融故事 培育新型金融人才

一、主讲教师

苏雯，女，硕士，讲师，主讲"金融基础""互联网金融""银行业务综合实训"等课程，曾获安徽省高等职业院校教学能力大赛三等奖，指导学生参加省级及以上学科和技能竞赛荣获一等奖1项、三等奖3项、优秀奖1项，主持（参与）教科研项目5项，公开发表论文2篇。

二、课程简介

"金融基础"是金融服务与管理专业的基础课程，也是进一步学习"银行综合业务""证券投资实务""理财规划实务""风险管理""互联网金融""国际金融与结算"等专业课程的基础。

本课程以货币为主线，围绕货币的筹集、分配、融通、运用及其管理，阐释货币、信用、利息与利率、金融机构、金融业务、金融市场、通货膨胀与通货紧缩、金融危机和金融调控等知识点，帮助学生系统地掌握货币的基本概念、内在关系及其运动规律，从而具备认识货币金融现象、理解货币金融政策、初步判断货币金融发展趋势的基本能力。

三、教学设计

（一）教学目标

1. 知识目标

（1）了解货币金融的基本理论、基本知识和基本概念。

（2）掌握货币、信用、金融机构、金融市场、金融宏观调控、国际金融等基本概念范畴、相互关系及其发展规律。

2. 能力目标

（1）培养学生掌握观察和分析金融问题的正确方法。

（2）培养学生运用所学金融知识分析和解决现实金融热点问题的能力。

3. 素质目标

（1）以中国金融发展成就为主线，引导学生树立"四个自信"，坚定大国金融梦想。

（2）将社会主义核心价值观融入专业知识，培养学生诚信理念，提高法治意识，做诚信敬业的中国金融践行者。

（3）以金融从业人员的职业经历为融入点，培养学生的创新思维，树立工匠精神。

（二）设计思路

1. 学情分析助力教学，故事教学引人入胜

"金融基础"课程主要面向金融服务与管理专业学生，开设于第一学期。作为高职院校学生，对复杂金融知识的理解和接受能力不强，学习兴趣不浓，课堂参与程度不高，教学效果有待提高。教学中引入故事教学法，不仅可以将抽象的知识形象化，而且能够以事喻理，寓教于乐，有利于活跃课堂气氛，提高课堂效率，有效实现教学目标。

2. 深入挖掘思政元素，金融故事巧妙融入

本课程包含了货币、信用、金融机构、金融市场等宏观及微观金融知识，每个知识点的背后都蕴含了丰富的思政元素，如社会主义核心价值观、工匠精神、公平与效率、金融安全等。为加快实现价值引领、知识传授和能力培养"三位一体"的金融学人才培养目标，课程团队收集整理了大量的金融故事，并结合教学实践将其融入到具体的课程内容中。教师通过讲故事的形式带领学生学习知识，深度挖掘这些故事所蕴含的思政内涵，将知识传授与价值引领有机结合，春风化雨、润物无声地影响学生、教育学生，有效地提升学生的综合素养，较好地实现课程思政教学目标。

自学院实施课程思政改革以来，本课程团队以"金融基础"课程内容为中心，以中国金融发展成就为切入点，整理出与教学内容密切相关的中国金融故事。课程团队对教学内容进行了重新设计，将金融故事与教学知识点一一对应，如表1所示。

表1 "金融基础"课程思政教学设计对应关系

知识章节	思政元素	金融故事
第一章 货币与货币制度	道路自信 制度自信 文化自信	1. 最早的纸币——宋朝的"交子" 2. 粤港澳大湾区规划出台：借力"一国两制"、三个关税区、三种货币 3. 中国金融基础设施的里程碑——央行推出数字货币
第二章 信用与利息	诚信意识 文化自信 风险意识 道路自信	1. 乔家大院：经商之道——义、信、利 2. 大学生校园贷案例 3. 中国30年利率市场化改革
第三章 金融机构	制度自信 家国情怀	1. 中国银行主导的金融体系之路 2. 中国身影卓然亮相世界金融舞台
第四章 商业银行	制度自信 法制意识 职业道德	1. 银行业助力中小企业复工复产 2. 中行原油宝事件始末及启示 3. 农行39亿元票据大案始末
第五章 非银行类金融机构	制度自信	1. 社会保险扶贫 2. 习近平主席第二届进博会主旨演讲
第六章 金融市场	家国情怀 职业道德	1. 中国科创版注册制改革 2. 中国金融从业人员道德修养
第七章 中央银行	文化自信 家国情怀	1. 国家记忆：第一套人民币诞生始末，中国人民银行的由来 2. 助力复工复产——央行再次下调支农、支小再贷款利率
第八章 货币供求与均衡	创新思维	中国特色的货币供求均衡规律
第九章 通货膨胀与通货紧缩	道路自信 制度自信	重温红色历史——毛泽东治理上海通货膨胀
第十章 货币政策	创新思维 家国情怀	1. 人民银行价格型货币政策的探索——LPR 2. 央行设立再贷款再贴现疫情防控专项
第十一章 金融风险与监管	道路自信 政治认同 忧患意识	1. 尽显大国智慧，多措施应对2008年全球金融危机 2. 习近平总书记新时代金融安全观
第十二章 国际金融	制度自信 国际视野	1. 人民币纳入IMF的SDR 2. 面向东盟的金融开放门户建设

3. 创新课程思政方式,特色德育如盐入汤

本课程团队通过挖掘金融故事中的思政元素,采用学生喜闻乐见的方式,深入落实课程思政的引领作用,实现课程思政教育之"盐"融入课程之"汤",让立德树人润物无声。讲述中国金融改革成就故事,引导学生树立"四个自信",增强专业自豪感,树立远大职业理想;分享中国银行业在世界舞台的亮眼表现和金融机构的战"疫"担当,理解当前中国金融取得的成就与坚持党的领导是密不可分的,培养学生政治认同感;通过数字货币、5G智慧银行网点,引导学生洞悉金融发展背后的创新原动力,明确自身的责任和使命,着力培养创新思维和创新意识;讲解农行 39 亿票据大案始末、大学生校园贷案例、中国金融从业人员道德要求,培养学生知法、懂法、守法的法治精神,培育经世济民、诚信服务、德法兼修的职业素养。

(三)教学实施

本课程建立"课前预热+课堂精讲+小组研讨+总结提炼"的互动式教学模式,如图 1 所示。课前通过职教云平台为学生提供富含思政元素的金融故事,并引导学生查阅资料,挖掘最新的金融新闻故事,为课上学习金融知识奠定基础。由于课前学生已经了解课程内容,课堂上教师引导学生自主思考和探索,并对金融故事背后的金融理论进行答疑解惑,帮助学生掌握分析金融问题的方法,创设"课上 8 分钟",学生通过头脑风暴深入探究故事背后的精神,自主提炼思政元素,最后由教师进行凝练,最终实现师生思政水平的共同提升。

讨论

分享

总结

图 1 课上活动

为了更好地考查学生素质目标的实现效果,本课程将涉及思政元素的考核融入到过程性考核中。首先,通过职教云平台为学生提供富含思政元素的金融故事,在每个故事中设置相应的思考题,引导学生讨论,学习动态和讨论结果可以作为课程思政的过程性考核结果;其次,课程学习结束后,学生选取本门课程中的一个金融故事撰写一份学习感悟,内容主要包括知识、能力、情感三个方面的收获,重点考查学生深层次的价值理念。

(四) 特色创新

习近平总书记多次强调要讲好中国故事,传播好中国声音。在"金融基础"的课堂上融入中国故事,通过将蕴含丰富思政教育元素的金融故事植入教学环节,实现学生对思政元素的自主提炼,从而提升学生学习的主动性和积极性。学生在学习金融知识的同时,增长见识,塑造价值,在潜移默化中增强"四个自信",努力成为德智体美劳全面发展的社会主义建设者和接班人。

四、成效与反思

(1) 将社会主义核心价值观、中国金融发展成就、国家战略、金融从业人员的职业故事融入到"金融基础"课程的每个专业知识点中,使专业知识和思政教育紧密结合,努力实现金融基础课程与思想政治理论课同向同行,实现协同育人。

(2) 课堂教学环节中,通过头脑风暴、小组讨论等形式,引导学生深入体悟金融故事精神,自主提炼思政元素,充分调动学生参与课堂的积极性和创新思想,也给予学生展示自我的机会,有助于提升学生的自信心和创造力。通过课程学习,学生设计了银行调拨现金的创新技术方案,并在安徽省"互联网+"大学生创新创业大赛中荣获了铜奖。

(3) 通过分享最新的金融新闻和故事,让学生逐步养成"家事国事天下事事事关心"的习惯,树立家国情怀,正确认识金融从业者的时代责任和历史使命,努力成为担当民族复兴大任的时代新人。

【专家点评】

该案例围绕"讲好中国金融故事 培育新型金融人才"主题,通过挖掘金融故事中的思政元素,用学生喜闻乐见的方式,让课程思政教育之"盐"融入课程之"汤"。教学设计、教学成效、教学创新和教学反思,都较好地体现了思政元素和专业知识的结合,实现了显性教育与隐性教育相统一、知识传授与价值引领相统一。

第二篇
单元教学中的价值塑造

"销售和收款循环审计"：审"时"度"势" 计"深"虑"远"

一、主讲教师

罗艳，女，硕士，助教，主讲"审计实务"等课程，曾获安徽省高等职业院校教学能力大赛三等奖2项、院级教学能力比赛二等奖1项，指导学生参加省级及以上学科和技能竞赛荣获一等奖1项、二等奖2项。

二、课程简介

"审计实务"是大数据与审计专业的核心课程，"销售和收款循环审计"是"审计实务"课程的一个教学单元，也是大数据与会计、大数据与财务管理、资产评估与管理等专业选修课程。

2021年1月，根据教育部相关政策要求，专业实施数字化改造，由"审计"专业改为"大数据与审计"专业。课程内容与时俱进，引入大数据等新技术，体现"新趋势、新业态、新模式"产业要求，促进教育链、人才链与产业链、创新链有效衔接，注重学生工匠精神的培养。

"审计实务"课程中最重要的部分就是各类循环的审计，其中销售与收款循环审计是重要知识点。在教学过程中，按照"实训系统职场化、生产过程仿真化、数据运行可视化、教学活动（理实）一体化、教学资源立体化"思路，开展"岗课赛证融通"培养高技能人才的实践，实现德技并修、工学结合，构建专业思政与课程思政的"双循环"。

"审计实务"课程教师团队坚持内部培养和外部引进相结合，以"双师型"教学团队建设为切入点，优化师资队伍建设。教师团队在提高审计理论与实践能力的基础上，坚持教育者先受教的原则，积极提升自身的思政教育意识和能力，做实课程思政工作。邀请马克思主义学院副教授陈翠英等校内外思政课教师，共商、共建课程标准，深入研究每一个融入课程内容中的思政案例，对该课程思政建设进行深入思考、科学规划和落地实施，教师通过讲党史、讲案例、讲政策、讲实践，让学生将思政理念真正入脑、入心、入行，将课程思政内容"入味"

"入微",切实培养学生对国家的认同感和归属感。

三、教学设计

(一) 教学目标

1. 知识目标

(1) 熟悉销售与收款的业务流程和主要表单。
(2) 熟悉风险评估程序的主要内容。
(3) 理解控制测试的基本原理和实质性程序的操作方法。

2. 技能目标

(1) 能够识别主要的收入舞弊手段和类型。
(2) 能够根据需求设计表单和内部控制流程。
(3) 能够根据审计目标设计并实施控制测试和实质性程序。
(4) 能够使用审计大数据软件。

3. 素质目标

(1) 树立责任、忠诚、清廉、依法、独立、奉献的审计核心价值观。
(2) 能够认识到法律和制度的重要性,在日常工作中做到知法、懂法、守法。
(3) 通过大数据技术的应用,增强创新意识。

(二) 设计思路

1. 总体设计

总体设计如图1所示。

2. 具体设计

以"德"贯穿教学环节。紧紧围绕立德树人这一根本任务,进行人才"德商"教育,树立责任担当意识,开展思想政治教育,并将其贯穿整个教学环节。将思想政治教育与职业定位、职业价值观、职业道德等相融合,提高学生职业责任感,引导学生坚定理想信念,践行社会主义核心价值观。在实践教学过程中不断挖掘思政元素,积极融入大国工匠、红色审计精神和马克思主义哲学理念,以审计案例、时政热点和党史故事等为载体,将思政教育渗透至教学全过程,科学引导学生成为明辨、笃行的审计人才。

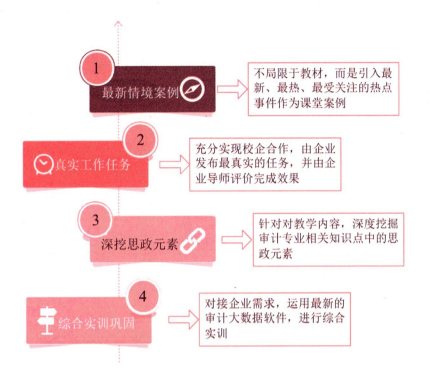

图 1　总体设计

具体设计如表 1 所示。

表 1　具体设计

授课章节	授课要点	特色案例	思政融入
销售和收款循环审计	熟流程	1. 薇娅偷税 2. 瑞幸咖啡收入造假等	1. 通过分析偷税漏税现象的危害告诉同学们税收的重要意义 2. 让学生意识到企业有序运行的重要性,在学生心中埋下遵纪守法、按流程办事的种子
	估风险	1. 延安必康财务造假案、乐视财务造假案等 2. 英雄联盟游戏中的虚拟商品售价	1. 提高风险意识,感知上市公司舞弊风险,提高职业谨慎性 2. 通过对收入舞弊的了解与分析,树立风清气正、廉洁自律的职业信仰 3. 介绍学院对接扶贫点,帮助村民识别"高回报"农作物新骗局

续表

授课章节	授课要点	特色案例	思政融入
销售和收款循环审计	测内控	《一文看懂华为内控体系》	1. 在日常工作中尊重规则、尊重流程 2. 学以致用，树立马克思主义实践观
	验认定	1. 康得新复合材料集团股份有限公司应收账款造假案例、神州长城股份有限公司应收账款造假案例、深圳海联讯科技股份有限公司应收账款造假案例 2. 传统和现代的审计手段对比，讲述红色年代红色审计人的艰辛历程	1. 培养学生综合运用大数据软件进行审计的创新精神，学生要做能查敢说会写的审计人 2. 引入新技术，对接"大数据与审计"新专业要求，体现"大数据"运用的"新业态"，倡导学生顺应国家数字化潮流，用自己所学为国家良治善治出一份力 3. 讲述红色审计人故事，参观审计史馆，学生撰写红色审计人物小传，鼓励学生传承红色基因

（三）教学实施

1. 弘扬审计文化，营造德育环境

加强社会主义核心价值观宣传教育，不断强化环境育人，将价值引领融入学生学习、生活等各个方面，达成环境与学生个体相互影响的良性循环。教师在备课时深度提炼新时代审计文化内涵，整合审计文化育人，促进大学精神和审计文化的融合，营造浓厚的校园审计文化氛围，促使学生了解审计文化、热爱审计文化、弘扬审计文化。

2. 扎根审计文化，传承审计精神

开展审计文化相关活动和系列讲座，依托党团组织、学生社团等平台，充分发挥本校资源优势，开展特色鲜明的审计文化校园活动，如参观审计史馆、校史馆，提升学生审计文化感知度，通过撰写红色审计任务小传，感受和传承红色审计精神。

3. 创新教学方法，突出情感体验

将审计专业课程思政资源和具体专业内容融入整体教学目标，结合最新的大数据审计手段，落实落细到每一堂课中。增加沉浸式教学、体验式教学，以分组讨论、情景演绎为手段，突出情感体验，让学生从内心真切接受思政教育，做到课程思政入脑入心。

4. 强化校企合作，真实任务驱动

课堂基于"校企合作模式"，实施任务驱动教学法教学。为保障学生课堂工作任务开展与岗位适应无缝对接，第一时间熟悉岗位要求，熟练岗位技能，提升"岗位适配度"，深刻理解审计行业的职业精神和职业规范，课堂上利用网络平台，将企业现场"搬"到课堂大屏，展示企业需求，模拟工作场景，让学生完成企业真实任务，增强学生职业责任感。

5. 团队协作共学，分工协同育人

以学生特点为依据进行课堂任务分组，通过统一讲授、分组指导、任务讨论、结果展示、任务完成情况组间评价等诸多环节，形成"组内合作、组间竞争"的学习氛围；结合学生特点定向安排任务分工，激发小组内部形成互帮互助、互促互进良好局面，锻炼个体自主学习能力，提高团队合作意识，培养学生开拓创新的职业品格。

（四）特色创新

1. 课程思政"活"

打造"入脑入心入行"课程思政育人体系，以培养服务地方性技能人才为宗旨，充分挖掘地域思政资源，课堂中传授——行业道德法规"入脑"，课堂外感悟——红色审计工匠精神"入心"，实操中历练——诚信服务为民为国"入行"。

2. 技能培训"巧"

教学充分考虑学生特点，利用大数据技术与手段，改"大水漫灌"为"小水滴灌"，精准提升不同类别学生知识应用和风险识别能力；多种类资源分门别类，精准把脉，靶向指导，提升学生创业敏锐力和就业竞争力。

3. 案例实施"潮"

基于审计学科特点和青年大学生群体特征，结合时代最新讯息，引入不同行业审计案例和实训任务，鼓励学生站在时代潮头，自主探究学习，引导学生关注时代发展、职业发展最前沿。

四、成效与反思

多样性审计教学模式让课程思政"活起来""火起来"。结合审计史馆和学生撰写的红色

审计人物小传,了解红色时期改革等审计艰苦环境和审计人的艰辛审计历程,提高学生职业责任感。运用前瞻性审计教学手段让课堂思政"活起来",运用创新性审计营销模式让课程思政"火起来"。充分发挥学生主动性,将审计精神、职业道德、审计知识融合起来,结合行业发展,适应数字化转型,面向市场,面向人人。

课程理念应清晰明确,专业目标设置应清晰合理,教学活动应坚决按计划执行;思政内容建设虽初成体系,但更多思政元素有待挖掘,应逐步丰富思政教学资源,资源库建设可以再升级;教学方法虽多样并用,但方法改革需再深化。

【专家点评】

> 该案例教学逻辑严谨、教学内容丰富、课程类型多样,双师型教学具有特色,校内外教师共商共建课程标准,让课程思政内容"入味""入微",向学生传达了课程的深刻精髓,培养学生主人翁意识。该案例在教学过程中设置了互动环节,让学生分享心得感受,提高了学生学习的积极主动性。

"个人所得税":个税连着你我他诚信纳税靠大家

一、主讲教师

金勤勤,女,硕士,讲师,注册会计师、会计师,安徽省"教坛新秀",安徽省省直单位审计人才库成员,主讲"税法""审计学"等课程,曾获安徽省高等职业院校教学能力大赛三等奖2项,指导学生参加省级及以上学科和技能竞赛获奖9项,主持(参与)教科研项目10余项,公开发表论文5篇。

二、课程简介

"税法"是大数据与审计专业的核心课程,"个人所得税"是"税法"课程的一个教学单元。本教学单元旨在培养学生严谨认真的态度,诚信纳税的品质,独立、客观、公正的原则,良好的语言沟通能力与技巧,并履行保密义务,形成良好的涉税职业素养,同时引导学生坚定政治信仰,具备高度社会责任感,形成脚踏实地、勤奋努力的优良作风,成为对国家人民有用的新时代的人才。

三、教学设计

(一)教学目标

1. 知识目标

(1)掌握个人所得税纳税义务人、征收范围等基本规定。
(2)掌握居民个人所得税综合、分类所得税应纳税所得额及应纳税额计算方法。
(3)掌握非居民个人各类收入所得项目应纳税所得额及应纳税额计算方法。

(4) 掌握个人所得税纳税申报流程,能合理运用个人所得税税收优惠政策。
(5) 掌握社会保险、住房公积金业务的基础知识。

2. 能力目标

(1) 能够进行个人所得税的预扣预缴及汇算清缴。
(2) 能够运用个税优惠政策进行初步的纳税筹划。
(3) 能够解决企业薪酬管理工作中的具体税收问题。
(4) 具有社会保险、住房公积金业务办理及申报能力。
(5) 具有探究学习、终身学习、分析问题、解决问题的能力。
(6) 具有良好的语言、文字表达能力和沟通能力。
(7) 具有知识迁移、可持续发展能力。

3. 素质目标

(1) 具有依法纳税的意识,养成不隐瞒收入、不偷逃税款的习惯。
(2) 具有认真、严谨、规范、科学、高效的工作作风,形成质量意识,遵守职业规范。
(3) 具有精益求精、勇于创新、百折不挠的工匠精神。
(4) 具有艰苦创业精神、创新创业意识。
(5) 具有肯钻研、乐观向上、勇攀高峰的开拓进取精神。
(6) 具有现代化信息技术应用素养,适应"互联网+生态"新环境。

(二) 设计思路

1. 总体设计

教——工作项目导向,任务驱动教学。
学——设置情景案例,激发学习兴趣。
做——真实工作情境,教学做为一体。
训——单项实训强化,综合实训巩固。

课程设计的理念与思路是按照学生职业能力成长的过程进行培养:选择企业真实的个人所得税纳税实例,以工作领域、工作任务、技能要求为主线模拟教学。以行动任务为导向,以任务驱动为手段,注重理论联系实际,在教学中以培养学生的个人所得税纳税遵从度为重点,以让学生全面掌握个人所得税税额计算、个人所得税扣缴技能为基础,以培养学生个人所得税实务处理能力为终极目标,通过不断完善教学资源、更新现代教学手段,让学生在真实的工作过程或者模拟实训场景中得到锻炼,提高学生个人所得税相关领域的工作能力。

2. 具体设计

本教学单元课程思政具体设计如表1所示。

表 1 课程思政具体设计

授课章节	授课要点	思政融入点	价值导向目标
个人所得税	纳税义务人与征税范围	1. 通过分析阴阳合同、明星偷逃税款、直播带货人偷逃税款等事件,融入诚实守信、遵纪守法等思政元素 2. 9项所得介绍:其中工资薪金、劳务报酬、稿酬所得、特许权使用费所得4项为综合所得,为个税改革重点之一	1. 培育学生诚实守信、谨慎细致的品质,强调纳税是每个公民法定的义务 2. 随着金税四期的上线,税务机关运用了税收大数据进行分析评估和监管,技术不断被赋能,任何人都不应再心存侥幸、以身试法 3. 实行综合所得,调节收入分配,有助于实现社会公平
	税率和应纳税所得额的确定	1. 通过讲述2019年全面修订的新个人所得税法改革的背景和总体考虑,分析个税改革对个人、家庭生活的影响 2. 介绍个税改革重点之二——专项附加扣除(7项),融入个税改革的理论自信、选择适合我国国情政策的道路自信、区别国外个人税制的文化自信等思政元素 3. 介绍个税改革重点之三——商业健康保险个人所得税政策,这项"惠民工程"的意义	1. 培育学生德法兼修的职业素养和以人为本的社会主义核心价值观 2. 税优健康险具有准公共产品性质,能促进商业健康保险与基本医保衔接互补,夯实多层次医疗保障体系,发挥减轻群众医疗负担、提高医疗保障水平的作用,增强群众获得感、幸福感、安全感
	税收优惠	介绍"超国民待遇"的非居民个人享受的税收政策,融入个税制度自信思政元素	理解国家个税改革中减税降费的政策,了解税收服务于国家经济健康有序发展的理念,理解新个税在推进国家治理现代化中发挥的重要作用
	征收管理	每年3月1日至6月30日,帮助父母完成个人所得税汇算清缴(第二课堂),除体验个人所得税汇算清缴流程外,最重要的是了解父母收入情况,深知父母的不易,融入学生胸怀感恩的思政元素	通过体验式教学让学生体会到个税的"公平合理、简便易行、切实减负、改善民生"的意义

（三）教学实施

1. 课前预习

预习个人所得税相关知识并帮助父母完成个人所得税汇算清缴任务；拓展了解个人所得税之个体工商户最新税收优惠政策；理解税收"取之于民、用之于民、造福于民"的理念。

2. 课中讲解

教学内容：以"能力培养"为主线，突出讲解税收是我国财政收入的主要来源，师生共同探讨其能成为我国经济高质量发展推动器的原因；以"案例分析"为抓手，重点分析减税降费对个人和家庭、个体工商户税负的影响，引导学生坚定"四个自信"；以"头脑风暴"为切入口，在国家给个人、家庭、个体工商户送上减税降费"大礼包"的大好环境下，思考应如何积极履行社会责任，诸如诚信纳税、节能节排等。

（1）设计课堂辩论的互动环节，强化概念辨析，理论联系实际。

课程思政目标：回应社会热点，培养税法辩证思维。

针对此前调研问卷中学生最感兴趣的话题"大学生创业注册成小微企业好还是个体工商户好"展开辩论。

（2）结合辩论观点，引入本次课程重难点。

课程思政目标：理性比较，立足自身发展，选择适合中国国情的个人所得税改革之路。

（3）认知深化：现行税收政策选择。

课程思政目标：坚定"四个自信"，分享个税改革红利。

（4）自我构建：我们身边的税收负担（第二课堂）。

课程思政目标：从己出发，分享帮助父母完成个人所得税汇算清缴心得体会（每年3月1日至6月30日），深刻理解个税改革本质，胸怀感恩之心。

3. 课后反馈

通过"教"与"学"的反馈，检验课程思政教学效果，实现学生学习效果个性化刻画，做到因材施教，完成教学闭环。

(四) 特色创新

1. "六步"教学助力学生全面发展

教师对课程内容的重点、难点、易错点、易忘点和拓展点这"五点",采用六步教学法,即学新政—善筹划—练计算—熟申报—勤实践—辩问题(无固定顺序)。针对基础核心知识点,采用"深度讲授+课堂随测"等方式,确保学生整体掌握;针对热点问题,采用"课堂辩论+小组调研"等互动方式,引导学生关心时事;针对实务操作问题,采用"实验教学+实操训练"等方式,培养学生实践技能。课前、课中、课后全程发力,努力构建培养学生"知识、能力、素养、人格"全面发展的高阶性课堂。

2. 四大维度重构课程内容体系

打破传统单一维度设计,以"家—国、古—今、中—外、多—少"四大维度对税法课程内容进行重构,即"家—国":从小家享受的税收"得利"到国家给予的税收"让利",坚定道路自信;"古—今":税种的演变,坚定制度自信;"中—外":税收政策对比,坚定文化自信;"多—少":税率、征管方式的不断调整,坚定理论自信。

3. 多元共建丰富课程教学资源

师生共建,鼓励学生自行查找资料逐步完成调研报告撰写,教师择优纳入课程任务并对学生进行积分奖励(纳入过程性考核),激发学生参与课程建设的积极性;生生共建,课程独创"传声筒"制度,以税收经典事件为基础在同学们之间开展"传声传递"(个人见解的展示,俗称"跟帖"),形成一个具有传承功能的线下资源载体;师师共建,邀请跨学科、跨专业老师共同参与税法课程案例建设(智能财税+智能审计模式);第一、二课堂共建,学生带着问题和疑惑走出第一课堂,通过第二课堂的涉税实践活动掌握自己在书本上难以理解的知识,从而践行实践是检验真理的唯一标准;以培养学生家国情怀为更高层次目标,引领学生从人民福祉和国家治理的高度看待税收问题,通过价值塑造,提升学科素养,继而促进学生全面发展;校外共建,邀请行业财税专家、企业导师真正走进课堂(含第二课堂),活用校外资源,最终实现多元共建。

4. "迭代式+互动场"重塑教学新范式

迭代式——纵向推进:以认知构建的内在逻辑设计教学过程。首先,学生课前帮助父母完成个人所得税汇算清缴,积累感性经验;其次,通过课堂辩论明确我国个人所得税改革的必由之路,并通过教学案例进行实操完成知性构建,进一步探讨个人所得税未来改革趋势,探究改革本质,拓宽认知的广度和深度,形成自我理性分析;最后,理想照进现实——站在党、国家和人民层面解读财政部公布的"十四五"财税体制改革路线图,通过价值引导实现个体灵魂深化,最终完成知识、能力、素养目标等教学目标。

互动场——空间拓展:打破传统互动方式的设计和选择,围绕互动本质,搭建互动流程。学生—亲人:学生利用个税 APP 帮助亲人完成个人所得税汇算清缴任务;学生—教师:学生提问,教师答疑;学生—学生:小组研讨、团队建设;教师—学生:预警提醒、解决问题。

最终以"四性迭代"构建感性共融、知性共通、理性共振、灵性共鸣的"四性融合"互动场域。

5."多维任务"引领科学评价体系

为考查学生不同能力层级,教师积极创建教学情境,促进学生自评与互评,帮助学生形成自我反馈机制,注重过程化、动态化、个性化设置。过程化:创设"即期—近期—远期"三阶段作业任务,远近结合、难易互补,切实提升学生作业质量。动态化:运用雨课堂中"数据统计"功能,实时监测学生学习行为与成绩,选择重点行为指标,及时预警并提供针对性帮扶,显著改善学生整体学习行为。个性化:利用 Kolb 学习风格量表,了解每一位学生学习特性,进行课程任务定点匹配,激发学习潜力,提升学习效果,如图 1 所示。

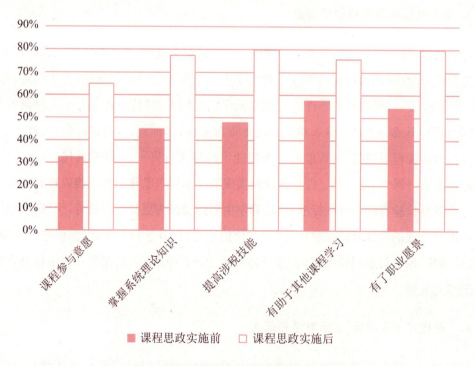

图 1 课程思政实施前后学习效果对比图

6. 课程思政与思政课程同向同行

"税法"课程教师团队坚持内部培养和外部引进相结合，以"双师"型教学团队建设为切入点，深化师资队伍建设。教师团队在提高税法理论与实践能力的基础上，坚持教育者先受教的原则，积极提升自身思政教育意识和能力，做好做实课程思想政治工作。特邀校内外思政课教师加入教学团队给予思想指导，包括马克思主义学院副教授陈翠英（校内）、中共安徽省委党校陆柏博士（校外）等多名教师共商、共建"税法"课程标准，联系实际，深入研究课程内容中思政案例，对"税法"课程思政建设进行深入思考、科学谋划和探索实践。授课教师通过讲历史、讲政策、讲实践、讲好中国故事，促使学生将思政理念真正入脑、入心，将课程思政内容"入味""入微"，切实培养学生对国家的认同感和归属感。

四、成效与反思

"税法"课程自实施"三教"改革以来，较好解决了现有教学痛点问题，教学效果明显提升，师生教学评价反馈佳，大大提升涉税人才培养质量。教学团队成员自2019年起积极参加省（院）级教师教学能力竞赛，践行"以赛促教、以赛促学、以赛促研、以赛促改"，落实立德树人根本任务。本专业学生近三年在安徽省财税技能大赛、全国"衡信杯"个税技能大赛中均多次获奖。

(1) 课程理念清晰明确很重要，教学活动须严格按计划执行。
(2) 专业目标设置清晰合理，思政目标设置仍须精进。
(3) 思政内容建设初成体系，更多思政元素有待挖掘。
(4) 教学过程模式实践有力，实施效果曙光已经初现。
(5) 教学方法多样使用效果极佳，方法改革可再深化。
(6) 思政教学资源逐步丰富，资源库建设可以再提升。

【专家点评】

该案例通过体验式教学让学生体会到个税"公平合理、简便易行、切实减负、改善民生"的意义，能够培育学生德法兼修的职业素养。从四大维度对课程进行系统重构，坚定"四个自信"，弘扬社会主义核心价值观。该案例通过课程实践环节，丰富实践形式，进一步引领学生从人民福祉和国家治理的高度看待税收问题，通过价值塑造，升华学科素养，继而促进学生全面发展。

"机器设备智能估值"：校企珠联璧合共育能工巧匠

一、主讲教师

李娜，女，硕士，副教授，审计师，资产评估教学团队主讲教师，主讲"财务管理实务"等课程；曾获省级教学成果一等奖2项（含主持1项）、安徽省高等职业院校教学能力大赛一等奖1项、院级师德高尚奖、课程思政教学名师称号，受到安徽省审计厅嘉奖；指导学生参加安徽省大学生财税技能大赛（案例组）荣获一等奖3项、二等奖3项，指导学生参加"国元证券杯"安徽省大学生金融投资创新大赛荣获一等奖1项；主持（参与）教科研项目20余项；公开发表论文6篇。

二、课程简介

"资产评估基础与实务"是资产评估与管理专业的核心课程，"机器设备智能估值"是"资产评估基础与实务"的一个教学单元。该课程内容丰富，既包含评估基本理论与基本方法，也包含不同类型资产的评估，涉及机器设备评估、房地产评估、流动资产评估、森林资源评估等内容。丰富的教学内容蕴含着丰富的思政元素，为开展多主题的思政教育奠定了基础。以完整的评估思路为主线，在教学内容上涵盖了资产评估的基本原理、基本方法、基本程序，要求学生掌握资产评估理论和初步的评估技能，促使学生能够遵守资产评估职业道德，能够开展资产评估业务。本教学单元的主要特点有：内容丰富，适合开展多主题思政教育；理实一体，有助于课程思政的实施与检验。

三、教学设计

（一）教学基本情况

1.1 授课信息			
课程名称	资产评估基础与实务	课程性质	专业核心课
授课对象	2019级资产评估与管理专业学生	授课学时	2学时
授课名称	项目汇报分享交流	授课地点	智慧教室
授课形式	任务驱动；视听教学；线上线下混合式教学		

1.2 教学内容

本教学单元节选自"资产评估基础与实务"课程"模块三 机器设备智能估值"中的"任务八 项目交流分享"。这是本模块内容的最后一次课，根据评估实训相关内容，WL科技发展有限公司（以下简称"WL公司"）拟进行设备抵押融资，先引导学生对评估项目进行回顾，引发学生深度思考的兴趣。学生分组交流，对此次评估项目进行小结，提升学生实践创新能力。学生交流讨论完毕，抽取一组进行现场报告，重点讨论。组间互评环节，学生对汇报内容的优缺点进行点评，通过组间互评引导学生自己发现问题，解决问题，并进行自主总结，同时邀请校外专家进行点评。基于参与任务的态度、参与任务的收获、运用方法技能的情况、能力发展情况、完成任务情况，完成任务评价表

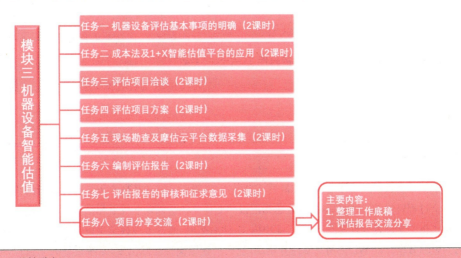

1.3 学情分析

本教学单元是对于前述课程的总结点评，大部分学生通过前期的学习和实践，对机器设备产生了兴趣，能够通过团队合作完成评估项目，了解此次评估的完整流程，但是对于有些知识点掌握得还不够，任务总结得不够明晰，对评价内容理解不够深刻，不利于课后拓展

【已有技能】

学生能够根据岗位需要选择合适的工作单或工作底稿,并与评估报告的内容形成勾稽关系,报告格式正确,内容完整

【存在问题】

(1) 评估报告结论的准确性不够

(2) 报告对于评估基准日、评估报告日等关键时间节点把握不够准确

(3) 对功能性贬值等技术参数计算不够准确

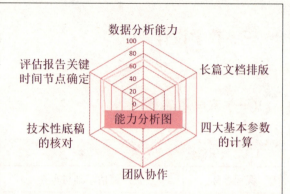

1.4 教学目标

知识目标	能力目标	素养目标
(1) 掌握评估报告结论与评估底稿的关系 (2) 认识关键报告时间节点的意义和作用	(1) 能够准确完成评估报告中各类参数的计算 (2) 能够注意区分报告中各关键要素和时间节点 (3) 避免出现报告形式上的低级错误	(1) 培养学生遵守职业规范中关于评估报告阶段的控制要求 (2) 培养团队协作精神,互帮互助,不断提高职业水平 (3) 提升质量、成本及效率意识,不浪费资源

1.5 重点与难点

教学重点	教学难点
(1) 掌握评估报告与评估工作底稿参数之间的勾稽关系 (2) 掌握评估报告几个关键时间节点的逻辑性	(1) 评估报告中功能性贬值等参数的确定 (2) 评估基准日、评估报告日等时间节点的作用和关系

(二)教学策略

2.1 教学设计

本教学单元是机器设备评估课程的最后一次课,学生需要了解并掌握本教学单元学习的重点内容,进行项目全过程资料的归档整理,并做好总结汇报的准备。教学以线上线下相结合的方式进行,以翻转课堂的模式将教学过程分解为课前自学、课中内化、课后拓展,通过多种教学手段吸引学生融入课堂,提高学习兴趣和效率。以 WL 公司真实任务驱动,从资产评估岗位实际出发,系统设计教学过程,使之成为一种具有操作性的程序

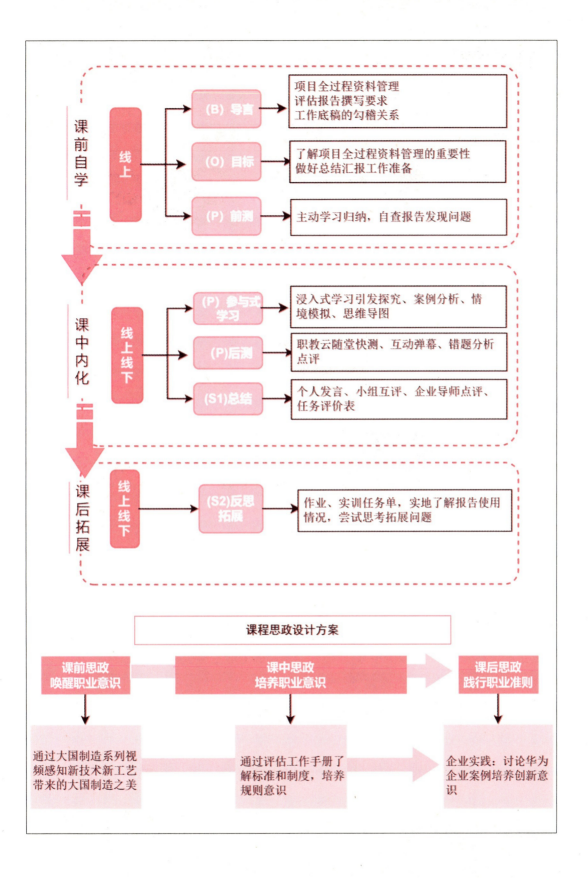

2.2 教学方法	
教　法	学　法
任务驱动、情景模拟、沉浸式教学	角色互换、小游戏、分组汇报

2.3 教学资源	
教学环境	智慧教室　　1+X智能估值实训中心
信息化教学资源	 雨课堂APP　　720度企业全景 1+X智能估值　　相关设备网站　　资产评估师官网

（三）教学过程

课堂教学以"WL公司成套生产线设备抵押评估"为任务驱动整个教学，主要内容是评估报告的交流分享。具体教学安排如下：

3.1 课前自学				
环节	主要内容	教师活动	学生活动	设计意图
课前自学	各评估小组评估报告已经完成,根据校企合作教材《资产评估报告及档案》,让学生了解评估事务所真实的评估报告;结合学习平台上评估项目资料,各组评议选出最美评估报告,展示学生作品	1. 将课前学习资源上传至平台(课件、工作任务单、720云VR),并布置预习任务 2. 查看学生线上测评的答题情况 3. 检查学生提交的评估报告,调整本次课程重难点	1. 积极参与测试 2. 检查评估报告,并正确上传至职教云平台 3. 查看评估工作手册,熟悉业务资料	将学生已经完成的评估报告上传到学习平台,供大家学习讨论。将优秀的评估报告展现给大家学习借鉴。利用翻转课堂的教学模式,学生自行讨论总结

评估工作岗位真实评估报告

校企合作教材

WL公司真实业务资料

职教云平台

学生最美评估报告

项目成果

3.2 课中导学				
环节	主要内容	教师活动	学生活动	设计意图
情境重现 (5 min)	1. 播放企业云勘查VR,让学生身临其境地感受评估对象,仔细回顾评估项目全过程 2. 对照"评估报告体例",进一步核查学生的评估报告,以便于发现存在问题进行下一步教学	1. 播放WL公司成套生产线VR,回顾项目全过程任务,引导学生思考延伸 2. 思政引入,评估工作过程很辛苦,关键参数、时间节点等信息的把握是职业精神的体现,培养学生严谨细致的工作态度	观看生产视频企业VR,明确本次课的学习任务,认真思考自己在评估报告中存在的问题	播放视频,让同学们感受真实的评估任务现场,结合自身学习经历,重新审视评估工作中的不足

情境 重现 (5 min)	情境重现　引导思考项目评估过程			
	 铝型材生产视频			 项目企业全景VR
环节	主要内容	教师活动	学生活动	设计意图
交互 活动 (15 min)	1. 角色互换小游戏：生生互动、师生角色互换，以任务为导向引入问题——评估报告中的表述是否明确；关键时间节点是否冲突 2. 参考评估事务所评估报告模板	1. 异质分组，学生根据自己的学习情况和特长完成分组任务 2. 引导学生讨论，委托方与受托方互换角色，查找出评估报告存在问题	1. 角色代入，学会换位思考，换个角度审视评估报告问题 2. 复核主报告相关技术参数，查找问题	每个学生的学习能力各有不同，对他们进行异质分组，通过角色互换，委托方和评估方换位思考，引导学生发现评估报告中的相关问题，确定专业术语的表述清晰无歧义

模拟实际评估岗位体验委托方、评估方角色互换　不同视角查找问题　对标最新评估准则

角色互换　团队协作　活页式教材

环节	主要内容	教师活动	学生活动	设计意图
问题探究 (9 min)	1. 通过上一环节的小组互动活动,引导学生发现各组评估报告中的易错点 2. 评估事务所导师点评,指出报告存在的问题 3. 列举生活中的例子,让学生易于理解评价报告基准日的重要性 4. 相关概念的正确表述方法	1. 通过小组讨论、事务所导师点评报告,指出评估报告的问题 2. 举例说明评估基准日的重要性,明确评估基准日与评估报告日两个时间节点的区别 3. 结合校企合作教材中的评估报告案例,对比说明评估基准日和报告日的正确表述方法,加深对关键知识点的认识	1. 积极思考,主动发言,细致地核对各组的评估报告 2. 保持职业谨慎,对报告中发现的问题及时提出疑问 3. 参与课堂互动	1. 列举生活中易于理解的小例子,以便让学生易于理解和接受枯燥的知识点 2. 结合活页教材,可训练学生自主学习能力 3. 发现学生易错点并加以点拨,加强职业谨慎性教育
	评估小组团队名片及评估报告 			

环节	主要内容	教师活动	学生活动	设计意图
案例指导 (11 min)	1. 观看秒懂百科小视频,听专家解读知识点 2. 结合真实教学案例,加深学生对评估报告重难点的认识和理解,准确把握评估基准日、评估报告日等关键信息节点	1. 引导思考,设置问题,回顾重要知识点:评估目的、评估基准日、评估报告日等,加深学生的理解 2. 通过秒懂百科小视频了解知识点	1. 认真学习知识点视频 2. 积极思考,绘制知识点思维导图,找出关键时间节点的联系,突破难点	借助多种教学手段,让学生在教学情境中体会评估报告的重点问题,主动找到突破难点的方法,加深对知识点的印象

专家解读评估基准日　　　真实案例解析评估基准日

秒懂百科小视频　　　评估报告内容摘要

环节	主要内容	教师活动	学生活动	设计意图
评估小组例会 (10 min)	结合实际岗位需要,评估小组工作会议要审核和评议各工作小组的评估报告,提出审核意见	1. 发布情境探究任务,组织学生讨论:本次资产评估业务操作项目过程中出现了哪些问题 2. 课堂巡视,解决学生讨论中的疑问 3. 引导学生自主思考,总结评估任务完成情况 4. 从上述讨论中总结知识点,提醒学生注意细心核对底稿	1. 接受任务,开展分组讨论 2. 学生以任务交流环节的项目小结为依据,以小组为单位,通过分组讨论的方式,发现并分析本次资产评估业务操作项目过程中出现的问题 3. 团队协作解决评估业务操作项目过程中出现的问题	小组分工,可根据学生程度分层教育学习,让每位学生都能完成任务。鼓励学生大胆展示

评估小组例会 (10 min)	根据真实岗位需求审核评估报告		引导分层知识点学习
	 活页式教材	评估任务单	进行PPA评估的基准日应该是会计准则中定义的( ) 思考题

环节	主要内容	教师活动	学生活动	设计意图
评估小组汇报 (10 min)	在此次参与评估的四个小组中,通过前面的讨论评论程序,以雨课堂投票的形式推荐出较为优秀的评估报告,由项目负责人进行汇报	承上启下,组织学生通过雨课堂投票的形式推选出优秀评估报告,听取汇报	参与课堂投票,认真听取评估小组负责人汇报	以真实评估工作流程融入课堂,学生参与度更高,能够总结学习其他评估团队的优点
	项目分组 全部评估小组	雨课堂投票		国信评估 优秀作品汇报

环节	主要内容	教师活动	学生活动	设计意图
点评与提炼 (5 min)	校企合作的资产评估事务所导师点评报告,指出评估工作存在的问题;结合 PPT、思维导图等教学工具进行知识点提升讲解	1. 认真倾听学生团队的汇报,开展思维导图归纳点评 2. 校外导师远程点评,指出特色亮点与不足 3. 总结归纳重难点知识	1. 认真记录报告中存在的问题;结合相关知识发现委托方报告以外的问题 2. 认真核对评估报告	校企合作的资产评估事务所导师点评报告,增强学生的职业自信心,教育学生要有严谨的工作态度,认真核对项目资料

点评与提炼 (5 min)	资产评估事务所导师点评报告 		校内教师精讲理论 
	课程思政： 知识是基础，汗水要实践。做一粒有素质的好种子，在社会上生根发芽，在专业领域开花结果。		

环节	主要内容	教师活动	学生活动	设计意图
组间游戏 (10 min)	1. 参考上一环节的点评方式，各评估小组间对照评估报告互动点评，角色模拟 2. 注意问题：在同一评估背景下，各组的评估结论是否不同？原因在哪里	1. 分工布置游戏任务，多组互动 2. 模拟角色演练，查找各组评估报告存在问题	积极分组，开展团队合作，融入情境，进行沉浸式学习，思考问题	有趣的角色小游戏，模拟真实评估环境，让学生感受真实评估工作，提高辨析信息、解决问题能力，有职业成就感
	项目化模式组织评估　　任务总结得失　　创建学习型团队 			

环节	主要内容	教师活动	学生活动	设计意图
项目档案整理（5 min）	项目档案整理是评估重要的工作内容，根据校企合作教材的内容，按评估准则要求学会整理保管全部业务资料，并编制检索目录	对课堂学习内容进行延伸，对学生进行职业素养教育，学生在实践中拓展业务范围，教育学生养成谁执业、谁归档的习惯	配合团队整理全部业务档案，学会编制档案检索	学会整理业务档案是评估重要的工作内容，也是评估执业准则的要求

扫码查看评估档案要求，谁执业、谁归档

3.3 课后拓展

主要内容	教师活动	学生活动	设计意图
1. 完成课程评价 2. 实地走访企业，了解评估报告及相关资料使用情况 3. 预习下一单元课程内容	1. 完成本次课程评价 2. 关注学生反馈 3. 课后答疑，根据学生个体差异情况分层分类布置任务	1. 根据自己的学习情况撰写任务反思总结 2. 完成课程平台任务 3. 尝试思考不同难度等级的拓展问题	任务分级，学生根据自己的学习情况选择不同难度级别的拓展任务，让他们在理论结合实践的同时，有真正的学习收获和职业成就感

完成课程评价表　　　思考评估对象生产线抵押贷款的目的　　　尝试思考拓展问题

四、成效与反思

(一) 成效

(1) 学生参与度高,团队的带动力量强大,激发了学习热情。团队中人人有任务,各自制定适应性目标,小组积极开展互助学习,避免小组成员"打酱油"。

(2) AR视频带领学生身临其境地感受生产一线,H5的页面模式方便学生转发、收藏和查阅。相关二维码链接如下:

(3) 学生能通过生动有趣的视频、动画演示,感受到大国制造的刚柔并济之美;通过教师精心选取的最新职业准则,能直接进入工作主题,少走弯路。

(4) 通过对机器设备贬值内容的学习交流,特别是观看华为手机与北斗导航系统发展历程的系列视频,让学生谈心得、谈感悟,感知新技术、新材料、新工艺运用所带来的资产价值提升,感知集中力量办大事的举国体制的优越性,从而培养学生的创新意识,培养学生科技报国的家国情怀和使命担当。通过学生的反馈与评价,教师不断总结课程思政育人经验,不断改进课程思政案例。

(二) 反思

(1) 学生存在个体差异,小组中个别学生不能完成教学要求,要利用课余时间单独指导,开展分层分类教学,直至达标。

(2) 进一步完善课程资源,打造符合不同类型学习者需要、更新及时的课程资源库。

(3) 项目资料整理工作不容小觑,课堂上时常提醒学生细心、耐心,保持职业谨慎性。

(4) 针对"资产评估"专业课程的特点,以坚定学生理想信念为核心,将"公正、法治、爱国、敬业、诚信、友善"等社会主义核心价值观有机融入于知识传授与技能培养中,帮助学生树立正确的世界观、人生观、价值观和崇高的职业理想。

【专家点评】

  该案例将课程思政贯穿课前、课中、课后三个时间段，通过展示我国重大工程和科学技术发展成果，挖掘其中所蕴含的使命感、责任感、爱国精神、奋斗精神、工匠精神、开拓创新精神等思政元素，并使之内化为学生的精神追求、外化为学生的自觉行动。该案例在知识传授与价值塑造方面，注重因材施教，表现为关注学生个体差异，进行分层分类教学。

"经营所得的纳税业务处理":疫情无情税有情 个税红利惠民生

一、主讲教师

刘志玲,女,硕士,讲师,会计教研室主任,注册税务师,安徽省直部门单位审计人才库成员,主讲"纳税实务"等课程,曾获省级教学成果一等奖1项,指导学生参加省级及以上学科和技能竞赛荣获一等奖9项、二等奖6项、三等奖5项,主持(参与)教科研项目10余项,公开发表论文6篇。

二、课程简介

"纳税实务"是大数据与会计、财税大数据应用、会计信息管理、大数据与财务管理等专业的核心课程,目前已获批为省级大规模在线开放课程和省级教学示范课(图1)。该课程共72学时,本教学单元"经营所得的纳税业务处理"是项目六"个人所得税纳税实务"模块四的内容,共2学时(图2),以"课程思政"为载体,积极探索"知识传授与价值引领相结合"的有效路径。本教学单元的主要内容有经营所得的界定、经营所得应纳税额的计算以及经营所得的纳税申报,培养学生具有依法纳税的法治思维、精益求精的职业素养和爱国爱党的理想信念。

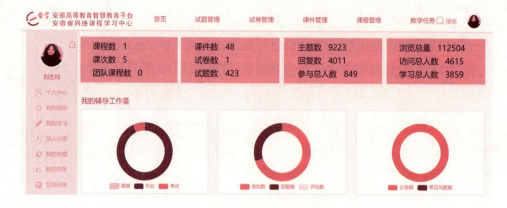

图 1 纳税实务慕课课程开设情况

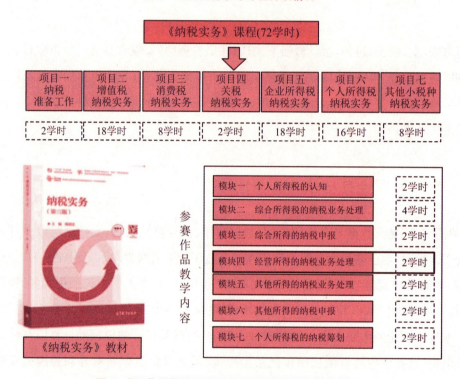

图 2 "经营所得的纳税业务处理"教学单元基本情况

三、教学设计

(一)教学目标

"纳税实务"课程依据国家税收相关法律法规,基于国家专业教学标准、会计专业人才培养方案、课程标准、学情分析,结合企业的最新需求,对接"1+X"职业技能等级证书,拟定教学目标,细化知识目标、能力目标和素质目标(图3)。

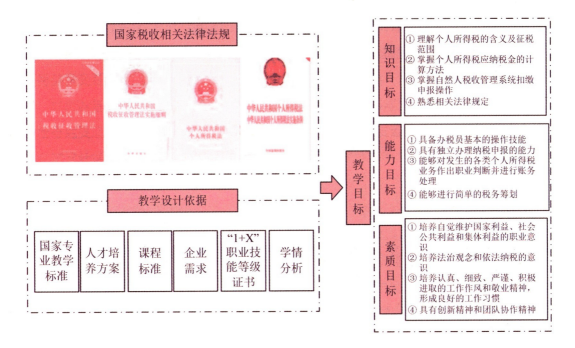

图 3 教学目标拟定路径图

具体到"经营所得的纳税业务处理"教学单元,教学目标细化情况如表1所示。

表1 "经营所得的纳税业务处理"教学单元教学目标

知识目标	能力目标	素质目标
1. 了解经营所得的税率 2. 掌握经营所得的界定 3. 掌握经营所得的纳税处理	1. 能够对经营所得的纳税范围进行准确界定 2. 能够举一反三,学以致用,对生活中的经营所得进行纳税处理	1. 树立依法纳税的法律意识,提升职业素养 2. 牢固树立"四个自信",深化爱国主义情操 3. 培养精益求精的工匠精神和爱岗敬业的劳动态度

(二)设计思路

充分利用各种教学资源,合理运用信息化手段,采用案例教学法、头脑风暴教学法、思维导图教学法等方法开展教学,突破重难点,实现教学目标(图4)。

课前准备阶段,根据前期教学反馈信息和问卷调查情况,对学生的知识基础、技能基础、认知能力、实践能力、自律能力、职业素养等方面进行学情分析。在职教云平台上传课程资源(国家精品课程视频、课件等)、发布自测任务、设计分组作业和开展问卷调查等活动,实现学生对本教学单元的初步认知。

图 4　教学设计思路

课中导学阶段，运用职教云平台开展头脑风暴、讨论、签到等活动活跃课堂气氛；聚焦与本次课程有关的社会热点，传达疫情新政策，有机融入思政元素，实现教学目标；运用思维导图、知识树结构强化、巩固所学。

课后拓展阶段，在职教云平台发布作业任务巩固课程内容；推送与本教学单元内容相关的考证资料助力学生考证，进一步推动"岗课赛证"融合；运用多种线上交流平台（课程QQ群、职教云）答疑解惑，构建良好和谐的师生关系。

（三）教学实施

具体见教学过程路线图（图5）。

（四）特色创新

1. 分组教学，"一箭四雕"实现教学目标

本教学单元精心组织设计分组作业，"一箭四雕"实现教学目标：一是能够促进组内成员之间相互交流，有利于培养学生的团队协作能力；二是能够充实课堂教学案例，有利于解决教学重难点；三是能够提高学生独立思考、分析问题、解决问题的能力；四是能够激发学生学习热情，激励学生更好地完成学习任务。

阶段	学生活动	环节	教师活动	
课前准备	1. 完成课前自学 2. 完成课前自测 3. 完成问卷调查		1. 提供线上资源 2. 发布课前任务 3. 设计问卷调查	
课中导学	1. 回顾上节内容 2. 反思不足	回顾点评 3 min	1. 回顾上节内容 2. 点评课前测试和问卷调查	
	1. 了解案例 2. 思考案例	案例导入 2 min	1. 引入案例 2. 引导学生思考	
	1. 思考知识要点 2. 云课堂互动	知识通讲 15 min	1. 讲解知识要点 2. 云课堂互动	突出重点
	（攻破难点）			
	1. 参与讨论主题 2. 师生交流、生生交流	小组讨论 10 min	1. 发布讨论主题 2. 师生交流、生生交流	
	1. 了解疫情新政 2. 提升爱国精神 3. 独立思考问题	头脑风暴 10 min	1. 传递疫情新政 2. 融入思政元素 3. 组织头脑风暴	课程思政
	课间休息10 min			
	1. 思考知识要点 2. 云课堂互动	知识通讲 15 min	1. 讲解知识要点 2. 云课堂互动	突出重点
	（攻破难点）			
	1. 完成思维导图 2. 师生交流、生生交流	思维导图 10 min	1. 完成思维导图 2. 师生交流、生生交流	
	1. 分析案例 2. 反思不足	案例分析 10 min	1. 组织分析案例 2. 给出参考答案	
	1. 提交附件作业 2. 反思总结	归纳总结 5 min	1. 发布随堂作业 2. 总结本次课程	
课后拓展	1. 完成拓展任务 2. 师生交流、生生交流 3. 预习下节内容	劳动教育	1. 发布拓展任务 2. 答疑解惑(QQ群、钉钉群) 3. 教学诊改与反思	

图 5　教学过程路线图

3.1 课前准备

环节	设计目的	教师活动	学生活动
课前准备	1. 设计课前自测，引导学生提高自学能力，提高职业素养 2. 设计问卷调查，了解学生情况 3. 分析课前自测和问卷调查结果，调整教学策略，提升教学水平，实现教学目标	1. 设计预习任务单，上传学习资料到职教云平台（中国大学MOOC视频、课件等）引导学生自学 2. 发布问卷调查 3. 分析课前自测和问卷调查结果	1. 进入职教云平台，按照预习任务单自学新课内容 2. 完成课前自测 3. 完成问卷调查

预习任务单 → 自测结果分析 → 问卷调查二维码

问卷调查结果分析

疫情防控期间税费有优惠政策吗?(单选)　疫情防控期间个体工商户可以延缓缴纳股权转让所得吗?(单选)　疫情防控期间个体工商户可以缓缴个人所得税吗?(单选)

3.2 课中导学

环节	设计目的	教师活动	学生活动
回顾点评 (3 min)	1. 回顾知识点，温故而知新 2. 点评预习任务单，培养不断追求进步、积极向上的精神	1. 登录腾讯会议进行课程直播 2. 开展云课堂签到活动 3. 回顾上次课程知识点 4. 点评预习任务单	1. 进入纳税实务腾讯会议 2. 云课堂签到 3. 树立不断追求进步、积极向上的精神

图 5　教学过程路线图(续)

环节	设计目的	教师活动	学生活动
案例导入 (2 min)	1. 导入案例，引出本次课堂教学的主题 2. 引导学生思考，培养思维能力	1. 导入案例 2. 引导学生思考：从纳税角度看，到底应该选择哪种工作方案呢？	1. 了解案例 2. 思考：从纳税角度看，到底应该选择哪种工作方案呢？

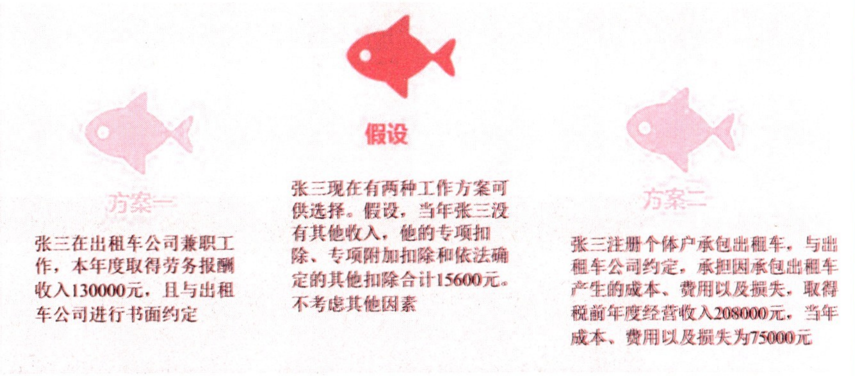

方案一
张三在出租车公司兼职工作，本年度取得劳务报酬收入130000元，且与出租车公司进行书面约定
假设
张三现在有两种工作方案可供选择。假设，当年张三没有其他收入，他的专项扣除、专项附加扣除和依法确定的其他扣除合计15600元。不考虑其他因素
方案二
张三注册个体户承包出租车，与出租车公司约定，承担因承包出租车产生的成本、费用以及损失，取得税前年度经营收入208000元，当年成本、费用以及损失为75000元

环节	设计目的	教师活动	学生活动
知识通讲 (15 min)	1. 知识通讲，引导学生掌握经营所得的界定。 2. 设计问题，师生互动,引导学生理解和掌握重点	1. 讲授经营所得的界定相关知识 2. 在职教云平台上开展提问活动	1. 学习经营所得的界定 2. 思考问题，理解、消化、吸收知识点，把握重点

征税范围
01
02
03
04
05
出租车
师生互动
企业为个人购买房屋及其他财产
企业为个人购买房屋及其他财产

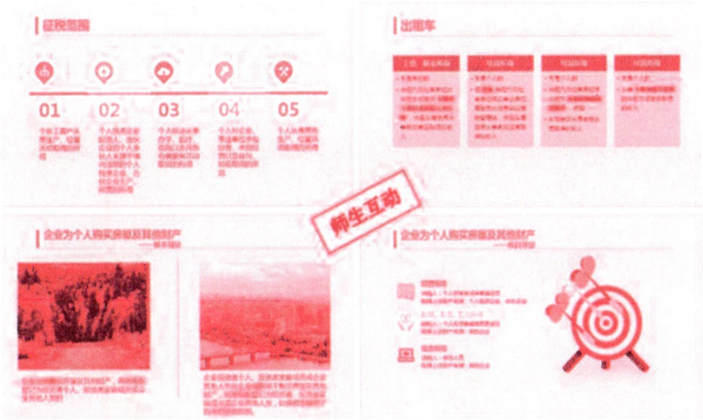

图 5　教学过程路线图(续)

环节	设计目的	教师活动	学生活动
小组讨论 (10 min)	1. 采用小组讨论的方式，帮助学生掌握经营所得的界定，击破学习难点 2. 开展小组PK的方式，活跃课堂气氛，实现师生、生生的深度有效互动 3. 拓展思维，培养学生思辨能力	1. 发布2个小组讨论主题(经营所得VS劳务报酬所得、经营所得VS工资薪金所得) 2. 组织学生分组讨论 3. 组织小组投票，选出表现最佳小组	1. 思考问题，开拓思维 2. 参与主题讨论 3. 参与投票

环节	设计目的	教师活动	学生活动
头脑风暴 (10 min)	1. 关注社会热点问题，培养爱国主义精神，增强职业荣誉感 2. 开展头脑风暴活动，活跃课堂气氛，实现师生、生生的深度有效互动	1. 播放疫情新政短视频，引出与本节课有关的社会热点话题 2. 开展头脑风暴活动	1. 观看动画短视频，激发爱国主义精神，增强职业荣誉感 2. 参加头脑风暴活动

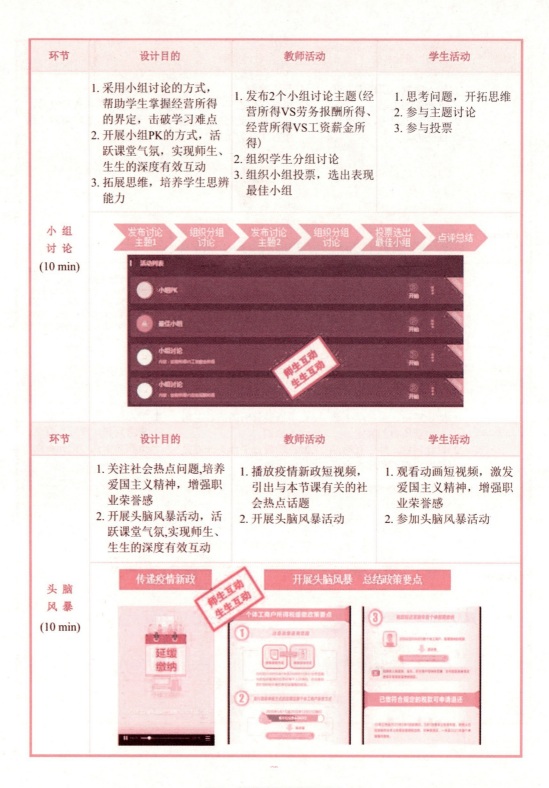

图5 教学过程路线图(续)

		课间休息10分钟	

环节	设计目的	教师活动	学生活动
知识通讲 (15 min)	1. 知识通讲，引导学生掌握经营所得的纳税业务处理 2. 设计问题，师生互动，引导学生理解和掌握重点	1. 讲授经营所得纳税处理的相关知识 2. 在职教云平台上开展提问活动	1. 学习经营所得的纳税业务处理相关知识 2. 思考问题，理解、消化、吸收知识点，把握重点

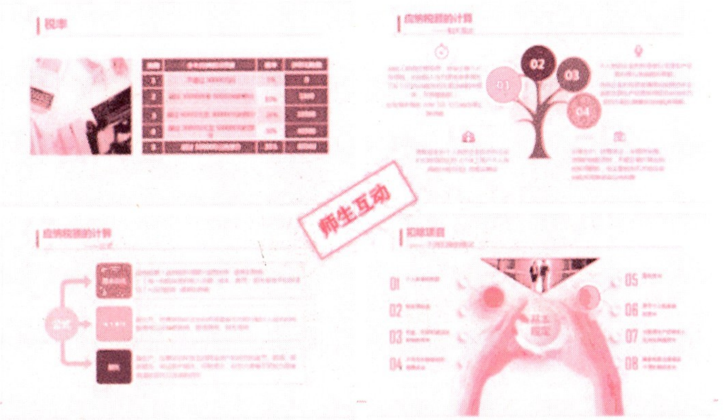

环节	设计目的	教师活动	学生活动
思维导图 (10 min)	1. 拓展思维，加深对经营所得扣除项目的理解和认知，攻破知识难点 2. 实现师生、生生的深度有效互动 3. 动笔完成思维导图，促进劳动教育	1. 将未完成的思维导图发布到职教云 2. 引导学生在作业本上将思维导图补充完整 3. 查看学生完成的思维导图 4. 点评完成情况	1. 完成思维导图 2. 拍照上传到职教云 3. 思考问题，开拓思维，突破难点

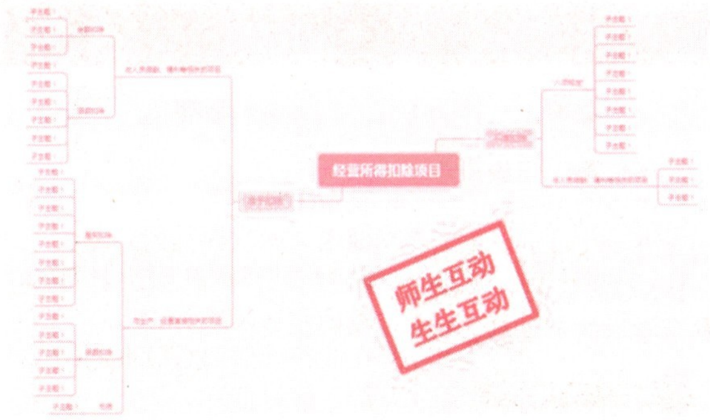

图5　教学过程路线图（续）

环节	设计目的	教师活动	学生活动
案例分析 (10 min)	1. 引导学生进行案例分析，能够锻炼学生分析问题、解决问题的能力 2. 案例贴近生活，通过解决问题能够增强学生职业荣誉感 3. 分析案例的过程中，能将课程的知识点吸收、消化与运用，达到学以致用的效果	1. 导入案例(案例导入环节中展示的案例) 2. 组织学生分析案例，帮张三作出职业抉择 3. 根据学生的案例分析情况，酌情给出参考答案	1. 分析案例，学会解决问题、分析问题 2. 运用所学知识，举一反三，学以致用 3. 师生互动、生生互动

师生互动 生生互动

方案一
- 本年综合所得的应纳税所得额
  =130000*（1-20%）-60000-15600=28400
- 本年综合所得的应纳个人所得税
  =28400*3%=852元
- 实际拿到手收入=130000-852=129148元

方案二
- 本年经营所得的应纳税所得额
  =20800-60000-15600-75000=57400
- 本年综合所得的应纳个人所得税
  =574400*10%-1500=4240元
- 实际拿到手收入=208000-75000-4240=128760元

环节	设计目的	教师活动	学生活动
归纳总结 (5 min)	1. 培养学生归纳总结能力和独立思考能力 2. 强化学生的劳动观念 3. 归纳总结，强化重难点，为后续课程的学习奠定基础	1. 设计"居民个人应纳税额计算各要素比较"表格 2. 引导学生在作业本上完成表格，拍照上传到职教云平台 3. 给出参考答案 4. 总结本次课程	1. 在作业本上完成表格 2. 拍照上传到职教云平台 3. 反思总结课堂内容

3.3 课后拓展

环节	设计目的	教师活动	学生活动
课后拓展	1. 发布拓展任务，巩固所学知识，强化劳动教育 2. 助力学生考证(初级会计师、1+X等级证书)，培养勤奋学习的劳动教育理念 3. 答疑解惑，言传身教，创建良好的师生关系	1. 发布拓展任务 2. 推送与本次课程内容相关的考证资料(初级会计师考证和1+X等级证) 3. 在线答疑解惑(课程QQ群、钉钉群)	1. 完成拓展任务，树立正确的劳动理念 2. 学习初级会计知识和1+X等级证书知识 3. 与教师沟通交流

图5 教学过程路线图(续)

2. 融入思政，践行社会主义核心价值观

通过实施课程思政，引导学生树立正确的价值观，增强依法纳税意识，提高道德修养。一是通过传递疫情期间政府对个体户经营所得的一系列优惠政策，对比国外疫情期间的税收政策，激发学生的民族自豪感和荣誉感，牢固树立"四个自信"，深化爱国主义情操。二是通过严格考勤和抽查作业等方式，教育学生要诚信做人，不要弄虚作假。三是通过讲解经营所得知识点，尤其是计算方面，培养学生细致严谨的学习态度和敬业精神，为今后工作打好基础。四是通过小组讨论的方式，引导学生包容、团结、协作、尊重、宽厚，践行社会核心价值观中的友善精神，提高道德修养。五是聚焦社会热点，开展头脑风暴活动，锻炼学生独立思考的能力，提高分析问题、解决问题的能力，增强依法纳税意识。

四、成效与反思

（一）成效

1. 思政教育与知识传授一体化推进

本案例根据课程内容，结合思政元素，遵循关联、逐渐融合、梳理、重构的设计思路，完成思政整体设计。在深刻把握专业教学内容的基础上，通过教学研讨等多种形式共同探寻每一个思政教育目标与专业内容的最佳契合点，努力做到思政内容的融入不生硬、不刻意。课程案例紧紧围绕国家认同、家国情怀、文化素养等重点，优化课程思政内容供给，对学生进行系统的中国特色社会主义、中国梦和社会主义核心价值观教育，注重用"四史"（党史、新中国史、改革开放史、社会主义发展史）知识浸润学生心灵，推进课程育人，崇德向善、见贤思齐的氛围在专业学习中日益浓厚。学生"四个自信"、依法纳税意识、创新思维、工匠精神、家国情怀明显增强。

2. 思政教育与时政热点协同式共融

随着我国经济的不断发展，税收政策也在不断发展变化。教学团队随时关注我国税收政策的发展动向，不断探索研究思政教育目标与最新时政热点契合点，确保思政教育的内容符合当下我国经济对高职院校学生职业素养方面的培养要求。例如将《国家税务总局关于落实支持小型微利企业和个体工商户发展所得税优惠政策有关事项的公告》《财政部 税务总局关于实施小微企业和个体工商户所得税优惠政策的公告》引入课堂，讲解国家为进一步

做好新冠肺炎疫情防控工作,支持小型微利企业和个体工商户发展,实施的一系列税收优惠民生活动,激发学生的爱国意识和家国情怀。比如讲授教学单元综合所得的纳税业务处理时,结合明星偷逃税事件,以分组作业形式引导学生养成依法纳税的意识,如图6所示。

图6 结合明星偷逃税事件进行课程思政教育

3. 思政教育与"岗课赛证"自然式融通

围绕立德树人根本任务,全面深化"三全育人"综合改革,在课程思政建设中着力实现专业知识与实践训练"岗课赛证"相融通的培养机制。以职业技能大赛和职业资格证书为载体,将职业资格证书的考核内容和职业技能操作相结合,实现融"岗"入"课"、融"证"入"课"、融"赛"入"课"。加强劳动教育,融入思政元素,提升道德修养。通过鼓励学生参加学科竞赛等方式引导学生深入社会实践,实现所学与致用紧密结合。

(二)反思

课程思政是一项庞大的系统工程,需要经过大量反复的实践检验,不断摸索完善,才能更好地实现立德树人根本目标。对于"纳税实务"课程而言,课程思政元素也需要继续总结凝练。从顶层设计出发,从教师自身素质提升做起,改革教学内容,实现课程思政的育人目标。课程思政于教师个人而言,"士不可以不弘毅,任重而道远"。

【专家点评】

该案例把"纳税实务"课程所蕴含的思政教育元素和所承载的思政教育功能放在国际国内两个背景中,挖掘有利于培养和训练学生科学思维方法和思维能力的内容进行教学,让学生更深刻地认识世界、理解中国,增强民族自信心和社会责任感。

"存货的采购成本"："一带一路"助运输互通互联稳仓储

一、主讲教师

陈爽，女，硕士，主讲"初级会计实务""初级会计实务实训"课程。

二、课程简介

"初级会计实务"是大数据与财务管理等专业的核心课程，"存货的采购成本"是"初级会计实务"的一个教学单元。本教学单元对于运输费和仓储费的计价需要分情况考虑。运输费分为卖方包邮和卖方不包邮两种情况：当卖方包邮时，卖方将运费入账"销售费用"；当卖方不包邮时，买方将运费计入采购成本。仓储费分为入库前的仓储费和入库后的仓储费两种：入库前的仓储费，也就是采购过程中发生的仓储费，计入存货的采购成本；而入库后的仓储费不再计入存货成本，应该入账"管理费用"。本教学单元知识脉络如图1所示。

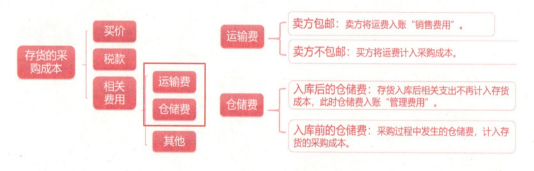

图1 教学单元知识脉络

三、教学设计

(一) 教学目标

1. 知识目标

了解存货采购成本包含的内容,掌握运输费和仓储费应计入的会计科目。

2. 能力目标

培养学生换位思考的能力,学会站在他人角度思考问题,形成从多角度看问题的习惯。

3. 素质目标

认识到"一带一路"建设缩短了人与人、物与物之间的距离,加强了沿线国家互联互通,促进了共同发展和共同繁荣,提高看问题的深度及广度,增强学生民族自豪感。

(二) 设计思路

1. 讲授法

通过具体讲授,强调课程重难点。

2. 角色扮演法

让学生分别扮演买卖双方,思考、讨论运费的归属问题。

3. 头脑风暴法

通过职教云发布头脑风暴,组织学生积极思考可以归属到存货采购成本的费用有哪些。

(三) 教学实施

1. 新课导入

"一骑红尘妃子笑,无人知是荔枝来。"通过古代驿传快马加鞭为杨贵妃不远千里运送荔枝的故事,引出存货运输费的概念,导入课程内容。

现代"运费过敏"成为了一种普遍的社会现象,大家网购的时候一看到有运费的商品就会浑身不舒服,像过敏一样产生抗拒心理,东西贵了会纠结买不买,需要付运费就直接不买。通过是否包邮这一现实的问题,提高学生的求知欲和探索欲。

2. 新知讲解

(1) 运输费:

① 分组角色扮演。将学生分为两组,一组扮演卖方,另一组扮演买方,思考讨论运输费应该归属买方还是卖方?角色扮演使学生深入情景,切身站在角色的角度思考问题,理解换位思考,学会从多角度看问题(图2)。

图2 分组扮演买卖双方

卖方角色观点:卖方在出售商品时如果不包邮,则买方必须承担运费;卖方对产品包邮时,对外出售时可能会对商品进行涨价,把运费加入商品的单价中,因此运费往往由买方承担。

买方角色观点:买方在购买包邮产品时不需要承担运费,但在购买不包邮产品时必须付出额外的运费。

② 重难点精讲。运输费是否计入采购成本?

a. 当卖方包邮时,卖方入账"销售费用",买方采购成本里无运费。

b. 当卖方不包邮时,卖方不承担费用,买方计入采购成本。

③ 结合导入故事。由此可知,如果杨贵妃来到现代,荔枝销售商不愿意包邮,她也需要承担运费,并将运费计入采购成本。

④ 聚焦政策热点向同学们展示"一带一路"区域版图,介绍"一带一路"的重要意义,加强学生对"一带一路"的认识和了解,增强学生建设中国特色社会主义的责任感和民族自豪感。了解"一带一路"给企业存货运输带来的便利:削减了企业运输费用,节约了企业成本。学生加强对会计职业的认同感,体会如何用会计知识联系、服务实际。

(2) 仓储费:

① 衔接引入。水果易变质难以长时间保存,为防止水果变质将其储存在低温环境,低温设备运行耗用电量、产生电费,这些电费其实是一种仓储费。除此之外,企业的各种存货都需要仓储,仓库的租金、仓库内水电的消耗都是必要的仓储费用。"一带一路"将货物发往各个国家和地区的同时,更少不了不同国家地区仓储费的计量。

② 线上讨论交流。通过职教云发布"讨论"任务(图3):企业存货的仓储费需要计入存货的采购成本吗?鼓励大家积极思考、踊跃发言,增强师生互动,提高学生课堂参与度。

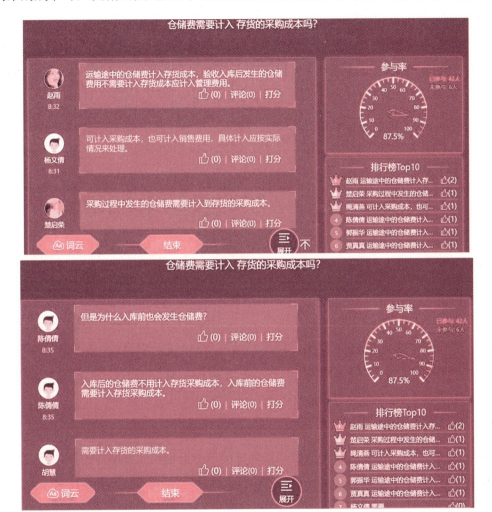

图3 线上讨论交流

③ 重难点精讲。分析学生讨论结果,调整教学策略,解决学生实际困惑,实现教学目标:入库前为什么会发生仓储费用?

【案例】通过对现实问题和案例进行分析,方便学生理解,加深学生记忆。

随着"一带一路"建设的深入,"一带一路"沿线国家和地区正式成为物流企业布局的海外中转站,迪拜正在成为中国物流企业在中东的物流中心。例如,疫情期间国内一家电子商务公司每天向迪拜发送1200个医疗物资和医疗器械包裹,然后从迪拜运送到沙特。

由于疫情的原因,在迪拜中转时需要进行集中消杀,将产生一定的仓储费(图4)。

医疗物资和医疗器械等存货在迪拜中转时,购买的商品并未验收入库,属于采购过程中发生的仓储费用,应计入存货的采购成本。

这批存货在到达沙特后,存货已验收入库,入库后的仓储费不再计入存货成本,此时仓储费应计入企业"管理费用"。

仓储费是否计入采购成本?

存货在采购过程中发生的仓储费,属于存货入库前的相关费用,应计入存货的采购成本。当存货已采购入库,入库后相关支出不再计入存货成本,此时仓储费入账"管理费用"。

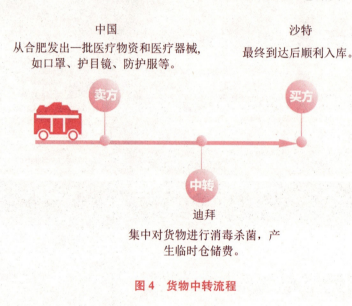

图4 货物中转流程

3. 归纳小结

通过思维导图归纳总结,学生认识到不同情况下的运输费和仓储费的业务处理方式不同,掌握运输费和仓储费分别应计入哪些会计科目,引导学生建立学科知识体系。

(四) 特色创新

(1) 角色扮演增强学习体验。本次案例分组角色扮演中将学生分为两组:一组扮演卖方,另一组扮演买方,思考讨论运费应该归属买方还是卖方。学生在角色扮演中体验情景,学会换位思考,学会从多角度看问题。

(2) 增进对"一带一路"的理解。聚焦政策热点,向学生展示"一带一路"区域版图,介绍

"一带一路"的重要意义,加强学生对"一带一路"的认识和了解,增强学生建设中国特色社会主义的责任感和民族自豪感。"一带一路"建设方便了贸易与运输,缩短了人与人、物与物之间的距离,加强了沿线国家互联互通,促进了各国共同发展、共同繁荣。

(3) 课程思政与思政课程同向同行。众所周知,思想道德与法治、毛泽东思想和中国特色社会主义理论体系概论、马克思主义基本原理、中国近现代史纲要和形势与政策是高校必修的五门思想政治理论课程。课程思政教学设计从这五门课程的具体内容出发,将思政元素融入专业课程中,进行案例开发。"一带一路"是在后金融危机时代,我国将自身的优势转化为市场与合作优势实行的全方位开放,无疑是新形势下的新举措。通过"一带一路"建设共同分享中国改革发展红利,秉承走和平发展道路的思想,我国努力推动沿线国家间的合作与对话,建立更加平等、均衡的新型全球发展伙伴关系,夯实世界经济长期稳定发展的基础,构建人类命运共同体。

四、成效与反思

通过"一带一路"的主题融入,学生在学习财务知识的同时,也能了解国家的新举措、新发展。一方面能够提高财务课程的趣味性,一改平日枯燥无味的照本宣科现象,理论知识有了现实依托变得更加形象生动;另一方面,学生在专业课的课堂中接受思政教育,感受到思政教育不仅仅是停留在思政课程中的理论,更能渗透到学习、生活的方方面面,提高思想政治觉悟和政治站位。课程思政将教书与育人高度结合,为高校思政教育奠定了坚实基础。

【专家点评】

> 该案例以"一带一路"为背景设计课程思政内容,通过课堂讲授、云平台展示、学生研讨等教学方式将思政元素融入课程教学之中,整个课程设计比较合理。该案例在提炼思政元素有效性、找准育人切入点、多角度挖掘课程中的职业道德规范和爱国主义教育等思政元素方面做了比较成功的尝试,实现了思想政治教育与专业知识传授同向同行,做到了价值塑造、知识传授和能力培养的三位一体。

"股票投资"：理性投资 诚信做人

一、主讲教师

贺娟，女，硕士，主讲"证券投资实务""经济法基础"等课程，指导学生参加"国元证券杯"安徽省大学生金融投资创新大赛荣获二等奖、三等奖各1项。

二、课程简介

"证券投资实务"是大数据与财务管理专业的核心课程，"股票投资"是"证券投资实务"的一个教学单元。通过课程学习，学生掌握股票投资的基础知识，并能对所面临的股票投资问题进行分析和决策，从而促进专业知识的习得并提高就业技能。

本教学单元着重介绍股票的概念、分类、常用术语及其风险，在教学过程中通过典型事例分析及视频引入，培养学生的投资风险意识，树立正确的投资观。除此之外，引导学生了解本专业的职业道德与职业法规，树立正确的世界观、人生观、价值观，并且将自身的职业规划与国家的发展紧密结合起来，培养学生的爱国情怀、职业道德感及社会责任感等。

三、教学设计

（一）教学目标

1. 知识目标

通过本教学单元的学习，学生掌握股票的基本概念、特性和分类，为之后的学习打下基础。

2. 能力目标

通过本教学单元的学习，从专业的角度对国内、国际证券投资实务形成整体认识和全面了解；熟知证券投资的风险；把握股票投资的基本方法策略。

3. 素质目标

深化课程思政建设，梳理本教学单元蕴含的思想政治教育元素和所承载的立德树人教育功能；强化学生的职业道德感及社会责任感；通过阐述股票发展史，增强学生的文化自信，提高文化认同感；向学生传递正确的消费观、人生观、价值观。

（二）教学对象分析

本教学单元的教学对象主要是财务管理专业的二年级学生，一方面，大部分学生只掌握了较少的专业知识，在本专业知识上的匮乏，促使他们具有强烈的求知欲望，具有浓厚的学习兴趣；另一方面，大二学生刚刚踏入大学校园不久，正在经历新鲜感过后的迷茫期，是世界观、人生观、价值观形成的重要阶段，作为教师有责任和义务为学生"扣好人生的第一粒扣子"。本教学单元的教育重点就是使学生对证券投资理论和实践知识形成整体认识，并立志为中国金融业的发展奉献自己的力量，对日后的行为形成价值引领。

（三）设计思路

1. 启发式教学激发学习热情

拒绝灌输式的讲授方法，课程思政教学拟通过问题导入、案例介绍、现实背景展示等手段，逐步引导和启发学生将股票投资的风险和违法行为与现实股票投资及大学生自身的人生观、价值观、社会观塑造主动结合，提升课程的趣味性，激发学生的学习热情，更加深刻地理解课程思政元素，主动思考，达到"润物细无声"的效果。

2. 案例式教学活化学习过程

案例的选择既要有利于金融理论与专业技能的学习和理解，又要蕴含丰富的思政元素，如巴菲特、资本的故事等案例，不仅能生动有趣地传授知识，还能达到启迪人生的效果。

3. 翻转式教学改善学习效果

根据课前小组自行组队抽签选择的课程讲解部分，让小组自行分配任务，包括课前PPT（内容包含案例、视频、真题等部分）、课中的讲解及课后的修改完善，要求其他小组给汇报小组打分并提出两点以上优缺点，通过全员参与，并配以多样化的教学方式，提升学生的学习兴趣，在潜移默化中让学生感知金融投资的魅力和风险。

(四) 教学实施

1. 课前头脑风暴

课前通过职教云开展头脑风暴,让学生讨论他们眼中的金融市场;投票选择他们认为的金融市场的特性,以此了解学生的思想动向,为课程的讲解奠定扎实基础。

2. 材料分享

第一,电影推荐。《监守自盗》《华尔街》《锅炉房》《百万英镑》《大腕》《决战21点》《大空头》。

第二,网站推荐。进入新浪、搜狐、和讯等任意一家综合类公司或财经类公司网站学习证券知识。

第三,证券行情分析软件。介绍同花顺证券行情分析软件、大智慧证券信息平台、东方财富网提供的东方财富终端。

3. 案例引入

巴菲特曾创造的三个神话

第一个是投资神话,从1965年到2006年,巴菲特的投资收益超过3611倍;第二个是财富神话,据《2018胡润全球富豪榜》,巴菲特1956年从100美元起家,财富曾积累到1000多亿美元;第三个是捐赠神话,巴菲特将个人资产的85%全部捐献给慈善事业。

提问:在证券市场中,投资成功的人很多,为什么巴菲特会成为公认的"股神"?

4. 金融投资市场发展史

通过图表清楚详细地呈现金融投资市场发展史,引导学生体会中国金融发展的速度之快,提升学生的民族认同感。在了解学习西方金融投资发展史时,引导学生实事求是,不可盲目自大,激起学生的好胜心,从而立志为实现中国梦努力奋斗。

5. 股票的概念和相关称谓

股票的相关称谓有多头和空头、牛市、熊市、T+1和T+0绩优股、垃圾股、蓝筹股、白马股等。通过这些学生普遍只知其名、不知其意的称谓,激发学生的学习兴趣和热情,认识到自己的短板,更好地学习金融知识。

6. 股票投资的风险

投资伴随着风险,而股市的风险更多,有系统性风险,如政策风险、利率风险、购买力风险、市场风险;有非系统性风险,如经营风险、财务风险、信用风险、道德风险。在系统地学习了投资风险之后,学生就清楚知道自己在投资中所面临的问题,对股票投资更加谨慎,慢慢形成正确的投资观,也有了深入学习破解防范风险知识的求知欲,并在深入学习中不断为中国的金融市场贡献一己之力。

7. 课程小结

给学生布置课后作业,并学习课本所链接的证券协会、财经网知识,关心时政热点,养成关心金融市场乃至国家大事的习惯,根植爱国主义情怀。提醒学生关注证券投资比赛,不断充实自身,增强个人危机意识和学习紧迫感。

(五) 特色创新

1. 理论和实践相结合

本课程注重教学效果的课外延伸,通过对证券投资实务的学习,学生可参加各种金融类、创业类比赛;注重培养学生实践能力,在模拟炒股及金融分析报告比赛中,提高学生的逻辑思维能力的同时,也增强了学生的合作意识。

2. 理想和现实相碰撞

通过对课本中各种理论及炒股走势图的学习,增强了学生的自信,教师在课堂上介绍各种股市暴跌、股民血本无归的视频和时事热点事件,促使学生深入学习,量入为出,适度消费,不断形成正确的消费观,切勿贪心以致酿成大错;提醒学生明确理想和现实的差距,了解股市的风险,脚踏实地,深耕美好人生。

3. 法律和底线共坚持

证券市场中的内幕交易、操纵市场、虚假信息误导、欺诈客户等违法行为层出不穷,金融市场到处充斥着金钱的味道,但守好底线是学生步入社会必须明白的第一个道理。教师在课程讲解中经常融入法律思想,让学生意识到诚实守信、遵纪守法不限于金融领域,将会贯穿其一生,只有坚持原则,守住底线,形成正确的法治思维,才能更好地前行。

四、成效与反思

本教学单元在教学设计和实践授课过程中，打破以往的灌输式教育，在课堂中运用多种教学方法，着重强化课程思政的隐性教育，将"思政"贯穿于课前头脑风暴、课中讲解及课后比赛的各个环节，既培养学生扎实掌握股票投资理论，培养其专业技能，又对学生形成潜移默化的价值引领，从课程所涉专业、行业、文化、历史等角度，促进证券投资基础知识传授与思政教育同向同行、形成合力，助力金融市场的良性发展。

从课堂学生的信息反馈、课后作业完成、师生交流互动等方面可以判断，课程思政教学效果良好。通过对我国金融投资市场发展史的相关学习，较好地激发了学生的民族自豪感和爱国主义情怀；通过对股票分类、称谓和风险的学习，增强了学生的理性分析能力，强化了学生的风险意识，谨慎不盲从，形成正确的价值观，摒弃一夜暴富不切实际的想法，坚持脚踏实地。本课程总体上教学效果良好，达到了知识传授与立德树人的双重实效。不过，在股票投资风险有效融入课程教学设计、引导学生提升金融法律素养等层面，还有一定的改进提升空间。

【专家点评】

> 该案例通过课前头脑风暴、材料分享、案例引入、金融投资市场发展史介绍以及对股票的概念和相关称谓、股票投资的风险等内容的讲授，将学习知识点组织起来，有效运用了启发式、讨论式、视频、翻转课堂等教学方式，整个课程设计比较合理。该案例在提炼有效的思政元素、找准育人切入点方面还是比较成功的，课程中的爱国主义教育、职业道德规范等思政元素被多角度挖掘，把显性教育和隐性教育结合，将知识传授与价值引领结合，做到了价值塑造、知识传授和能力培养的三位一体。

"机器设备智能估值":创新驱动发展智造引领未来

一、主讲教师

戴小凤,女,硕士,副教授,高级经济师,主讲"资产评估基础与实务""资产评估案例"等课程;曾获"省级教学名师""省级教坛新秀"称号,2020年入围"安徽省高等学校卓越教学新秀风采展示活动";曾获安徽省高等职业院校教学能力大赛一等奖、二等奖各1项,省级教学成果一等奖2项、三等奖1项;指导学生在安徽省大学生学科和技能竞赛中获奖30余项,其中一等奖6项、二等奖11项;主持(参与)教科研项目20余项;公开发表论文10余篇。

二、课程简介

"资产评估基础与实务"是资产评估与管理专业核心课程,"机器设备智能估值"是"资产评估基础与实务"的一个教学单元。近年来资产评估行业智能化升级,呈现新的行业业态,对智能估值人才需求增加。根据教育部专业教学标准、课程标准,依据模块化教学理念,对接职业岗位典型工作任务,重构课程为六大教学模块。本教学单元选自模块三,设计了八个任务,共16学时,对应资产管理、评估助理等岗位所需掌握的核心岗位知识与能力要求。

三、教学设计

(一)教学目标

依据《资产评估基本准则》《高等职业学校资产评估与管理专业教学标准》《"1+X"智能估值数据采集与应用职业技能等级标准》、资产评估与管理专业人才培养方案、课程标准、学情分析等多重标准确定教学目标,厘清重点,预判难点(图1)。要求学生通过学习达到资产评估助理、资产管理员岗位对人才岗位知识与能力的要求;培养学生学习能力、信息素养、职业能力、精益求精的工匠精神和爱岗敬业的劳动精神；提升职业素养、树立职业自信心；培养创新思维、服务意识、团结协作精神。

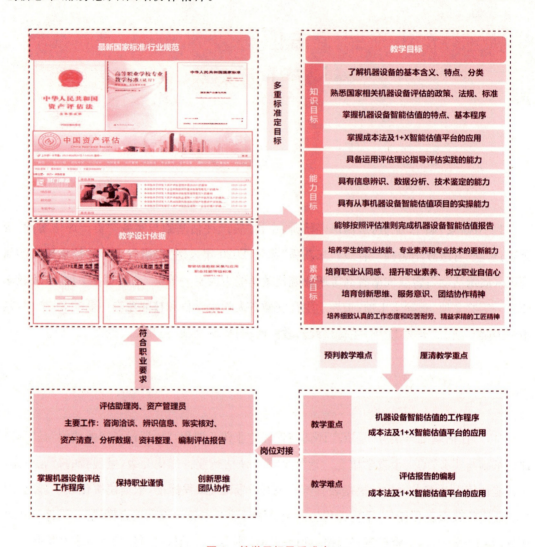

图1 教学目标及重难点

（二）设计思路

本教学单元在培养资产评估与管理专业学生的专业能力和职业思维的同时，还将思想素质、道德品质的提升作为教学目标，引导学生坚定政治思想方向，坚持职业操守和职业道德。教师通过精心设计专业课程教学，实现对学生专业技能和职业素养的培育；践行三全育人理念，通过校企共育、思政贯通专业教学过程，不断实现课程思政的教学目标。教师对教学内容重构，结合模块三内容的特点，深度发掘其中的思政元素。

（三）教学实施

1. 整体教学实施过程

教学实施采用线上线下混合、校企共育、双师课堂等相融的教学模式（图2）。在时间上，分为课前、课中、课后阶段；在空间上，分为线上、线下、阶段；在地点上，分为校内智慧教室、校企合作实训基地、校内综合实训室；在知识上，分为课前理解、课中深度理解、课后拓展提升阶段。

2. 单次任务实施流程

以任务五"现场勘查及摩估云平台数据采集"为例：基于任务驱动开展混合教学，以校企共育、双师课堂、现场教学、腾讯会议在线直播相结合的模式将教学过程分解为课前准备、课中导学、课后拓展。学生课前自学线上资源，熟悉WL公司成套生产线设备的工艺流程，进行线上讨论；课中聚焦重难点，带着评估任务学习探究，学生到校外实训基地进行现场勘查，企业导师、校内老师共同指导，通过多元评价方式，学生掌握机器设备现场勘查程序，并通过勘查发现问题、线索，有针对性地开展信息辨识、数据分析、技术鉴定、数据采集和上传工作，最终完成评估工作底稿；课后巩固环节进行拓展提升，编制评估报告。思政元素贯穿整个教学过程（图3），三个环节环环相扣，在勘查前复习成本法在机器设备评估中的应用，课中突破重难点，课后强化能力提升。通过企业现场教学了解"中国制造"，跟着企业导师树立"工匠精神"，在潜移默化中教育引导学生。

3. 教学重难点的突破

教学实践中存在机器设备智能估值的数据量大、方法抽象、实操步骤复杂、设备鉴定涉及新技术等问题，因此，培养学生树立不畏困难的敬业精神和团队合作意识、掌握成本法技术参数、熟悉"1+X"智能估值数据采集与应用平台、按照评估程序进行实操是教学重点，而成本法在机器设备智能估值中的应用、评估实操和评估报告的编制是教学难点。

图 2　教学组织安排

图 3　任务五教学实施过程

(四) 特色创新

本教学单元创新路径如图 4 所示。

1. 思政贯通,多措并举,实现三全育人

(1) 提升教师素养,实现全员育人。团队教师将思政育人理念外化于行,以身作则。以德立身、以德立学、以德施教,全员全过程引导学生"做一粒好种子"。

(2) 更新教学内容,实现全过程育人。围绕课程专业教学、思政教育双重目标,对课程中蕴含的"职业自信""工匠精神""职业素养"等思政元素充分挖掘、加工,结合课程特点有机融入吃苦耐劳的劳模精神,培养爱国情怀,感受我国机器工业之美,实现全过程育人。

(3) 丰富教学手段,实现全方位育人。课堂上采用任务驱动、情景模拟等教学方法,让学生认识思政教育元素。课后充分借助技能竞赛、企业实践等育人载体,让学生重温思政元素。课上课下无缝衔接、课堂内外联动,实现全方位育人。

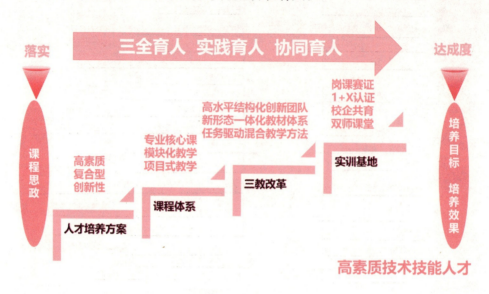

图 4　创新路径

2. 双线并行,理实一体,实现实践育人

教学团队教师采取线上线下混合教学方式,教学活动贯穿"理、虚、实"三阶段,实现实践育人。

课前,搭建师生学习平台,利用职教云推送线上教学资源。线上教学将信息化时代给予学习的便利发挥到最大程度,适应"互联网＋"时代的教育生态,具有借鉴意义和推广价值。课中,依托校企合作优势,实操评估环节采取企业导师评价、校内老师评价、学生自评、学生互评的多元评价和腾讯会议同步直播的方式,开展线上线下混合教学。教师在智慧教室开展课程总结交流分享会,学生现场汇报、展示成果,师生、生生互动营造有效课堂。课后,线上发布拓展任务,要求层层递进,不断激发学生的学习欲望,让学生在自主探究中完成学习任务,达到学习目标。

3. 校企共育,课证融通,实现协同育人

随着人工智能、5G、区块链等新一代信息技术的发展,数字经济、智能经济成为产业发展的核心动力,评估行业智能化升级、服务企业、服务公众的掌握大数据等新技术的智能资产管理、智能评估人才成为评估行业的人才新需求。为满足该需求,教学团队教师通过校企共育、课证融通实现协同育人。利用校内智慧教室和校外实训基地,采取校企共育、双师课

堂的模式。在疫情防控常态化形势下,采用腾讯课堂、微课、企业导师直播连线等信息化手段实现协同育人。

作为"1+X"证书的试点专业,教学团队充分汲取"1+X"智能估值证书反映出来的行业新标准、新技术、新规范和新需求,重组课程模块,对应"1+X"智能估值初级证书的六大工作领域。将基于六大工作领域下的典型工作任务以实训课程的补充形式融入课程体系,实现有机的"课证融通"。

四、成效与反思

(一)成效

1. 课程思政始终贯穿专业教学过程

教学团队在专业课中有机融入课程思政内容,不生搬硬套,潜移默化地引导学生。授课教师不断挖掘、筛选思政元素,选择合适的课程思政内容。

2. 线上线下混合实现思政高效融入

本教学单元教学内容丰富,线上线下混合教学能够让学生充分利用课余时间线上观看教学视频,提升教学效果。教师课前推送大国工匠、中国机器制造工艺流程、企业导师现场评估等有关教学视频,培养学生工匠精神、职业素养、爱国情怀。

3. 课程思政实施始终做到与时俱进

结合当前时政不断挖掘课程思政元素、更新课程思政内容、丰富教学案例,将资产评估知识与时事政治有机结合,让学生关注国家发展战略、经济政策,引导学生树立正确世界观、价值观和人生观,培养学生爱国爱家情怀。

(二)反思

课程思政是当今高校教学改革的新风向,具有一定的理论研究意义和实践价值。在今后的教学中应以"价值引领"进行课程教学组织和管理,精心设计教学内容,坚持"三教"改革,将专业课程中"德育""职业素养""工匠精神"的培养理念始终贯穿于整个教学过程,结合教育教学实践不断优化教学评价体系,在教学中反思、总结、诊改,有效推动立德树人落到实处。

【专家点评】

该案例围绕课程专业教学、思政教育双重目标,基于任务驱动不断挖掘课程思政元素、更新课程思政内容、丰富教学案例;将资产评估知识与企业实践有机结合,引导学生关注国家发展战略、经济政策、企业现实需求,引导学生树立正确世界观、价值观和人生观,培养学生爱国爱家情怀;将"德育""职业素养""工匠精神"的培养理念始终贯穿专业教学过程,在教学中持续反思、总结、诊改,不断优化教学评价体系,有效推动立德树人落到实处。

"物业安全服务"：服务提升品质 管理规范行为

一、主讲教师

王宣，女，硕士，讲师，主讲"工程经济学""建筑材料""建筑法规""物业管理"等课程，曾获安徽省高等职业院校教学能力大赛二等奖1项、省级线上优秀课堂1项，指导学生参加省级学科和技能竞赛荣获二等奖1项、三等奖2项，指导学生参加其他各级各类行业及协会竞赛一等奖3项、二等奖4项、三等奖6项，主持（参与）教科研项目10余项，公开发表论文3篇。

二、课程简介

"物业管理"是物业管理专业和房地产经营与管理专业的核心课程。课程立足物业、房地产专业为社会发展服务、培养应用型技能人才的任务目标，结合后疫情背景下新型物业管理服务建设的使命而不断发展。

"物业安全服务"是"物业管理"的一个教学单元，介绍物业管理服务从业人员为保护业主和物业使用人的人身财产安全、维持社会的工作和生活秩序而采取的相关措施和管理活动。

本教学单元课程思政教学的主要设计理念是人们对于安全的需求远远超出其他层次和方面的服务需求，是人们进行其他一切活动的基本前提和重要保障。在教学设计中把思想政治教育放在突出位置，深入分析课程内容，在教学各个环节引导学生将对人们的生命财产安全的守护根植于心，并在实际实践和应用中能采用正确、快速、有效的方法保障物业安全，时刻注重职业道德和职业素养的培养和提升，增强社会责任感，培养开展安全生产的技能。教育引导学生掌握科学理论知识，坚定职业认同，树立正确的世界观、人生观和价值观，养成优良的行为习惯、思想品德。

三、教学设计

（一）教学目标

1. 知识目标

熟悉物业安全管理的内容，掌握安全防范的措施、消防管理的举措、车辆管理的方法等，思考疫情情况下物业安全管理的变化和不同。

2. 能力目标

通过案例分析和多媒体教学等，培养学生理论联系实际、发现问题和解决问题并创新解决方法的能力。

3. 素质目标

通过学习培养学生的安全生产和安全保障意识，具有维护人民生命和财产安全的社会责任感，强调学生在时代和社会不断变化中形成解决新变革带来的安全隐患和问题的创新思路。

（二）设计思路

本教学单元课程思政的实施总体思路是"一个依照引领、两个思政载体、三个课堂融入"，建立"思政植入课堂、行业引领导向、三段协同育人"的课程思政教学实施模式。

1. 一个依照引领

习近平总书记在全国高校思想政治工作会议上强调要用好课堂教学这个主渠道，思想政治理论课要坚持在改进中加强，提升思想政治教育亲和力和针对性，满足学生成长发展需求和期待，其他各门课都要守好一段渠、种好责任田，使各类课程与思想政治理论课同向同行，形成协同效应。2020年6月，教育部颁布《高等学校课程思政建设指导纲要》，指出了课程思政建设是全面提高人才培养质量的重要任务，明确了课程思政建设的目标要求和内容重点，强调应科学设计课程思政教学体系和结合专业特点分类推进课程思政建设。

依照习近平总书记指示和相关文件精神，本教学单元将建设具有专业课程特色的课程思政内容载体，以教学内容为基点，结合不同的思维方法和价值理念，深入挖掘课程思政元素,有机融入课程思政教学,达到润物细无声的育人效果。

2. 两个思政载体

本教学单元基于现代物业安全管理的技能点,参照教育部印发的《高等学校课程思政建设指导纲要》中提出的明确课程思政建设目标要求和内容重点,选取"两个思政载体"作为课程思政设计的主线。

一是选取与教学单元紧密相关的物业安全管理规范和标准,让学生了解行业的新发展、新要求、新动向,作为课程思政的一个载体主线,既能从中学到现代物业安全管理的知识技能点,又能增强学生的信息素养和勇于创新的精神。

二是深化职业理想和职业道德教育,通过优秀物业人的从业故事、经典案例的引入,疫情、火灾等突发情况的情景教学等,教育引导学生深刻理解并自觉实践物业管理行业的职业精神和职业规范,增强职业责任感,培养遵纪守法、爱岗敬业、无私奉献、诚实守信、求实创新的职业品格和行为习惯,厚植家国情怀。高等教育肩负着培养全面发展的中国特色社会主义事业建设者和接班人的重大任务,必须坚持"立德树人"的根本任务和正确政治方向。

3. 三个课堂融入

本教学单元不仅充分利用了传统的教室课堂,同时将学生和老师生活的小区和社区作为学生自主扩展学习的第二课堂,将职教云等在线平台作为第三课堂,从而将教室空间进行了延伸和拓展。根据课程教学的特点,将课程思政进行"三个课堂融入":课前在线上课程平台进行思政导入,课中在任务实施活动中进行思政融入,课后在拓展中进行形势政策、职业素养、家国情怀等价值引领,实现课程思政的无缝衔接,实现多方位、立体化培养。

(三) 教学实施

在行业引领培养的模式下,以物业安全管理的工作任务和工作过程为导向,在工作任务项目化教学设计的基础上,通过每一个项目中不同的任务点来提取思政元素,以课前、课上、课后"三段式协同育人"的课程思政整体设计实施思路,以职教云在线开放课程为学习平台,打破时空与地点的界限,用信息化和互联网的教学手段培养具备社会主义核心价值观的技能型人才。

课前,进行人文精神引领。通过线上发布上海教师公寓火灾、电梯失控、疫情防控等典型物业安全管理案例,结合课程单元内容,引导学生思考"安全是什么?物业管理安全的重要因素有哪些?"引申出"人民一切权益的实现都是基于生命和财产安全有保障的前提之下,拒绝破坏公共设施、拒绝高空坠物、拒绝楼道电瓶车充电等。疫情面前人人平等,每个人都应严格遵守和履行疫情防控规定,不搞特权对待,众志成城打胜抗疫战"的思政点。建立学生的职业责任感,激发学生学习的兴趣、动力,认真完成课前知识的预习。

课中,完成工作项目攻克任务。在讲解物业安全管理及管理方式等新知识时,有机融入思政元素:创新物业安全管理方式,如何能更有效、迅速、精准地发现安全隐患和问题?科技的发展让现在的物业管理更加信息化:出入门禁管理、手机 APP 实时向物业准确反映问题,信息化也让居民更大程度地参与了对物业安全管理的献计献策和监督工作。鼓励学生根据社会的发展和需要创新物业管理工作。同时引入生活中常见的物业安全紧急事件,如火警、气体燃料泄漏、电梯故障、噪声侵扰、电力故障、浸水漏水、高空抛物、刑事案件、交通意外等,增强学生的生活代入感,开展情景模拟教学,引入"出现偷盗等事件时物业是否该负责,应当看其服务合同过程中是否存在过失、是否违反《物业管理条例》等,是否具备契约精神和法治精神";疫情防控期间各社区、小区等的物业对物业管理人员进行基本的疫情防控及消杀培训,对出入管理和值班巡逻等作出新的调整,配合国家防疫规定,进行防疫宣传,同时不忘人文关怀,对生活不便的老人等送菜送粮上门,体现了"天下兴亡,匹夫有责"敢于担当的家国情怀;水火无情,加强居民消防意识至关重要,消防救生知识普及利国利民,建筑消防设计和消防验收不可儿戏,各行各业的从业人员都应遵守职业准则。

课后,开展职业技能提升和职业素养升华。拓展学生的认知面,增强学生的实践能力。将学生每 5 人分成一组,制作消防知识或防疫知识宣传手册,将课程思政落到实处;培养学生的有效沟通和团队合作能力,鼓励学生创新普及知识的方式和手段,引领学生形成正确的认识和理念。

这一系列设计都将专业知识、专业技能点与思政元素结合为一体,真正实现了课程思政与课程内容不分家,达到润物细无声的课程思政育人效果。

(四) 特色创新

1. 突出安全管理——隐形渗入课堂

物业安全管理是保证国家和城市社会稳定、维护社会安定团结,保障人民安居乐业的前提条件之一。整个国家和城市是由千千万万个社区所组成的,只有做好各个社区的安全管理,才能实现社会稳定、人民安居乐业的目标。本单元通过情景代入和模拟开展教学,强调"够用性、实用性、应用性"。

2. "三段式"课堂——立体思政课堂

基于在线开放课的线上线下教学的"课程思政"融合与实践教学应用的创新,按照"行业引领导向、三段式协同育人"模式,把"课程思政"贯穿于"课前、课中、课后"的三个时段进行全程贯穿培养教育,形成立体的思政与专业课融合的环境与氛围,使学生的职业道德、情感认识、家国情怀提升有启点、有过程、有升华。

3. 职业素养铺垫——习惯养成课堂

行为的养成和职业素养的培养是从事物业相关行业工作的重要起点,以养成教育为主导,能够指导学生学会自主学习、发挥自主能动性,能够使学生自主领会所融入思政元素的价值理念,从而养成良好的学习习惯,具备现代物业人的职业素养,提高职业技能。

四、成效与反思

(一)成效

1. "三段式"协同育人,增强自我职业认同

实施"三段式"协同育人课程思政教学设计,通过思政教育的融入式教学方式,融入行业引领和典型案例等,提升了学生的职业认同感和对行业的认知,增强了学生的职业情操、家国情怀,提高了学生的内生学习动力,从而提升了本教学单元知识、技能目标的达成率,学生课程学习效果有效提高,职业素养能力不断提升,为今后的学习打下良好的基础。

2. 情景式模拟教学,塑造职业行为习惯

本教学单元的课程思政融入,通过工作任务进行情景模拟,学生整体学习状态有所提升,敬业、认真、严谨、规范态度和职业理想信念明显提升。通过对本教学单元的学习,学生在物业安全管理上有了新的深层次认知,建立了良好的职业行为习惯。

3. 团队式协作育人,树立职业理想抱负

通过课后思考与团队协作完成作业,鼓励学生拓宽对于专业课程的认知面,增强将知识转为实践应用的能力,促使学生自主思考学习成果的转化形式,以职业的成就感和获得感带动学生形成行业自信,树立职业理想抱负。

(二)反思

受疫情影响,学生缺乏进入社区和小区物业单位进行实践的机会,需要拓展渠道,通过

在线等方式加强一线物业管理人员与学生的交流和分享。

【专家点评】

> 该案例依据"一个依照引领、两个思政载体、三个课堂融入"的课程思政设计开发思路，建立"思政植入课堂、行业引领导向、三段协同育人"的课程思政实施思路，设计了较为有效的课程思政教学模式，思政元素提炼较为恰当、育人教育切入点选取较为合适。由于职业素养的培养和行为的养成是从事物业工作的基本要求，以融入思政元素的养成教育为主导，能够指导学生发挥主观能动性，学会自主学习，将所融入思政元素的价值理念内化于心，外化于行，从而具备现代物业人的职业素养，提高职业技能。

"智能物业设备运行阶段的管理"：
拧紧螺丝钉　站好维修岗

一、主讲教师

程训敏，男，硕士，副研究馆员，主讲"物业管理理论与实务""小区智能化管理""社区服务与管理"等课程，曾获安徽省高等职业学院教学能力大赛三等奖 1 项，指导学生参加省级及以上学科和技能竞赛荣获一等奖、三等奖各 1 项，主持（参与）教科研项目 5 项，公开发表论文 10 余篇。

二、课程简介

"小区智能化管理"是现代物业管理专业的拓展课程，"智能物业设备运行阶段的管理"是"小区智能化管理"的一个教学单元。"智能物业设备运行阶段的管理"开展课程思政教学的主要目的是传播马克思主义理论，特别注重用习近平新时代中国特色社会主义思想铸魂育人，教育引导学生牢固树立"四个自信"，做到"两个维护"，厚植爱国主义情怀、劳动精神和工匠精神，树立正确的法律和职业道德观念。

三、教学设计

（一）教学目标

1. 知识目标

通过本教学单元学习，学生对"智能物业设备运行阶段"的安全管理、成本管理、维修管理等环节的管理内容、管理要点、相关设备技术参数、管理规范及物业职业道德、物业法律法规等做到较为详尽、全面了解，树立对智能物业设备运行阶段管理工作的正确认知，掌握必要的基础知识。

2. 能力目标

通过本单元学习,学生能够对智能物业设备维修的经济性进行系统、科学的分析,基于此精准地计算出物业设备维修的费用,并对智能物业子系统(给排水系统、空调系统及电梯)的维护要点做到全面、详尽了解,从而能够相对独立地就某一个智能物业项目运行阶段的设备管理提出完善、科学的解决思路(方案)。

3. 素质目标

通过运行阶段设备维修经济性的分析,牢固树立"预防式"维修的理念,突出日常运营维护的基础性、重要性,教育学生牢记"拧紧螺丝钉 站好维修岗",显著增强职业道德感、使命感和荣誉感。注重工匠精神和劳动精神的培育,以现场实践教学、教师示范等方式感化、塑造广大学生的劳动荣誉观、工匠精神。此外,突出物业法律法规的教育,提升学生的法律素养。

(二) 设计思路

1. 教学内容设计

本教学单元以《智能化物业管理概论》(田园主编,清华大学出版社、北京交通大学出版社出版)为基础,融合网络教学资源,对教学内容进行优化设计,突出智能物业设备维护的实际特点,确保教学资源更加贴合物业设备管理实践及当代物业管理专业学生的学习特点。在此过程中,充分挖掘教学内容中蕴含的思政元素,积极探索课程思政的融入和提升。基于此,最终形成了更为合理、科学的教学内容体系。整体教学内容分两大模块:第一模块为智能物业设备运行管理中的安全、费用及维修管理;第二模块为给排水、电梯等智能物业设备子系统的运行管理。

2. 课程思政设计

智能物业设备运行阶段的管理属常规性工作的范畴,比较枯燥乏味,但对物业员工的责任心、使命感以及专业知识要求比较高,在此情况下就需要在课程思政设计中加以关注和体现。课程思政的设计目标为:培养学生对待设备管理的责任感、使命感,以设备管理延伸提升学生对物业管理工作的认同感、荣誉感,牢固树立"预防性"维修的理念,将各项工作做在前面,注重工匠精神和劳动精神的融入,树立和巩固正确的职业道德理念,提升法律素养。

为此,在课前、课中、课后三个阶段以及具体的教学环节中都要有意识地进行课程思政设计与融入。

(三) 教学实施

1. 作业及问题的设置

作业及问题作为常见的互动形式,亦是课程思政重要的着力点。在课前作业环节,布置了开放式问题:"请结合自己的经历,谈谈日常生活中人们使用电梯存在哪些不好的行为,是否需要为此承担法律责任? 作为一名物业管理人员,对于电梯的维护管理,你认为应该从哪些方面入手?"依托生活实际问题,引导学生对电梯"使用者"和"维护者"的角色认知进行思考,反思错误使用电梯的行为是否有违国家法律法规。与此同时,引导学生思考物业服务的标准,牢固树立服务至上的理念,培养正确的职业道德观念。在课中提问时,提出"电梯系统由哪些部件组成?"检验学生对前期电梯系统专业知识的掌握程度,引导其端正学习态度,培养良好学习习惯。通过作业、课中问题等教学环节的有效设置,在激发学生学习兴趣、引发学生思考的同时自然地进行课程思政的融入,达到润物细无声的效果。

2. 课程教学的开展与把控

在整个教学单元授课过程中,针对课程思政的有效融入问题进行了一些必要的设计和把控。一是在实践环节中巧妙地进行课程思政融入,引导学生的思考与讨论。例如在计算物业设备维修费用的经济性时,任课教师抛出一个问题:"作为一名物业人员,控制物业设备维修费用是不是自己的责任?"并现场展开讨论。在具体讨论过程中学生各抒己见,大部分学生观点是物业人员在物业设备维修费用控制中同样有着不可忽视的重要作用和职责,任课教师以此为基础进行强化,提出"物业人员要干一行爱一行",并结合具体案例的讲解来予以佐证和巩固。在授课过程中带领学生赴学校周边的保利物业项目部开展现场教学,由师傅示范,结合任课教师点评以及学生代表现场实践,自然地进行思政融入。二是在理论环节中进行课程思政融入。例如在物业设备维修经济性的计算中,除了阐述清楚计算公式及依据外,更多地要延伸到设备寿命周期的分类,与前面的内容串联起来,并由此引导学生要关注日常运行维护,通过细节关注和周到管理提升设备自然寿命,减少维修的概率和成本。三是基于情景式和案例式教学,增强学生的法律意识。从物业设备维修引发的物业人员腐败案例出发,延伸到物业人员应有的职业道德以及法律法规素养,让学生明白物业设备维修既要履行责任,也要把握界限,不做任何违背法律法规以及职业道德的事情。

3. 课程思政与思政课程的融合点

习近平总书记指出：围绕"培养什么人"，坚持把"德育"摆在首位，深入推进思政课程与课程思政在实施"五育并举"上同向同行，实现德、智、体、美、劳的统一。为此主讲教师在授课过程中与马克思主义学院教师和班级学习委员保持紧密联系，及时了解其思政课程授课情况，在此基础上结合时政热点，确定了课程思政与思政课程的结合点为"独立自主、自主创新"，具体切入点是"电梯系统维护管理知识延伸——电梯品牌知多少"。通过梳理中国电梯产业发展历史以及国产电梯品牌发展情况，学生们更好地明白和认同"独立自主、自主创新"的紧迫性、重要性和时代性。在授课过程中，始终注重课程思政与思政课程的同向同行，力求取得成效。

（四）特色创新

1. 价值引领与内容重塑协同推进

围绕培养服务至上、业务精湛、品德高尚的新时代物业人这一目标，将工匠精神、劳动精神、职业道德、法律意识等有机融入到课程内容中。积极对接行业标准，将智能物业设备运行阶段管理中的安全管理、成本管理、维修管理等教学内容结合行业发展态势以及相关法律法规重新塑造，突出职业素养导向，力求将工匠精神、劳动精神浸润在平凡的各项设备运行管理工作中。

2. 深度互动与课程思政创新实现

以全面落实立德树人根本任务为根本指引，在与学生深度互动中构筑课程思政创新实现路径。在课前作业引导学生深入思考智能物业运行阶段设备管理的重难点，突出真实工作场景导向；在课中教学环节导入具体案例，凸显物业人的使命感、责任感和工匠精神；在课后环节突出学生从事具体工作的场景模拟，进一步增强学生对从事物业工作的荣誉感。在课前、课中、课后三个环节中突出学生主体性，基于任务驱动充分发挥学生创造性，通过营造温馨的课堂氛围以及教师恰到好处的点拨，确保课程思政有效融入其中。

3. 课程思政与思政课程同向同行

在授课过程中，依托精准的学情分析，掌握学生思政课程学习情况，基于此在课程思政中进行有效衔接和融入。在学习物业设备运行阶段管理这一章内容时，学生思政课程学习与当今政治经济形势密切相关，为此课程教学以当前的国际政治经济形势为切入点，延伸至我国在物业智能设备领域的独立自主,从中汲取力量,帮助学生牢固树立自力更生意识,培育自主创新能力。

四、成效与反思

(1) 通过对物业设备运行阶段重难点的剖析,学生理解物业设备运行维护的重要性,认同物业设备管理岗位的独特性、琐碎性以及培育工匠精神、提升专业技能的紧迫性。

(2) 在课程设计与课程思政有效融合过程中突出学生主体性,改变灌输式的课程思政教育理念,真正让学生思考起来、动起来,让课程思政的教育效果更有保证。

(3) 作为一名新时代物业人,学生认识到在物业设备运行维护管理这个岗位上,要在转观念、塑本领、长知识等层面不断发力,不忘奋斗在当下,立足物业管理岗位,"拧紧螺丝钉 站好维修岗",成为被业主所称赞的优秀物业人员。

【专家点评】

该案例围绕思政教育要求较为合理地设计了教学内容。通过知识传授和价值养成,引导学生从经济性维度就智能物业设备维修予以系统科学的分析。从能力培育的角度,提升学生精准计算物业设备维修费用的能力;从价值养成维度,突出日常运营维护的重要性、基础性,显著增强学生的职业使命感、道德感和荣誉感,注重工匠精神和劳动精神的培育,牢固树立预防式维修的理念,教育学生牢记"拧紧螺丝钉 站好维修岗"。以教师示范、现场实践教学等方式,培育广大学生的工匠精神、劳动荣誉感。此外,注重提升学生的法律素养,结合案例分析突出了对学生物业法律法规的教育。

"梁构件平法钢筋算量"：
"筋"益求精　独具匠心

一、主讲教师

李茹，女，硕士，讲师，安徽省 BIM 中心外聘专家，主讲"混凝土结构施工图平法识图""BIM 技术"等课程，曾获省级及以上学科和技能竞赛等级奖 20 余项，指导学生参加安徽省职业技能大赛"建筑工程识图"赛项荣获省级一等奖，参加全国职业技能大赛"建筑工程识图"赛项荣获全国三等奖，主持（参与）教科研项目 10 余项。

二、课程简介

"混凝土结构施工图平法识图"是工程造价专业的核心课程，"梁构件平法钢筋算量"是"混凝土结构施工图平法识图"的一个教学单元。本教学单元学习任务为学习梁构件钢筋工程量清单编制知识，重点掌握计量和计价规则、清单编制程序及内容，要求学生必须具备良好的结构施工图的识读能力，熟悉图集和规范的相关规定，培养遵规守矩的规范意识。课程思政教学的主要目的是根据课程特点鼓励学生爱岗敬业，培养学生一丝不苟的工作态度，树立职业道德感，做具有工匠精神的工程人，以及培养学生的团队合作精神。

三、教学设计方案

（一）授课信息

任务名称	梁构件平法钢筋算量	授课学时	2
授课形式	混合式教学、移动学习、协作探究、任务驱动	授课地点	理实一体化教室

（二）教学目标

知识目标	能力目标	素质目标
理解现浇式梁构件钢筋组成，掌握钢筋计量计价规则	能够编制梁钢筋工程清单	培养学生严谨负责的工作态度和精益求精的工匠精神

（三）教学重难点（技能点）

教学重点	教学难点
1. 钢筋计量规则 2. 钢筋清单编制程序 3. 掌握图集、规范相关规定	图集标准详图识读及钢筋长度的计算

（四）本次课学情分析

本次学习任务为学习梁构件钢筋工程量清单编制知识，重点掌握计量和计价规则、清单编制程序及内容，要求学生必须具备良好的结构施工图识读能力，熟悉图集和规范的相关规定，培养遵规守矩的意识。学生通过对前序课程内容的学习，已具备的能力分析如下：

1. 读图能力（对应已学课程：建筑制图与识图、房屋建筑学、混凝土结构施工图平法识图）
2. 法律法规意识（对应已学课程：建筑法、房屋建筑学、混凝土结构施工图平法识图）
3. 自主学习意识
4. 团队协作能力

（五）教学方法与手段

教学方法	教学手段
小组合作探究学习法、案例教学法、任务驱动教学法	腾讯课堂、职教云平台、三维动画、构造模型

（六）教学设计

	教学环节	教师活动	学生活动	设计意图	备注
课前任务准备	教师课前在职教云平台布置任务，学生完成学习任务	1. 上传教学中的图片、课件等相关资源至职教云平台 2. 教师课前上传钢筋相关图集及清单，熟悉图集及清单的结构	在职教云平台提前预习本节课内容相应的资料，熟悉图集和清单表	1. 学生通过课程相关的资料了解课程的主要内容 2. 通过老师布置的任务初步了解钢筋的图集和清单规范要求	《建筑工程工程量清单计价规范》（GB50500—2013）、16G101-1混凝土结构施工图

课前任务准备	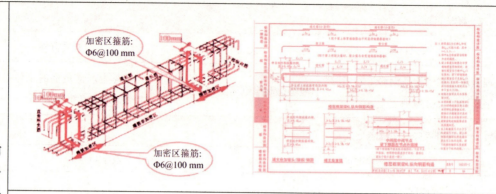				
	信息化教学手段				
	1. 提供慕课学习内容,让学生提前了解本次课的知识点 2. 教师在职教云平台提前上传与知识点相关的图片和微课,让学生对本次课的内容有初步了解,并准备好与本次课有关的行业规范等内容 3. 教师在职教云平台布置相关任务,让学生在课前完成任务,带着问题进入课堂,提高课堂学习的效率				
	教学环节	教师活动	学生活动	设计意图	备注
课中教学做一体	1. 引入新课 (15 min)	1. 通过视频、课件,介绍钢筋的计量和清单计价规则 2. 通过职教云平台线上互动,提问课前布置的内容,引导学生带着问题深入学习	学生回答相关问题,观看图片、课件	通过教学视频,介绍钢筋的组成及计量计价规则,让学生对钢筋计价的学习充满兴趣	视频、课件
	2. 讲解钢筋计量计价时需要考虑的工作过程 (25 min)	1. 专业教师进行钢筋计量与计价的手算和工程量表的计算,编制钢筋清单 2. 职教云平台发布课堂小测验	1. 通过教师讲解,学生掌握钢筋计量规则 2. 根据过程进行清单编制 3. 完成职教云平台小测验	1. 通过教师带领,学生对图纸、算量、清单进行一体运用,熟练掌握钢筋计价规则 2. 通过职教云平台检验教学效果	提前准备钢筋计量计价例题

	教学环节	教师活动	学生活动	设计意图	备注
课中教学做一体	3. 各小组汇报云平台发布的任务（35 min）	1. 将职教云平台课前的任务公布 2. 强调钢筋量与价的要求和相关规范 3. 引导各小组同学将课前布置的任务按顺序汇报	1. 熟悉钢筋量与价的计算规则 2. 各小组分别派小组代表按照课前分配的任务汇报各小组的调查结果，并与规范对标	1. 以学生为主体，调动学生学习主动性 2. 让学生养成良好的查找规范的习惯	课程思政：培养学生精益求精的工匠品质
	4. 教师点评（15 min）	1. 对各小组的汇报结果给予评价 2. 综合评出最优小组	学生互评	通过教师评价、学生互评实现多元化评价结果	培养团队精神

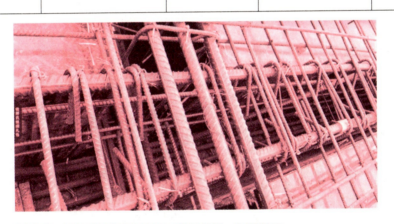

【例题】 计算多跨楼层框架KL1的钢筋量，如图所示：

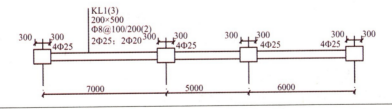

<table>
<tr><td rowspan="11">课中教学做一体</td><td colspan="7">例　钢筋预算量计算结构</td></tr>
<tr><td>钢筋号</td><td>直径(mm)</td><td>单根钢筋的长度(m)</td><td>根数</td><td>总长(m)</td><td>单位长度钢筋理论重量(kg/m)</td><td>总重(kg)</td></tr>
<tr><td>1.上部通长钢筋</td><td>25</td><td>18.975</td><td>2</td><td></td><td>3.850</td><td>146.108</td></tr>
<tr><td>2.下部通长钢筋</td><td>20</td><td>18.735</td><td>2</td><td></td><td>2.470</td><td>92.551</td></tr>
<tr><td>3.一跨左支座负筋</td><td>25</td><td>3.033</td><td>2</td><td></td><td>3.850</td><td>23.354</td></tr>
<tr><td>4.一跨箍筋</td><td>8</td><td>1.454</td><td>43</td><td></td><td>0.395</td><td>24.696</td></tr>
<tr><td>5.二跨左支座负筋</td><td>25</td><td>4.867</td><td>2</td><td></td><td>3.85</td><td>37.476</td></tr>
<tr><td>6.二跨右支座负筋</td><td>25</td><td>4.100</td><td>2</td><td></td><td>3.85</td><td>31.570</td></tr>
<tr><td>7.二跨箍筋</td><td>8</td><td>1.454</td><td>23</td><td></td><td>0.395</td><td>13.210</td></tr>
<tr><td>8.三跨右支座负筋</td><td>25</td><td>2.575</td><td>2</td><td></td><td>3.850</td><td>19.828</td></tr>
<tr><td>9.三跨箍筋</td><td>8</td><td>1.454</td><td>38</td><td></td><td>0.395</td><td>21.824</td></tr>
<tr><td colspan="7">总重：(kg)　　　　　　　　　　　　　　　　　410.617</td></tr>
</table>

信息化教学手段：

1. 专业教师现场播放视频
2. 对比定额与清单的不同点
3. 职教云平台进行教学实时检验
4. 以学生为主体，让学生通过投影介绍每组的调查结果，并展示各小组成果，激发学生学习的主动性

	教学环节	教师活动	学生活动	设计意图	备注
课后任务提升	任务拓展	1. 发布课后作业 2. 通过QQ群、微信群进行课后交流学习	1. 完成课后作业并上传 2. 掌握各个构件钢筋组成，掌握计量计价规则 3. 在QQ群、微信群中交流发言	通过任务拓展对本节课程的知识进行巩固，同时为下一节课的学习做好铺垫	

信息化教学手段：
职教云平台、QQ群、微信群等线上交流工具

课程思政	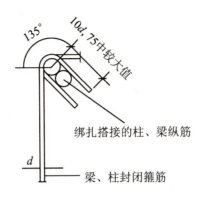 1. 梁的分类体现梁应用不同结构发挥的作用也各不相同——引申至学生工作以后,进入同行业的不同领域,包括施工单位、建设单位、造价咨询单位等,不同的职位决定了所发挥的作用不同,激发学生爱岗敬业精神 2. 一根小小的上部通长筋,在深入支座内锚固的时候,不仅仅要把支座本身的钢筋位置除去,还要再保留 25 mm 的空间;一个小小的箍筋在长度计算时,还要考虑三个 90°弯折和两个 135°的弯钩。作为"造价人"和"工程人",不仅仅是对一项成本的预算,更多地是对每个细节的推敲,一分一毫都是"工程人"的心血。一点点的失误累加起来,将会给工程带来很大的损失。培养学生一丝不苟的工作态度,树立职业道德感,体现"工程人"的工匠精神 3. 在工程中,任何一个钢筋都不可独立存在,必须和其他钢筋形成十字形交叉,每类钢筋单独起的作用并不大,但是所有钢筋绑扎在一起就可以承受很大的荷载——团结就是力量! 团队的潜力无穷大。每个人一生都将身处团队之中,要从学生时代培养团队合作精神

四、成效与反思

(一) 成效

1. 知识目标顺利达成

通过教学,学生懂得算量的基本原则,提升识图看图能力,增强建筑工程类专业基本素养。

2. 教学效果显著改善

根据本课程学习内容的特点,采用多种教学方法,引导学生积极思考、乐于实践,从而提高教学效果。在课堂教学中，改变"满堂灌"方式，广泛采用启发、讨论、学生展示、课堂讲评和讲练结合等教学方式，引导学生积极主动地思考，提高学生分析问题的能力。

3. 课程思政有效融入

在掌握知识目标的前提下，在教学过程中融入爱岗敬业精神，培养学生一丝不苟的工作态度，树立职业道德感，体现工程人的工匠精神以及团队合作精神。

（二）反思

（1）应根据本课程学习内容的特点，采用多种教学方法，引导学生积极思考、乐于实践，从而增强教学效果。具体方法和手段的确定以有利于对课程内容的学习和取得好的教学效果为原则。

（2）通过准备多种素材吸引学生兴趣，同时提高学生线上的参与度，学生做好随时参与教学的准备。

（3）通过适当的小组竞争，激发成员的集体荣誉感和竞争意识，从而提升学生参与教学活动的动力。

【专家点评】

> 该案例围绕"教育引导学生掌握科学理论知识，坚定理想信念，树立正确的世界观、人生观、价值观，厚植爱国主义情怀，养成优良的思想品德、健康心理，具有良好的职业道德和敬业精神"思政教学目标进行了有效设计。该案例从价值养成的角度看，重在培养学生一丝不苟的工作态度，鼓励学生牢固树立爱岗敬业、团队合作精神，做具有工匠精神的"工程人"。

"建设工程项目质量管理"：增强质量意识弘扬工匠精神

一、主讲教师

翟美龄，女，硕士，助教，中级经济师，主讲"工程项目管理""建筑工程合同管理与法规""应用统计学"等课程，曾获"精彩一课"竞赛三等奖 1 项，指导学生参加省级及以上学科和技能竞赛获二等奖 1 项、铜奖 1 项，主持（参与）教科研项目 10 余项，公开发表论文 2 篇，获得专利授权 1 项。

二、课程简介

"工程项目管理"是建设工程管理专业的核心课程，"建设工程项目质量管理"是"工程项目管理"课程的一个教学单元。"工程项目管理"课程坚持"育人为本、德育为先"，把"立德树人"作为教育的根本任务，把践行社会主义核心价值观融入到整个知识体系中，全面渗透到教育教学全过程。

本教学单元以建设工程项目质量的概念和特点为基础，以质量保证体系为手段，深入施工准备状态、施工生产要素、施工作业过程的质量控制，并以项目质量验收来把关，最后通过对工程项目质量事故的处理，充分发掘马克思主义的认识论和方法论、科学思想观对建设工程项目质量管理的影响，培养学生依据事实、从系统的角度分析和解决问题的思路，让学生切实感受到工程项目质量为什么能强国、工程项目质量如何强国。

三、教学设计

（一）教学目标

1. 知识目标

（1）掌握工程项目质量的主要管理方法、工程项目施工阶段的质量控制要求、施工质量验收的要求、验收合格的条件和不合格的处理措施。

（2）掌握工程质量事故的分类、特点和原因，掌握工程质量事故处理的依据和程序等。

2. 能力目标

能够综合运用课堂所学知识，解决工程项目施工阶段的质量控制、施工质量验收、工程质量事故处理等实际问题。

3. 素质目标

激发学生的民族自豪感，培养爱国情怀，树立工程项目质量意识，形成严谨细致、一丝不苟的工作作风，充分意识到责任重于泰山，充分意识到安全高于一切，充分意识到质量就是生命。

（二）设计思路

如果信念有颜色，那一定是中国红；如果质量有标准，那一定是中国强。

1. 定位人才培养，全面分析学情

基于本教学单元的教学特点，根据学生的生理、心理特点和已有的课程认知基础和经验、个体差异、对本教学单元学习方法的掌握情况、学习知识时可能面临的困难、环境（学校、家庭、行业、社会）等 6 个方面，通过线上问卷调查、课堂提问、课后谈话、教学评价反馈等方法，实事求是地进行学情分析，得出以下结果：

本教学单元教学优势：国家政策支持，建设工程行业成就辉煌，学校实训平台健全，新时代学生活泼自信、善于接受信息化教学手段等。

本教学单元教学劣势：知识点多而繁杂、工程经验匮乏、疫情期间实践教学开展困难等。

2. 师生同步成长，教学同频共振

本单元教学内容思维导图如图 1 所示。

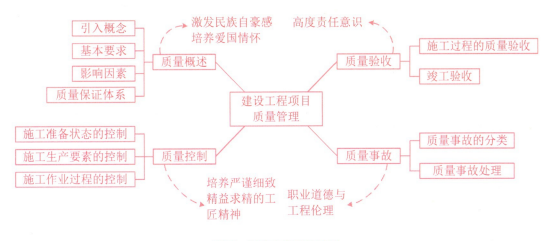

图 1　教学内容思维导图

（三）教学实施

1. 多元教学方法，贯彻教学理念

在本教学单元里，通过"讲（教师课堂讲授）—查（学生查阅资料）—做（社会实践、调研、课件、微视频）—演（学生课堂、模拟情境）—论（讨论）"一系列活动，做到多元化的学做合一，具体教学方法如下：

（1）案例分析教学法：根据本单元教学内容，结合"火神山、雷神山医院"案例，用生动的案例介绍背后鲜为人知的感人故事，师生通过共同讨论，感悟"听党召唤、不畏艰险、团结奋斗、使命必达"的"火雷精神"，引导学生真切感受到我国工程建设领域飞速发展所展现的魅力，增强学生的民族自信和民族自豪感，激发学生的爱国主义情怀。

（2）问题导向教学法：以"建设工程项目质量问题"等为切入点，提出质量问题处理等研究课题，培养学生对工程质量问题的探究精神，培养学生的社会责任感和使命感。从学生真正关心的现实问题出发，解答学生思想的困惑，在知识传授中传递正能量，有利于学生在实际工程项目中增强质量意识。

（3）小组讨论教学法：将学生按每组 4 人的形式分成不同的学习小组，共同完成小组的课前建设工程项目质量教育培训知识分享，树立学生的质量意识，增强社会责任感；进行学校周边建设工程项目质量报告调研和相关采访汇报，将理论知识与建设工程项目实践结合起来，缩短课本理论与建设工程实践的距离。

（4）体验式教学法：在课堂上模拟开展"建设工程项目质量月方案策划"活动，让学生积极主动地参与到课堂中，让学生真正感知质量管理在建设工程项目中的重要性。在实践教学环节，带领学生去施工现场进行质量检查等活动，做到知行合一、以知促行、以行求知。

2. 渗入思政素材,精益教学活动

课程思政教学设计对应关系如表1至表4所示。

表1 课程思政教学设计对应关系表一

\multicolumn{4}{c}{(一)建设工程项目质量概述}			
序号	专业知识点	思政元素	教学案例
1	施工项目质量的概念	培养爱国情怀,激发民族自豪感	通过"火神山、雷神山医院"案例,用生动的案例介绍抗疫背后鲜为人知的感人故事,师生共同讨论,感悟听党召唤、不畏艰险、团结奋斗、使命必达的"火雷精神",让学生真切感受到我国工程建设质量飞速发展所展现的魅力,增加自信
2	施工质量要达到的基本要求	培养学生的国家标准规范意识	介绍《建筑工程施工质量验收统一标准》(GB50300—2001)和相关专业验收规范的规定,让学生深刻认识到按图施工、依法施工、践约施工的重要性
3	影响施工项目质量的重要因素	锻炼学生的系统思维思考方法,养成勤学善思的习惯	引导学生发散思维,思考并列举哪些因素影响工程质量,再从人、材料、机械、方法和环境5个方面归纳这4M1E因素
4	质量保证体系的建立和运行	养成科学严谨、求实创新的态度	让学生了解施工项目质量保证体系的内涵,自主查找它的五大内容(重点),通过提问和组织学生探究"质量保证体系的核心是什么?"

表2 课程思政教学设计对应关系表二

\multicolumn{4}{c}{(二)建设工程项目质量控制}			
序号	专业知识点	思政元素	教学案例
1	施工准备状态的控制	树立学生的质量意识,增强社会责任感	通过小组讨论法,将学生按每组4人的形式组成学习小组,共同完成小组的建设工程项目质量教育培训知识分享。小组讨论"设计交底和图纸审核"案例中需要修改的问题,通过实例探讨,培养学生解决实际问题的能力

续表

序号	专业知识点	思政元素	教学案例
2	施工生产要素的控制	让学生体会一丝不苟、坚持质量标准的敬业精神	分析施工生产要素是施工质量形成的物质基础,带领学生学习质量手册等相关文件,让学生掌握施工生产要素的实际控制过程
3	施工作业过程的控制	增强学生爱岗敬业精神	通过讲解古代修建长城所用的土必须经过筛选,在烈日下暴晒之后用火烤干,修建之后还必须经过箭射检验,箭头不入墙才算合格的严格标准,让学生懂得工序施工质量控制的重要性

表 3　课程思政教学设计对应关系表三

(三)建设工程项目质量验收			
序号	专业知识点	思政元素	教学案例
1	施工过程的质量验收	培养心系民生、拥有四个自信的建筑工程质量检测技术技能人才	以"建设工程项目质量验收问题"等为切入点,提出质量验收不合格的处理措施等研究课题,培养学生对工程质量验收的探究精神,培养他们的工程伦理、工程意识以及社会责任担当和使命感
2	竣工验收	养成诚实守信的职业品格,激发学生保障建设工程质量安全的社会责任感	通过对学校周边建设工程项目的质量验收调研和采访汇报,将理论知识与建设工程项目实践结合起来,缩短课本理论与建设工程实践的距离,同时培养学生严谨的科学态度

表 4　课程思政教学设计对应关系表四

(四)建设工程项目质量事故			
序号	专业知识点	思政元素	教学案例
1	施工质量事故的分类	严格按照国家法律法规和基本建设规律办事,养成知法守法遵法的意识	通过"凤凰县沱江大桥垮塌事故"典型案例,引导学生讨论辩思,开展小组讨论,分析事故原因,认识事故分类,了解质量事故的严重性

续表

序号	专业知识点	思政元素	教学案例
2	施工质量事故的处理	引导学生意识到对质量控制的精益求精和严格按照规范程序办事的重要性	组织学生收集素材，自主调研工程质量事故的全面情况，掌握质量事故的调查方法、掌握施工质量事故处理的一般程序

图2为课程思政教学导图。

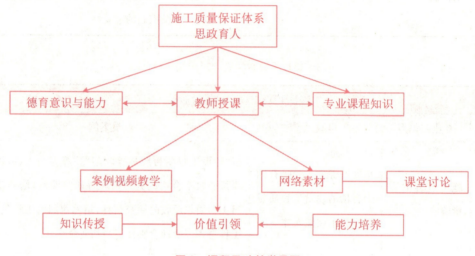

图 2　课程思政教学导图

（四）特色创新

本教学单元设置了多元化的考核方式，致力于评价创新，主要分三大模块：知识测试、任务完成度、德育表现。

1. 知识测试

包含课前线上预习情况、职教云资源学习时长、单元测试与作业完成情况等。

2. 任务完成度

包含案例讨论活跃度、回答提问情况、习题完成情况、动手能力强弱等。

3. 德育表现

包含学习态度、课堂纪律、6S 管理、团队合作精神等。

四、成效与反思

本单元教学可有效提高课堂教学效率,提高学生学习积极性。今后在讲解案例时,可适当展示施工材料等真实实体模型,带领学生去施工现场实地考察,提高学生实际动手操作能力,增强对工程质量管理的实际感受。

在今后的教学中,教学团队争取努力做到立德树人价值观导向更明确,教学充满活力,氛围民主和谐,各教学模块间的过渡紧凑、自然,教学思路清晰合理、过程优化顺畅。以学生为中心,有机整合学生成长与学习需求,让学生更有收获。

【专家点评】

该案例教学形式多样,教学中将信念和质量对标,学生理解透彻深入。基于质量管理开展质量控制、质量验收、质量事故处理的教学过程和科学发展观、实事求是的思想价值观引导,使学生切实体会到质量管理对工程项目和工业强国的重要性。在知识传授的过程中提升理论与实践的结合度,在思政元素的融入过程中,把育人目标统筹到实践教学目标中,把育人要求融入实践教学工作的全过程。

"平面控制测量":大国工程 没"量"不行

一、主讲教师

童进,男,硕士,助教,主讲"工程测量""建筑工程计量与计价""CAD""建模基础"等课程,指导学生参加省级及以上学科和技能竞赛荣获二等奖、三等奖各1项,主持(参与)教科研项目3项,公开发表论文3篇。

二、课程简介

"工程测量"是工程造价专业的基础课程,"平面控制测量"是"工程测量"的一个教学单元。作为确定控制点位置的一项测量工作,平面控制测量常用方法有三角测量和导线测量,因其测量精度高,广泛应用于建筑、公路、铁路以及水利等工程建设。本教学单元采用多元化的教学方法,突出学生主体地位,引入实际工程案例,帮助学生掌握平面控制测量基本理论,并通过实操课的集中训练,引导学生在"做中学、学中做",将专业理论知识变化为实际操作能力,加强学生对相关知识的掌握,为今后工作打下坚实基础,最终成为从事各种工程测量、地籍测量生产、管理和服务等一线工作的高技能人才。

平面控制测量的应用广泛,各类工程建设取得的突出成就较多,课程思政元素众多,具有开展课程思政教学的基础。本教学单元主要目的是教育引导学生掌握科学理论知识,坚定理想信念,坚定"四个自信",树立正确的世界观、人生观和价值观,厚植爱国主义情怀,形成优良的思想品德、健康心理,具有良好的职业道德、团队意识及妥善处理人际关系的能力,并且能够综合运用知识与技术从事程度较复杂的技术工作,形成终身学习的意识。

三、教学设计

(一) 教学目标

1. 知识目标

了解平面控制网的分类,了解平面控制测量的方法,掌握导线的布设方法。

2. 能力目标

能够正确选择导线布设形式及完成导线的测设工作。

3. 素质目标

培养动手实践能力,培育严谨务实的工作态度,为社会主义建设贡献力量。

(二) 教学重难点

1. 教学重点

闭合导线、附合导线。

2. 教学难点

掌握导线布设及外业测量工作。

(三) 学情分析

本教学单元主要学习平面控制测量相关知识,重点掌握导线布设形式及导线的测设工作。学生通过对前序课程内容的学习,已掌握如下知识:
(1) 测量工作的基本原则。
(2) 高程测量的步骤、方法及技术指标。
(3) 角度测量的步骤、方法及技术指标。
(4) 距离丈量。

（四）教学方法与手段

1. 教学方法

小组合作探究学习法、任务驱动教学法。

2. 教学手段

职教云平台、教学课件。

（五）教学内容设计

1. 课前准备

（1）教师活动：通过云课堂上传微课视频，要求学生对照视频预习本教学单元所学内容并回答：平面控制测量中导线布设形式有哪些？

（2）学生活动：在课前准备阶段，学生学习微课视频，并通过职教云上传问题答案。

2. 课中教学

（1）思政案例引入新课：

① 思政案例：港珠澳大桥位于珠江口外伶仃洋海域，是连接香港、珠海、澳门的大型交通枢纽。该工程对于贯彻"一国两制"方针，全力支持香港、澳门两个特别行政区积极应对国际金融危机，保持繁荣稳定，进一步加强内地与港澳的合作，巩固香港国际金融中心地位，促进澳门经济适度多元发展，具有重要战略意义。

"世纪工程，测量先行"，大桥主体工程全长 29.6 千米，海上施工没有参照物，测量就好比海上施工的"眼睛"，对于测量工作来说，难度最大的就是控制网布设。"失之毫厘，谬以千里"，这就意味着测量工作容不得犯错。在参建各方的团结合作下，2018 年 2 月 6 日完成了工程的验收。世纪工程建设的成功，一是离不开各方的团结合作；二是有着国家高科技发展的支撑，先进的测绘技术和装备让海上测量得以实现；三是有着一群默默耕耘、无私奉献的"测量人"。

今天，我们要继续发扬他们的团结合作、无私奉献的精神，学好本教学单元内容，为祖国建设奉献自己的一份力量。

② 学生活动：在课程引入阶段提高学生对国家相关大政方针政策的了解程度，了解大国科技发展，激发学生自豪感，懂得在工作过程中要团结合作、无私奉献，从而对学生进行思

想教育。

(2) 课程内容讲解：

① 控制测量含义：在测区的范围内选定少数控制点，构成一定的几何图形或一系列的折线，然后精确测定控制点的平面位置和高程，这种测量工作称为控制测量。

② 控制测量的原则：为了防止误差累积和提高测量的精度和速度，测量工作必须遵循"从整体到局部，先控制后碎部"的原则，这里的"整体"是指控制测量。

思政教学：古语云"积土成山、积水成渊"，量变发展到一定程度，就会发生质变。控制测量就是将测量过程中误差无限缩小，防止误差的积累造成误差变大，从而导致测量事故发生。所以，在日常的测量过程中，要热爱本职工作、按章办事、严谨务实、敬业测绘，发挥当代"测量人"的"测量工匠"精神。

③ 控制网的分类：国家平面控制网、城市平面控制网、小地区平面控制网、图根控制网。

④ 平面控制测量：常用方法有三角测量和导线测量，下面主要介绍导线测量。

a. 导线测量的布设形式：

Ⅰ. 闭合导线：由一个高级控制点出发最后又回到该点，组成一个闭合多边形，如图1所示。

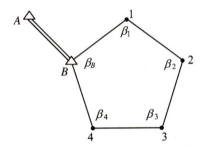

图1　闭合导线简图

Ⅱ. 附合导线：由一个高级控制点出发，经过一系列控制点，最后附合到另一高级控制点上的导线，如图2所示。

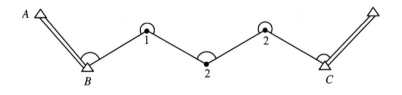

图2　附合导线简图

Ⅲ. 支导线：由一个高级控制点出发，既不闭合也不附合到另一高级控制点上的单一导线，如图3所示。

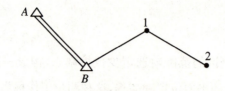

图3　支导线简图

b. 导线测量外业施测：

导线测量外业工作包括：踏勘选点及建立标志、导线边长测量（第三章已学习）、导线转折角测量（第二章已学习）。

思政教学：导线测量外业工作是一项系统性工作，测量员要先学习岗位职责及规章制度，学习相关规范，工作中要做到一丝不苟，确保导线测量的准确性，同时外业测量需要团队成员的团结合作才能完成，团队成员要分工明确，紧密配合，充分发挥团队合作的精神。

学生活动：在课程讲解阶段，学生学习相关理论知识，对所学知识点进行总结，并反思课前准备阶段所回答问题存在的不足，做到举一反三。同时，通过课程学习，学生将懂得测量工作的重要性、严谨性，增强自己的责任感和使命感，在今后的工作中，严守岗位职责，严守规章制度，吃苦耐劳，团结协作。

（3）课堂讨论：

① 利用职教云平台发布课堂讨论主题，要求各小组讨论：要完成学院图书馆区域地形的测绘工作，应该采用哪种导线形式？如何测？

② 要求小组推选代表汇报讨论结果。

③ 教师点评：对各小组的汇报结果给予评价，综合评出最优小组。

学生活动：在课堂讨论阶段，以学生为主体，学生参与讨论，在学中做、在做中学，充分调动学生学习主动性，并推选小组代表汇报讨论结果。

3. 布置课后任务

要求每位学生完成教材课后作业第6、7题。

学生活动：在课后任务阶段，学生完成课后作业并提交。

（六）特色创新

本教学单元的实践性较强，单元教学以理论实践相结合的形式开展，先教授理论知识，随即安排实践教学，再总结知识，确保学生在做中学、在学中做，充分掌握知识点。

本教学单元教学以港珠澳大桥建设的测量工作为载体，让学生了解国家发展情况和科技发展情况，增强学生的自豪感和使命感，激发学生的爱国主义精神；在知识点的讲解过程中,从测量误差及外业测量着手,突出培养学生的职业道德:爱岗敬业、遵章守规、吃苦耐劳、团结合作,继续发扬当代测量工匠精神,为实现伟大复兴的中国梦做贡献。

四、成效与反思

(一)成效

(1) 通过构建丰富的线上教学资源体系,增强了教学的直观性,但需要学生具有高度的学习自律性,目前对学生线上学习情况未能做到很好地监控。

(2) 通过合理的教学设计培养了学生较强的团队合作意识。不过,部分学生在学习过程中团队配合度不高,分工协调性有待提高。

(3) 在教学设计中设置学生讨论活动,调动了学生积极性,但是班级中仍存在少数"沉默一族",个别同学课堂参与度低。

(二)反思

(1) 应准备多种素材激发学生学习兴趣,同时提高学生线上学习的参与度。

(2) 应增设实践教学环节、设定问题情境,学生在完成任务的同时,提升团队合作契合度,充分发挥学生的团队合作精神。

(3) 应开展适当的小组竞争,激发成员的集体荣誉感,从而提升学生参与教学活动的动力。

【专家点评】

该案例围绕思政教学目标"鼓励学生爱岗敬业,培养学生一丝不苟的工作态度,树立职业道德感,做具有工匠精神的工程人,以及培养学生的团队合作精神"进行了课程设计,针对教学目标及难点重点,在学情分析基础上选择了职教云平台与课堂教学相结合的教学手段,比较巧妙地将职业道德、工匠精神等思政元素嵌入了知识点的授课之中,尤其是通过案例教学,让学生了解国家科技发展所取得的历史性成就,了解国家在推进创新方面的相关大政方针政策,激发学生自信心、自豪感,指导学生在工作实践和科研实践过程中要懂得无私奉献、团结合作,从而实现对学生进行有效的思想教育。

"固定资产折旧"：资产折旧有减法 职业生涯有加法

一、主讲教师

胡茜，女，硕士，主讲"工程经济学""工程质量与安全管理"等课程，公开发表论文1篇。

二、课程简介

"工程经济学"是工程造价、建筑经济信息化管理等专业的基础课程，"固定资产折旧"是"工程经济学"的一个教学单元。

教材选用中国矿业大学出版社出版的《建筑工程经济》，贯穿这门课始终的知识点是成本与盈利，如何选择利益最大的项目方案成为这门课程最重要的教学内容，这要求教师在授课过程中把质量工程、可持续发展、工匠精神等思政元素贯穿始终。

由于固定资产是企业生产运营中重要的物质技术基础，其通过折旧方式直接计算费用，既影响企业当期收益，又关联着企业将来的技术更新和企业的长期发展。上一节课中已讲授总成本费用的基本公式，为更好地与基础知识点相衔接，教师就此阶段课程加以总结，并指导学生自主探索掌握企业固定资产折旧的具体范围。对于企业固定资产折旧方式部分，本教学单元选取了企业折旧年限的四种方法——年限平均法、工作量法、双倍余额递减法和年数总和法进行讲解。

三、教学设计

(一) 教学目标

1. 知识目标

掌握固定资产折旧的基本定义;了解固定资产折旧和摊销的区别;了解固定资产折旧的方式。

2. 能力目标

培养计算能力,加强对于折旧的正确理解,培养善于发现问题、解决问题的能力。

3. 素质目标

培养认真学习、细心计算、工作严谨、坚守诚信的良好品质。

(二) 设计思路

从固定资产折旧的原理、步骤以及过程出发,领会新时代中国高质量发展的深层含义;理解资产折旧对于企业发展的重要意义;理解固定资产折旧与固定资产管理对社会可持续发展的重要性,增强学生的责任心与行为自觉,深化学生职业道德教育。

(三) 教学实施

1. 课程引入

视频:"固定资产加速折旧优惠政策,惠及全领域"。

本教学单元创设了两个情境:车的价值变化和电脑的价值变化,通过预先设计的问题引导学生主动探究学习,在轻松愉悦的氛围中学习知识。

图片1:劳斯莱斯幻影二手车报价。

图片2:二手电脑报价。

学生看完图片进行思考,并根据常识及上节课所学内容回答问题。

问题1:为什么同样是二手物品,两者之间价格差异那么大?

问题2:为什么同样是二手车,两者之间还有那么大的差距呢?

学生回答:一是因为车和电脑买来的价格不一样,二是两辆车之间新旧差距不一样。

教师引入本教学单元要点:固定资产折旧的概念、固定资产剩余残值的影响因素。

概念讲授后,提问学生:

① 固定资产如何进行折旧?是平分还是不平分?

② 我们应该如何选择折旧方法?

③ 加速折旧是优惠政策吗?与产业结构调整、新发展理念之间的关系是什么?

融入思政元素:遵纪守法,形成科学的质疑精神,形成严谨、诚信的工作作风,虽然折旧已作为一项支出,但是我们依然要在工作时以谨慎性原则不高估资产,杜绝偷税漏税。利用耳熟能详的例子解释现象,有助于增强课堂氛围,拉近与学生的距离。

2. 折旧方法的讲授

(1) 平均年限法:定义、公式、图解以及案例。

优点:计算简单。

缺点:资产使用成本不均衡,忽略了无形损耗。

适用于:各期磨损基本相当等情形,比如房屋。

加入图片及视频加深学生的直观感受,同时也有利于学生集中注意力。

(2) 工作量法:定义、公式、图解以及案例。

工作量法特别适合于产品单位价格较高,但各个月份的工作量或工作时数不平衡的企业,比如生产大中型精密装置和运货车辆等。这种企业若使用年限法每月平均计量折旧,会使各个月份的生产成本、税费负担都不合理。

提问:在什么情境下用工作量法?

(3) 加速折旧法:双倍余额递减法、年数总和法的定义、公式、图解以及案例。

加速折旧法的特点:在固定资产的早期多提折旧额,在后期少提折旧额,但折旧总数额不变,只是延迟上交所得税。通过加快折旧额的提取,可以较快更新固定资产,促进技术进步;考虑其时间价值,加速折旧固定资产无疑优于直线折旧固定资产。

优点:考虑无形损耗,谨慎原则(不应高估资产或收益,不应低估负债或费用);整体资产使用成本均衡(折旧费+维修费);收益费用匹配(配比原则)。

缺点:早期成本高,产品竞争力弱、利润低、推行难。适用于高震动、高腐蚀、技术更新快的受无形损耗影响大的资产。

3. 思政引入

诚信原则:固定资产折旧可以抵税,我们在操作时需要注意什么?

引导学生回答：不可以随意变更折旧方法，工作应保持诚信，抵税要遵循规则，不得偷税漏税等。《企业会计准则第4号——固定资产》第十七条规定：固定资产折旧方法一经确定，不得随意变更。

4. 案例分析

抚顺特钢虚增折旧费财务造假

根据抚顺特钢集团2014—2016年连续3年年度报告、2017年第三季度报告中披露的固定资产折旧存在虚假，其虚增了固定资产的购置，且抚顺特钢将虚假增购的固定资产计提折旧，虚增2014—2016年年度报告和2017年第三季度报告期末固定资产折旧额，累计虚增固定资产折旧8000多万元，其中，2014年虚增固定资产折旧1400多万元，2015年虚增固定资产折旧1800多万元，2016年虚增固定资产折旧3000多万元，2017年前三季度虚增固定资产折旧2300多万元。

抚顺特钢2014—2016年年度报告、2017年第三季度报告披露的固定资产折旧与事实不符，存在虚假记载。抚顺特钢连续多年财务造假，虚增利润20亿元。

四、成效与反思

高校人才培养是一项关系到国家未来发展的重大系统工程，课程包含着教育内容，也承载了教育对人的期待。应突出"立德树人"，严格把控课程思政的教学过程，充分利用通信工具的便捷优势，用更多的投入帮助学生在学习过程中实现人生升华，完成价值观塑造，为落实"立德树人"根本任务作出不懈努力。

由于授课教师自身思政知识不完备，导致在融入思政元素时未能尽善尽美，这要求授课教师在后续的实践与教学过程中，多观察、多思考、查缺补漏，更好地完成思政元素与课程内容的融合。

【专家点评】

该案例基于"工程经济学"中的一节内容而开发,通过将价值导向、技能灌输等有机结合起来,通过课堂思政培养学生正确的"三观"及职业精神等非技术素质,较好地将职业道德、和谐发展等思政元素嵌入了教学中,实现了"润物细无声"式的专业知识传授与思想政治教育的同向同行。

"房地产项目STP策划":筑造理想人居"质"敬美好生活

一、主讲教师

徐书隽,女,硕士,助教,主讲"房地产营销与策划""管理学基础"等课程,指导学生参加第七届安徽省"互联网+"大学生创新创业大赛红旅赛道(创业组)荣获铜奖1项,主持(参与)教科研项目10余项,公开发表论文1篇。

二、课程简介

"房地产营销与策划"是房地产经营与管理等专业的核心课程,"房地产项目STP策划"是"房地产营销与策划"的一个教学单元。通过对营销环境分析,学生对房地产营销策划理论知识应用环境有了进一步的认识,提高了实际操作能力。

本教学单元通过案例引入等方式,进行启发式教学,介绍房地产营销从业人员通过STP策划掌握市场的评估方法,从而具备市场定位能力。

课程思政教学的主要设计理念是:STP策划是基于市场细分、目标市场和市场定位进行策划,理论源自美国营销学家温德尔·史密斯。在国外的实践中已经有很多成功案例,但是具体应用应结合实际进行。在教学设计中紧密结合课程内容,在教学各个环节引导学生切实结合我国的实际情况,培养策划技能,时刻注重职业道德和职业素养的培养和提升,增强社会责任感和服务人民的自觉性。

三、教学设计

（一）教学目标

1. 知识目标

了解市场细分、目标市场、市场定位的内涵及作用。

2. 能力目标

掌握市场的评估方法，培养市场定位能力。

3. 素质目标

培养严谨负责的工作态度。

（二）设计思路

本教学单元课程思政的实施总体思路是"以专业知识为主线，融合思政元素"，建立"润物细无声"的教学实施模式。

（三）教学实施

课前，中国传统思维引领。房地产是一种特殊的商品，我国传统文化强调私有住宅对家庭的重要性。新家庭组建，如果成家无房，则家庭归属感薄弱。购买住房的必要性在国内传统观念中非常突出，直接影响企业在房地产营销与策划中的概念提取、营销方案确立等行为。不少房企在宣传住宅时，提炼家庭卖点，强调刚需及成家立业，同时配套相关的营销手段（如在办公区、大型商场做地推活动，在网络上投放小区家庭概念的广告等），针对适婚人群进行宣传。通过对比中外家庭在婚嫁上习俗存在区别的案例，结合课程单元内容，引导学生思考"符合中国国情的策划是什么？策划是基于哪些定位分析得出的？"引申出"中国特色社会主义思想中传统观念如何在当前国内房地产营销策划中应用，并结合国情实时更新"的思政点。启发学生的求知欲，激发学习的兴趣、动力，认真完成课前材料知识的预习。

课中，案例结合理论。在定位新知市场时，有机融入思政元素"中国房地产市场定位的特点以及受传统道德观念影响和随时代发展产生的变化"。鼓励学生根据自己的日常了解，补充提出新的角度。同时,引入鼎邦丽池在上海虹桥周围针对外籍人士开发的别墅式公寓大受欢迎的案例,引发学生思考目标市场的选择不同导致的策划方案不同,从而认识到世界观、人生观、价值观不同对人的重要影响,进一步加强课程思政元素融入。

在房地产营销中,学区房是客户关心的重点,但在策划的同时要符合国家政策及相关法律法规,不可出现欺诈等情况。在策划宣传过程中,要时刻警惕是否存在过失、是否违反法律法规等,强调契约精神和法治精神的重要性;疫情防控期间,房地产行业受到剧烈冲击,各大楼盘在宣传时要符合实际宣传,要遵守职业准则和职业道德。

任课教师在讲授营销策划相关案例时,要重点挖掘其中内含的中国传统文化元素,加强学生对传统文化的认同,增强文化自信。要基于文化开展策划,提高产品文化内涵,提升品牌价值。如金地集团借鉴《中国诗词大会》,举办"金地杯山西首届少儿电视诗词大赛",并通过邀请陕西省楹联协会名誉主席解维汉等文化大咖进行指导,提升比赛品格。在推广方面,充分利用媒体,联合陕西卫视、陕西广播电视台等当地知名频道媒体进行推广,同时结合线上渠道,进一步开展品牌营销和推广。以此为案例,充分说明国人对传统文化的热爱,对与之相关的产品有很好接受度。与传统文化紧密绑定的房地产,将具有更高的文化价值,能使得企业获得更多利益。

课后,职业技能提升和职业素养升华。拓展学生的认知面,增强学生的实践能力,将学生每5人分成一组,选择一楼盘进行STP策划,融入思政元素,培养学生的有效沟通和团队合作能力,让学生在实践中加深对知识的理解。

通过将课前、课中、课后专业知识与思政元素紧密结合,让学生在不知不觉中接受教育,摆脱教条式宣讲,达到润物细无声的课程思政育人效果。

(四) 特色创新

1. "三段式"课堂实现灵活渗入

在"课前、课中、课后"三阶段中贯穿课程思政元素,根据不同阶段特色灵活融入课程思政元素,将不同元素以更合适的方式方法融入学生心中,实现过程式、动态化的教学学习过程。

2. 现代化教学实现创新表达

传统教学仅使用板书、PPT课件的形式,不仅在吸引学生专注、内容传达等方面无法满足现代日新月异的课程教学需求,也不能满足当前疫情对教学的需求。短视频、直播、慕课等线上教学模式及翻转课堂等新型信息化教学方法都能在教学中发挥很好的作用。任课教师可以根据本课程要求，将课程进行模块划分，结合不同内容特点，将传统教学手段与现代化信息技术手段结合，充分借助PPT、音频、动画、虚拟仿真等教学元素，制作视频，将课程思政元素融于其中，提升学生兴趣。

四、成效与反思

（一）成效

1. 内生学习动力有效提高

通过多种素材吸引学生兴趣，将动画、视频等含有思政元素的教学材料呈现给学生，增加了学生学习趣味性，提高了学生线上的参与度。

2. 职业行为习惯有效养成

本教学单元的课程思政通过工作任务项目化进行情景模拟，让学生在情境中思考，既有助于课程思政元素的实际灵活应用，也更加紧密地结合专业知识，让学生整体学习状态有所提高，有助于增强职业信念。通过这一单元任务的学习和培养，学生在房地产营销策划上有了新的深层次认知，建立了良好的职业行为习惯。

（二）反思

房地产营销与策划的课程思政建设是教学过程的创新，是实现教育目标的必要手段，对学生形成正确价值观和今后工作实践都有重要的指导意义。当前，任课教师既要提高自身对课程思政的认识，更要运用多种信息化教学手段，实现教书育人、育德为先的重要目标。

【专家点评】

> 该案例以"中国房地产市场定位的特点，以及受传统道德观念影响和随时代变化产生的变化"为核心设计课程内容，较好地将世界观、人生观、价值观等元素融入教学之中，根据不同阶段知识呈现特色，灵活融入课程思政元素，有效利用课前、课中、课后三个学习阶段，全过程将价值引领贯穿课程教学，将体现社会主义核心价值观的不同具象思政元素以较为合适的方式方法融入教学过程。

"中式风格空间设计":传承中式美学赋能室内设计

一、主讲教师

徐祈丰,女,硕士,讲师,主讲"平面构成""构成设计""室内空间设计与施工"等课程,曾获安徽省高等职业院校教学能力大赛三等奖1项,主持(参与)教科研项目5项,公开发表论文2篇。

二、课程简介

"室内空间设计与施工"课程是建筑装饰工程技术、建筑室内设计专业的核心课程,"中式风格空间设计"是"室内空间设计与施工"的一个教学单元。课程设置目的在于引导学生学习基本的空间结构划分,形成各空间界面设计能力,帮助学生建立空间设计思维能力,掌握空间设计流程和方法。

通过上次课程对"现代风格空间设计"的学习,学生已掌握了室内空间设计中关于现代风格的相关理论知识,并学会了如何将理论与实际操作相结合,提升了相应的学习能力、应用能力、协作能力和创造能力,也为此次"中式风格空间设计"的学习打下了基础。

三、教学设计

(一)教学目标

1. 知识目标

(1)中式风格空间设计的基本概念。
(2)了解中式风格空间设计的发展历程。

(3) 领悟中式风格空间设计的精神内涵。

2. 能力目标

(1) 能根据中式风格的基本概念匹配相适应的客情。
(2) 能设计出符合客情需要的中式设计风格方案。
(3) 能在中式风格的设计方案中突出中式风格的精神内涵。

3. 素质目标

(1) 培养创新精神和独立思考的能力。
(2) 提升审美意识,增强民族传统文化自信。

(二) 设计思路

设计思路如图 1 所示。

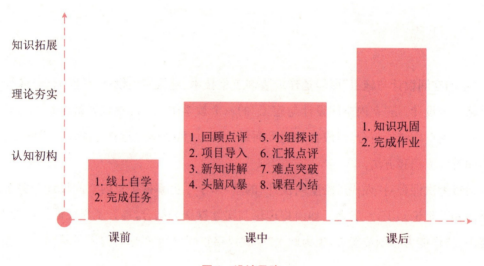

图 1　设计思路

(三) 教学实施

本教学单元以任务为驱动开展混合式教学,以翻转课堂的模式将教学过程分解为课前准备、课中导学、课后拓展。

课前学生登录职教云平台,参与线上讨论,教师根据讨论结果适当调整上课内容;课中聚焦重难点,通过理论讲授和探究,让学生形成牢固的知识基础;课后学生巩固所学内容,为下一次课程学习做准备。

1. 课前

将课前学习资料上传到职教云平台(三代同堂家庭的客户需求案例视频),并发布任务:让学生根据视频内容参与线上讨论,分析客户需求。及时查看学生线上课前参与讨论的情况,对讨论结果进行分析,调整授课重点。

2. 课中

(1) 回顾上一章节课程学习内容:现代风格空间设计,考查学生的掌握情况;登录职教云,打开课前讨论完成统计页面,点评学生的讨论结果。

(2) 播放客户需求导入视频,展示不同的设计方案,引导学生思考:哪种方案与客户需求的几个关键词相匹配?

(3) 讲授中式室内设计风格的概念。通过一组中式风格设计方案图片的展示,引导学生对中式设计风格有初步认识。

(4) 分析讲解中式设计风格的起源,并通过动画视频的播放,展现中式风格在我国历朝历代的发展过程,加深学生印象。

(5) 发布一组中式风格图片和词条,组织学生讨论,根据展示的图片,选择与之匹配的词条,快速区分出各个不同时期的中式风格,从而掌握课程内容。

(6) 在头脑风暴的基础上,发布课堂小组探究任务,组织学生讨论:不同时期中式设计风格的特征分别是什么?使用 APP 摇一摇选取学生代表进行汇报,并对学生给出的答案进行点评。

(7) 讲授中式设计风格的文化根源和文化底蕴,从历史的角度,通过对秦汉时期、隋唐时期、元明清以及民国与近现代时期的中式建筑室内外装饰的剖析,结合中国传统文化背景,深挖出中式风格的文化精神内涵。

(8) 通过播放一段视频来具体展现中式风格的文化精神内涵,点明中式风格所要表达的思想境界源于中国传统文化。不论是在哪个朝代,中式风格的形成和发展都与传统文化息息相关,新中式风格的出现更是传统美学和现代审美深度融合的结果。中式风格的学习增强学生对中国传统文化、传统美的认同感,提升学生的文化自信和家国情怀。

(9) 课程小结:通过绘制思维导图的方式,帮助学生系统地回顾本次课程学习的知识点,加深学生对课程内容的印象。

3. 课后

本次课程学生掌握了中式设计风格的相关基础知识,为了进一步熟悉中式设计风格,提高实际应用能力,课后进行拓展练习,在职教云线上平台发布任务,要求学生收集中式设计风格的精神内涵在现代社会中体现的案例,教师在线上对学生收集的案例进行审核评价。

(四)特色创新

为有效解决教学过程中的教学重点和难点问题,高效执行本课堂的教学策略,本次课程在教学资源的选择上,创新性地采用了多种信息技术手段,如职教云 APP、3D 软件、资源库/精品课程平台、视频动画等,辅助开展教学活动,使得同学们在课前、课中、课后都能对课程内容有较为直观的了解。

四、成效与反思

本教学单元内容主要围绕中式室内设计风格相关的理论知识进行讲解,目的是为了给后续的实操课程奠定理论方法基础。课程中利用视频、动画、3D 软件、职教云平台等信息技术手段,逐步引导学生掌握和运用知识技能。

由于课堂的时间非常宝贵有限,在教学设计时,将对客户需求的思考分析、对中式设计风格精神内涵与现代社会的匹配等问题的思考放到了课余时间完成,通过职教云在线进行管理组织,实现线上线下学习联动,提高课堂时间使用效率。本教学单元安排了一次小组讨论,目的是引出本教学单元的重点知识,即中式设计风格的精神内涵。但个别小组的讨论因为课堂时间限制,没有完全达到预期效果。

对于当代的高等职业院校学生而言,他们需要扎实的专业技能作为基础,所以专业课程是他们必须学习的内容。那么在这种情况下,通过在专业课学科中渗透思想政治教育就可以深化学生对思想政治理念的了解。本教学单元教学实践成效也进一步证明了课程思政融入专业课教学是一项有价值、有意义的探索。因此"在室内空间设计与施工"课堂教学中融入思政元素是最为合理且最为有效的一种途径,可以提升当前思想政治教育的实效性,也能够为空间设计与施工课堂教学增添别样的色彩。

【专家点评】

该案例通过多组教学案例将学习知识点呈现出来,采用线下讲授、线上网课、头脑风暴等方式组织教学,完成知识传授的任务。在价值引领方面,该案例的育人点聚焦在促进学生掌握实际创作方案基本要领,培养学生独立思考的能力和创新精神,促进学生形成高尚的审美意识和情趣,增强学生对中华民族优秀传统文化的把握能力并自觉践行文化自信。

"社会保障"：撑起社会保障伞托起稳稳小确幸

一、主讲教师

吴月明，女，硕士，副教授，主讲"保险实务""证券投资实务"等课程，指导学生参加省级及以上学科和技能竞赛荣获三等奖3项，主持（参与）教科研项目3项，公开发表论文多篇，参编"十三五"国家级规划教材《金融基础》。

二、课程简介

"保险实务"是金融服务与管理专业的核心课程，"社会保障"是"保险实务"课程的一个教学单元。本教学单元旨在讲授社会保障制度的理论基础、发展历程、制度框架、保障项目及设计运行机理，采用"54321"融合式教学范式开展教学。"5"即为"五位一体"的教学理念：引导学生坚定理想信念；扎实传授专业课知识；立足中国实践的社会保障体系理论；提升学生分析问题和解决问题的能力；强调知行合一、奉献社会、实现自我。"4"即为"四融合"的教学内容：思政教育与课程教学融合；历史思维与现实问题融合；国际视野与本土情怀融合；理论思想与中国实践融合。"3"即为"三结合"的教学方法：教育教学与科学研究结合；理论教学与实践教育结合；"三全育人"与自我教育结合。"2"即为第一课堂和第二课堂的"两课堂协同"育人。"1"即为经世济民、爱国奉献、增长本领的育人目标。通过对于"社会保障体系——中国反贫困的伟大奇迹"的讲解，使学生掌握相关知识，并充分和正确认识到在中国共产党领导下的我国社会保障实践取得的伟大成就，引导学生树立"经世济民"的社会保险理念。

三、教学设计

（一）教学目标

1. 知识目标

（1）掌握社会保障的基本内涵。
（2）熟悉我国社会保障体系。
（3）掌握社会保险、社会救助、社会福利、社会优抚和补充保障的基本内容、适用对象和条件及政策法规。

2. 能力目标

能够通过对社会保障制度的演变与分析，归纳总结我国的社会保障模式并探索该模式未来的发展方向。

3. 素质目标

（1）知国情担使命，坚定"四个自信"。
（2）养成良好的职业素养、热情服务的意识，形成高超的沟通能力。

（二）设计思路

本教学单元充分挖掘自身的"思政体质"，讲好中国故事、提升使命担当、建立"四个自信"；让学生通过深度参与式学习，全面、系统地理解和掌握我国社会保障制度的探索演进、制度设计、项目实施等内容。

具体思政元素如表 1 所示。

表 1 "社会保障"单元思政元素

单元内容	思政元素
社会保障制度目标	富强、民主、文明、和谐
社会保障法	法治
人人共享，共同富裕	公正、平等
完善失业保险制度，积极促进就业	爱岗敬业
社会救助	互助、友善

(三) 教学实施

(1) 社会保障——中国特色保障体系的探索与构建(以医疗体系为例)。

(2) 案例类型:1个教学案例+N个知识点。

案例内容:2012年以来中国深化社会保障体系改革历程:① 第一阶段(2012—2013年):整治以营利为中心的过度医疗,保障医保资金的安全;② 第二阶段(2013—2015年):推进覆盖城乡的社会保障体系建立;③ 第三阶段(2016年至今):继续深化我国社会保障体系改革。

(3) 覆盖知识点:① 中国社会保障制度的发展历程;② 新时代中国特色社会保障模式简介;③ 新时代中国特色社会保障范围;④ 新时代中国特色社会主义保障体系构建。

(四) 特色创新

本案例的特色创新在于突破了传统课堂教学的时间和空间局限,案例实施分为线上、线下两个部分混合展开。案例的教学实施流程如表2所示,教学活动以学生为中心,以问题为切入点,以个人思考和小组任务相结合的启发式、研讨式教学方式展开,并借助智慧教学工具来开展课程思政案例教学,致力于学生的创新意识、沟通能力和管理素质的全面提升。

表2 教学实施流程

流程	课前准备	课堂活动	课后巩固
载体	在线平台	线下课堂	线上+线下
内容	案例资料 案例视频资料 案例文字资料	PPT演示 视频演示 教师讲授	社会保障制度内容,中国特色的社会保障制度
方法	在线观看 在线预习	小组讨论、生生互评	教师上传本教学单元小结,学生上传学习体会
结果	知识点预习	知识点学习与反思	巩固课程思政效果

四、成效与反思

(一) 线上线下混合教学,课堂深度有效拓展

社会保险和社会保障制度,尤其是"理论"部分,如果一味地由教师主讲,课堂上学生会

觉得枯燥厌烦，教学效果很差，达不到课程思政教学的目的。混合式教学可以实施线上预习、线下讨论，线下课堂教学就有了充足的时间和空间进行形式多样的课堂活动，师生之间、同学之间就可以充分地进行互动交流，一方面加深对知识的理解，另一方面也潜移默化地接受了课程思政教育。线上线下混合实施课程思政教学，充分发挥了增加课程思政教学深度和提升教学效果的作用。

（二）突出学情量化支撑，学习效果有效评价

网络教学平台的学习痕迹、参与热度、成绩统计等功能，量化了学生的学习行为与学习效果，打造了课程思政教育的新形式。结合目前师生代际差异显著、代际鸿沟扩大的实际，这种量化对思政课程教学效果评价有着重要的作用。

（三）重视及时互动反馈，价值引领有效达成

教学案例紧紧围绕国家认同、家国情怀、文化素养等重点，优化课程思政内容供给，对学生进行系统的中国特色社会主义和社会主义核心价值观教育，注重用"四史"（党史、新中国史、改革开放史、社会主义发展史）知识浸润学生心灵，推进课程育人，崇德向善、见贤思齐的氛围在专业中日益浓厚，学生"四个自信"意识、国家统一和国家安全意识、中华民族共同体意识明显提高。

（四）理实有效深度融合，思政闭合有效成链

对于金融服务与管理专业，理论课不脱离实践，实践课不缺乏理论，实践和理论无缝衔接、相辅相成，才能实现教育教学的效果。在新时代中国社会保障体系建设这一部分，大量引入实践案例，通过案例逐步引导学生思考，使学生从听到信、再到自己总结归纳，构建启发、思考、收获的闭合链。

（五）课程思政有效引领，多元育人有效交融

课程思政案例的作用不仅在于相关知识点的思政理论学习，更在于对受教育者的价值观的持续改造。贯彻课程思政不仅是高校教师的职业自觉，也是教书育人的应有之义，更是新时代高校教师最现实的选择和最迫切的任务。

要想树立教师的威望，实现教书育人的影响力，就必须发挥课程思政的引领作用，"社会保障"教学单元是专门系统讲述马克思主义社会保障体系的，是课程思政必须高质量发挥作用的教学单元，在教学中必须高效实现价值塑造、知识传授、能力培养的水乳交融。

【专家点评】

该案例以"保险实务"课程的一个教学单元为基础，充分挖掘课程自身的"思政体质"，在教学过程中突出价值引领。首先，要学生担使命、知国情。其次，在学习中国社会保障的基本原理、历史沿革与设计框架方面，坚定理论自信；在学习小康社会与社保改革的历史责任与贡献方面，坚定道路自信；在学习中国特色社会保障体系的建立方面，坚定制度自信。本案例的价值引领充分体现习近平总书记"以人民为中心"的治国理政思路；构建保险从业者关注民生福祉的专业操守与责任担当意识，坚定文化自信。

"认知现金规划"：理财有道 生活无忧

一、主讲教师

李程妮，女，硕士，讲师，安徽省教坛新秀，高级理财规划师，主讲"金融基础""风险管理"等课程；曾获安徽省高等职业院校教学能力大赛三等奖3项，院级"说课程"比赛一等奖、"说专业"比赛二等奖、课程思政比赛三等奖；指导学生参加省级及以上学科和技能竞赛荣获一等奖1项、二等奖7项、三等奖7项；主持（参与）省级以上教科研项目10余项；参编国家级和省级教材3部，公开发表论文8篇。

二、课程简介

"理财规划实务"是财富管理和金融服务与管理专业的核心课程，"认知现金规划"是"理财规划与实务"课程的一个教学单元。教材选用杨则文主编的《个人理财业务》（第2版），该教材是财政部规划教材、全国财政职业教育教学指导委员会推荐教材。

本教学单元课程思政的教学目的是引导学生在习近平新时代中国特色社会主义思想指引下，遵纪守法，树立正确的财富观，做到取之有道、用之有度，同时加强对金融理论知识的学习和创新，正确认识风险并管理风险，不过分激进，也不过于保守，认识到规划在人生中的重要性，具有为个人和家庭依法、科学理财的素质和能力。

三、教学设计

(一) 授课信息				
授课内容	钱够不够用呢? ——认知现金规划		学时	2学时(80 min)
内容分析	一个好的理财规划师在为客户提供服务时首先考虑和重点安排的是现金保障系统,帮助客户在出现意外事件的情况下也能安然度过危机,现金规划是处于任何一个生命周期客户都必须要进行的规划,也是每一份理财规划的起点。只有先做好现金规划,才能进行其他规划			
学情分析	授课对象:财富管理专业二年级学生 主要特征:对自己感兴趣的内容求知欲强,自主学习能力较强,对于社会热点事件的关注度较高 知识结构:前置课程学习了个人理财业务的原则以及个人理财规划的内容,对现金规划的意义有一定了解 薄弱点:自律性较弱,做事情缺乏计划性,对政策法规、财经新闻等的敏感度不够			
教学目标	1. 知识目标: 　(1) 了解现金规划的含义 　(2) 认知现金规划的一般工具和融资工具 　(3) 了解现金规划程序 2. 能力目标: 　(1) 认识到现金规划的必要性 　(2) 推算出客户应预留的储备金额度 　(3) 列出多种现金规划工具 3. 素质目标: 　(1) 加强学生对社会时事的关注,培养社会责任意识 　(2) 树立正确的消费观和理财观,具有规划意识 　(3) 树立正确的技能观,为建设技能型社会作出贡献			
教学重难点	1. 教学重点: 　(1) 现金规划的含义及必要性 　(2) 现金规划的各种工具 2. 教学难点:现金规划一般工具种类的掌握			

课程思政设计	问卷调查与分析：了解学生现金收支情况及消费行为习惯 新闻视频：《现金为王》
信息技术及资源	

（二）教学设计

环节	教学活动	设计意图	课程思政
课前导学	1. 教师提前编辑问卷,通过课程群发布调查问卷"你的钱够花吗?"收集问卷并分析结果 2. 学生在截止时间前认真完成问卷的填写	1. 了解学生现金收支情况及消费行为习惯,做好课前准备,及时调整教学策略 2. 让学生审视自己的收支情况及消费习惯,初步体会规划的重要性	让学生树立理性消费的意识
	你的钱够花吗 问卷星 问卷星		

环节	教学活动	设计意图	课程思政
课程导入 (5 min)	1. 教师进行课堂管理,展示课前调查结果并总结,同时引导同学们对规划的重要性有正确的认识 2. 学生通过观看调查结果和倾听老师总结,体会规划的重要性,同时思考如何合理消费	1. 完成教学内容的导入 2. 让同学们认识到本次课内容的重要性	引导学生树立正确的消费观
	你每个月的生活费用是多少? 2000元以上 10% 1500~2000 25% 1000~1500 65% 1000以下 0% **除了基本的伙食、生活必需品消费以外,哪些方面的消费占总生活费的比例比较大?** 交通、通信(电话、上网) 60% 购物(服装、饰品) 45% 学习费用(课外书、学习辅助书籍等) 20% 娱乐 25% 交际 20% 零食及饮料 40% 其他 10%		

环节			
课程导入 （5 min）	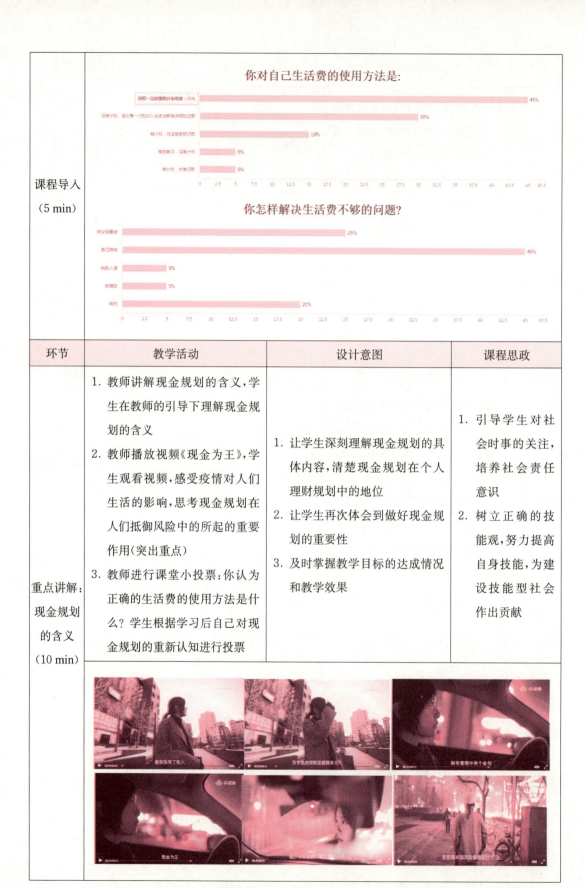		
环节	教学活动	设计意图	课程思政
重点讲解：现金规划的含义 （10 min）	1. 教师讲解现金规划的含义，学生在教师的引导下理解现金规划的含义 2. 教师播放视频《现金为王》，学生观看视频，感受疫情对人们生活的影响，思考现金规划在人们抵御风险中的所起的重要作用（突出重点） 3. 教师进行课堂小投票：你认为正确的生活费的使用方法是什么？学生根据学习后自己对现金规划的重新认知进行投票	1. 让学生深刻理解现金规划的具体内容，清楚现金规划在个人理财规划中的地位 2. 让学生再次体会到做好现金规划的重要性 3. 及时掌握教学目标的达成情况和教学效果	1. 引导学生对社会时事的关注，培养社会责任意识 2. 树立正确的技能观，努力提高自身技能，为建设技能型社会作出贡献

| 重点讲解：现金规划的含义（10 min） |  在学习之后，你认为正确使用生活费的方法是 |

环节	教学活动	设计意图	课程思政
头脑风暴：影响现金需求的因素（15 min）	1. 教师提问："在凯恩斯货币需求理论里，人们持有货币的动机是什么?"学生回顾前学知识并回答持有货币的三个动机。预防动机是对出于对风险的考虑，投资动机是出于对收益的考虑 2. 教师引导学生总结影响现金需求的因素，学生思考并对影响现金需求的因素进行总结和理解 3. 教师互动提问："现金是不是越多越好?"学生举手表决并回答原因，加深对机会成本以及流动性比率的理解	1. 巩固学生在"经济学基础""金融基础"课程中学习的货币需求理论的知识，便于学生掌握和理解影响现金需求的因素以及对风险和收益的考虑 2. 对于不同的客户流动性比例的选择 3. 机会成本可以引导学生把时间用在做正确的事情上	1. 培养学生的风险意识，以及树立正确的理财观 2. 学生懂得珍惜时间，有规划意识，把时间用在做对自己、对家庭、对社会有益的事情上，培养学生的家国情怀

第二篇　单元教学中的价值塑造

环节	教学活动	设计意图	课程思政
小组讨论：认知现金规划一般工具（10 min）	1. 教师组织小组讨论：现金规划一般工具的种类，并让学生将讨论结果采用列表法进行归纳总结；学生按照之前分好的5人一组进行讨论 2. 教师查看每组的讨论情况，鼓励平时课堂活动参与少的同学积极参与讨论；学生进行团队协作分工，边讨论边记录整理，并写在小组的答题板上（破解难点） 3. 教师在讨论结束后，进行小组点评和总结，学生根据老师点评对本小组的讨论结果进行完善 4. 教师进行小调查，了解学生知识掌握情况	1. 培养学生自主学习能力，充分发挥学生在学习中的主体作用，激发学生学习的积极性，通过小组讨论将学生需要掌握的内容完整呈现出来，自己总结的内容更易于掌握 2. 创建一个人人参与的课堂，让每个学生都参与进来，活跃课堂气氛，锻炼学生的语言表达和沟通能力	培养学生的团队合作意识
	素材展示		

课间休息(5 min)提醒学生活动			
环节	教学活动	设计意图	课程思政
引导学习：认知现金规划融资工具（15 min）	1. 教师互动提问："当你的现金及现金等价物的额度不足以应付日常支出时，怎么办？"学生思考并回答老师提问 2. 教师展示课前调查问卷，并对问卷结果进行分析，对自己赚取收入的行为予以表扬，同时对同学们的消费行为给予引导，提醒选择借钱等其他方式筹资的风险。学生在教师的引导下形成自己正确的价值观，并提高风险防范意识 3. 教师发布调查：大学生可以用信用卡、花呗、借呗等消费型融资工具吗？你对相关政策了解吗？学生如实进行选择	1. 通过提问，让同学们再次体会规划的重要性，同时要有对突发事件的处理能力 2. 对同学们进行价值观的引导，并且引出融资规划工具的内容 3. 引出政策法规的学习	1. 引导学生树立科学、理性、健康的消费观，对支出要有规划，对自己的人生更要有规划 2. 中华传统文化一向推崇对劳动实践的认同、对劳动精神的传承、对劳动文化的传播，让学生在思想上尊重劳动，明白劳动光荣，理解劳动教育的意义，增强文化自信

你怎样解决生活费不够的问题？

- 向父母要钱：25%
- 自己兼职：45%
- 向他人借：5%
- 怨情况：5%
- 其他：20%

大学生可以用信用卡，花呗，借呗等消费型融资工具吗？你对相关政策了解吗？

多选，最多选2项 已投68票
- 能 0票
- 不能 12票
- 不是很清楚 25票
- 有一点了解 21票
- 非常了解 1票
- 不了解 9票

大学生可以用信用卡，…
- 能
- 不能
- 不是很清楚

来自群投票

环节	教学活动	设计意图	课程思政
分享法规 （10 min）	1. 教师播放新闻《规范大学生互联网消费贷款，大学生不得成为目标客户群体》，组织学生学习2021年3月银保监会、教育部等五部门联合发布的《关于进一步规范大学生互联网消费贷款监督管理工作的通知》 2. 学生学习并思考此规定对于大学生权益保护的作用	1. 让学生深刻理解大学生不能使用花呗、借呗等互联网消费贷款的原因，同时了解如何保护自己的合法权益 2. 规范同学们的借贷行为，增强法治观念，同时引导学生养成关注国家法律政策的习惯	增强法治观念，养成关注国家法律政策的习惯，增强制度自信

环节	教学活动	设计意图	课程思政
启发学习：了解现金规划流程 （10 min）	1. 教师邀请2—3位平时有对自己每月生活费有支出计划的同学分享自己是如何制定支出计划的？其他学生认真聆听并思考要想做好一份支出计划需要哪些信息和步骤 2. 教师根据同学的分享，引导同学们得出现金规划的流程	1. 锻炼学生的语言表达能力，同时将一些好的行为习惯分享给其他同学 2. 发挥学生学习的主动性，使用类推法总结出知识点	培养学生勤俭节约的良好美德

环节	教学活动		设计意图	课程思政
启发学习：了解现金规划流程（10 min）		1. 测算客户流动性资产和日常开支，计算流动性比率，将客户现金及现金等价物的额度在现金规划的一般工具中进行配置 2. 向客户介绍现金规划的融资方式，满足超额的现金需求 3. 形成现金规划报告，交付客户		

环节	教学活动	设计意图	课程思政
归纳总结（5 min）	教师总结本次课教学内容及重难点；学生在老师的带领下，对本次课内容进行回顾，形成知识脉络	1. 回顾本次课所学的知识 2. 培养学生良好的学习习惯 3. 培养学生思维导图的记忆模式	学习能力的培养

素材展示

钱够不够用呢？——认知现金规划

1. 现金规划的含义 → 现金规划的内涵及必要性
2. 影响现金需求的因素 → 金融资产流通性的要求 / 机会成本 / 流动性比率
3. 现金规划的工具 → 现金规划的一般工具种类 / 现金规划的融资工具种类
4. 现金规划的流程 → 分析客户流动资产和开支情况，计算流动性比例，配置一般工具 / 介绍备用融资工具 / 形成报告

环节	教学活动	设计意图	课程思政
课后拓展	教师布置课后拓展学习任务并抽查学生课后拓展学习完成情况，学生根据自己的学习能力和时间选择性完成相应学习任务	1. 巩固本次课知识 2. 针对学生不同学习需求布置可选任务，满足个性化学习需要 3. 通过社交礼仪教育提高学生的礼仪修养，强化文明行为，提高文明素质，促进社会主义精神文明建设	1. 学习习惯的培养 2. 知礼明德，培育和践行社会主义核心价值观

第二篇 单元教学中的价值塑造

四、成效与反思

（1）完成教学目标。精心设计和组织教学，整个教学过程紧凑合理有吸引力，同时在教学中强化育人观念，激发学生学习兴趣，引导学生深入思考，实现思想启迪和价值引领，完成了既定的教学目标。

（2）提升教学效率。通过"上课啦"、课程群等应用对教学过程进行了优化，有效利用了课余时间，节省了课中的宝贵时间，便于及时获得学生学习效果的反馈，提高了教学效率。

（3）采用多维模式。尊重学生学习习惯，采用多种信息技术和教学资源，综合运用多种方法和手段，将课程思政要求自然而然地融入教学过程。

（4）融入课程思政。将课程思政资源和具体内容纳入总体教学目标，并细化到每个教学环节、每一堂课。在课程教学中有机融入理想信念和精神品格教育，努力促进两者之间水乳交融、浑然天成，从而达到春风化雨、润物无声的实际效果。把习近平新时代中国特色社会主义思想、社会主义核心价值观、中华优秀传统文化、宪法法治、职业理想和职业道德等相关内容融入专业课程之中，从社会新闻热点、国家法律政策等方面挖掘思政教育元素，使思政教育有机融入教学全过程，既形成"惊涛拍岸"的声势，也产生"润物无声"的效果；坚持知识传授和价值引领相统一，实现价值塑造与知识传授、能力培养一体化推进。

【专家点评】

该案例以"理财规划实务"中的"认知现金规划"进行课程思政教学设计,将课程思政具体内容与案例资源纳入总体教学目标,将目标落实细化到每一堂课、每一个教学环节。把理想信念和精神品格教育有机融入课程教学,把社会主义核心价值观、习近平新时代中国特色社会主义思想、中华优秀传统文化、职业道德和职业理想等相关内容融入专业课程中,从国家法律政策、社会新闻热点等方面挖掘思政教育元素,使思政教育有机融入教学全过程,既有惊涛拍岸的声势,也有润物无声的效果。

"现金规划设计"：珍视信用记录　规划增值人生

一、主讲教师

王佳,女,硕士,副教授,安徽省教坛新秀,金融服务与管理专业带头人,主讲"经济学基础""理财规划实务"等课程,曾获安徽省高等职业院校教学能力大赛三等奖3项,指导学生参加省级及以上学科和技能竞赛荣获二等奖4项、三等奖7项,主持(参与)省级示范课2项、省级精品在线开放课程1项、省级质量工程1项、院级重点项目1项,主编省级高水平高职教材1部、参编国家级规划教材1部。

二、课程简介

"理财规划实务"是金融服务与管理专业的核心课程,"现金规划设计"是"理财规划实务"的一个教学单元。教材选用杨则文主编的《个人理财业务》(第2版),该教材是财政部规划教材、全国财政职业教育教学指导委员会推荐教材。

在系统学习现金规划的重要性、分析与诊断客户财务状况的基础上,本教学单元旨在根据客户的实际情况引导学生选择合适的现金规划工具。

三、教学设计

(一)授课信息	
教学目标	1. 知识目标： 　　熟悉各类现金规划工具的优缺点及主要考虑因素 2. 能力目标： 　　根据客户的具体情况为其配置合适的现金规划工具 3. 素质目标： 　　(1) 引导学生珍爱个人信用

教学目标	(2) 培养"诚信"和"法治"的社会主义核心价值观 (3) 树立民族自信和行业自信
设计思路	本课程秉持"浸润式"思政教育设计理念，重构课程教学内容，找准高职院校学生学习的痛点，抓住高职院校学生的兴趣点，结合金融行业和金融类专业蕴含的课程思政元素，从财经新闻解读、校企合作互动、国家法律政策等三个维度全方位探索思政教育元素。通过学习强国APP、财经新闻解读、法律小讲堂、问卷调查、企业专家进课堂、市场调研、社会热点讨论等环节充分挖掘课程思政元素，使内容不枯燥，努力提高思政元素的趣味性和贴合性，让思政有魅力，让学生觉得思政内容有趣且有用

(二) 教学实施

钱够花的秘密——选择合适的现金规划工具

	教学活动	教学内容	思政融合	信息手段
课前导学	市场调研	我国储蓄产品现状、储蓄		职教云
课中探究	分组汇报 (10 min)	总结储蓄产品种类	关注我国宏观经济形势的变化，感受民族自信、行业自信	智慧教室 视频 多媒体课件
	政策小讲堂 (8 min)	存款保险制度、存款保险条例	习近平新时代中国特色社会主义思想里的法治思维	
重点解析	财经热点解读 (18 min)	货币市场基金的特点	了解我国金融工具、金融政策变化过程，树立民族自信和行业自信	
	实物展示 (8 min)	信用卡的理财功能		
难点破解	校企合作互动 (20 min)	信用卡使用技巧及风险规范	珍爱个人信用，习近平新时代中国特色社会主义思想里的法治思想	录制的视频
	对比教学 (13 min)	其他现金规划融资工具	严谨细致的职业素养和精益求精的工匠精神	智慧教室 多媒体课件
	归纳总结 (3 min)	思维导图帮助理清思路	学习能力的培养	
课后拓展	新媒体激发思政学习兴趣	查看征信及普法等新媒体资源	终身学习	学习强国APP 智慧普法平台

环节	教学活动	设计意图	课程思政
课前导学	学生分组完成市场调研——我国储蓄产品现状、居民储蓄存款变化情况，形成调研报告并做好课堂分享的准备	1. 通过市场调研，熟悉我国的储蓄产品，了解理财行业的最新发展趋势 2. 通过分组协作，增强学生团队合作意识	引导学生关注我国宏观经济形势的变化，增强民族自信、行业自信

环节	教学活动	设计意图	课程思政
分组汇报（10 min）	教师选取优秀调研报告进行分享和点评，总结现金规划一般工具里各类储蓄产品的特点	通过课堂分享活动，锻炼学生语言表达能力	

环节	教学活动	设计意图	课程思政
政策 小讲堂 （8 min）	在储蓄产品介绍完毕后，加入政策小讲堂环节，学生通过观看短视频和漫画图解的方式了解我国存款保险制度和存款保险条例	1. 通过政策小讲堂使学生了解与理财相关的国家法律政策，及时规避政策风险 2. 用视频和漫画的方式帮助学生理解政策，增强感性认知	融入习近平新时代中国特色社会主义思想里的法治思维

环节	教学活动	设计意图	课程思政
财经 热点 解读 （18 min）	1. 学生围绕财经热点"余额宝和微信零钱通，你会选择哪一个？"进行思考和讨论，教师揭示余额宝和微信零钱通等工具的实质 2. 教师进一步讲解货币市场基金的投资范围，回顾发展历史并展望未来趋势，重点解析货币市场基金的特点 3. 教师列表对比3种一般性现金规划工具，学生总结各自优缺点	1. 通过讨论加深学生对财经新闻的解读，增强学生理论联系实际的能力 2. 通过重点解析，增强学生对现金规划里最重要的一般工具——货币市场基金的理解 3. 通过总结和对比，能够让学生为客户配置合适的现金规划一般工具	了解我国金融工具、金融政策变化历程，帮助学生树立民族自信和行业自信

环节	教学活动	设计意图	课程思政
实物展示（8 min）	1. 教师展示多家银行的信用卡实物，介绍各种信用卡的名称和面向的顾客群 2. 提问信用卡与借记卡的区别，学生回顾大一相关课程内容 3. 教师总结信用卡的理财功能	1. 通过实物展示增强学生的感性认知 2. 通过回顾大一所学课程，做好前后知识的衔接，形成知识体系	授之以渔，培养学生终身学习的能力

信用卡特点
一是循环信用额度
二是具有无抵押无担保贷款性质
三是一般有最低还款额要求
四是短期、小额、无指定用途的信用
五是存取现金、转账、支付结算、代收代付、通存通兑、额度提现、网上购物等功能

环节	教学活动	设计意图	课程思政
难点破解：校企合作互动（20 min）	1. 学生观看焦点访谈的微视频：《还不完的信用卡》，分清并关注信用卡的三个日期，即账单日、交易日和入账日 2. 教师播放录制的理财从业人员解读如何正确使用信用卡的教学片段，提醒学生防范信用卡使用过程中的风险点 3. 学生通过网络搜索信用卡新规，增强学生对信用卡违规用途的了解	1. 通过视频增加学生感性认知，有效破解难点内容 2. 通过校企合作互动，学生感受理论与实践的结合，增加学习的兴趣，增强学生的风险防范意识 3. 培养学生主动探究的精神、自主学习的习惯和信息检索能力	1. 引导学生珍爱个人信用 2. 引入"诚信"和"法治"的社会主义核心价值观 3. 融入习近平新时代中国特色社会主义思想里的法治思维

环节	教学活动	设计意图	课程思政
对比教学：其他现金规划融资工具（13 min）	1. 教师讲解其他现金规划融资工具，并提示学生注意几种融资工具的安排顺序 2. 带领学生总结各种融资渠道的优缺点及选择的主要影响因素	1. 分清融资工具的配置顺序和特点，为客户选择最合适的工具 2. 学会总结，善于归纳，掌握高效的学习方法，达到事半功倍的学习效果	养成严谨细致的职业素养和培养精益求精的工匠精神

◆ 二、其他银行融资方式

　　银行贷款是目前大众融资的重要渠道。目前比较适合个人或家庭的通常有：

凭证式国债质押贷款

存单质押贷款

◆ 三、保单质押融资

　　指保单所有者以具有**现金价值的保单**作为质押物，按照保单现金价值的一定比例获得短期资金的一种融资方式。

有储蓄功能的养老保险
投资分红型保险
年金保险

融资渠道：
1. 从保险公司取得贷款
2. 从银行取得贷款

◆ 四、典当融资

　　指当户将其动产财产权利作为当物抵押或者将其房地产作为当物抵押给典当行，交付一定比例费用，取得当金，并在约定期限内支付当金利息、偿还当金、赎回当物的行为。典当期限由双方约定，最长不得超过**6个月**。

环节	教学活动	设计意图	课程思政
归纳总结 （3 min）	教师通过思维导图，梳理本次课的教学内容及重难点，帮助学生理清思路，更好地复习巩固	帮助学生建立良好的学习习惯	授之以渔，培养学生终身学习的能力

环节	教学活动	设计意图	课程思政
课后拓展	1. 教师在线上平台分享学习强国APP上的征信动画 2. 教师分享智慧普法平台中有趣的视频 3. 鼓励学生去各个银行宣传区查看金融知识及普法宣传手册，了解国家的政策导向 4. 在讨论区分享各自实践的结果	1. 帮助学生深化对个人信用的认识 2. 让学生感受到在新媒体下思想政治教育的与时俱进，进而乐看乐学 3. 通过分享，推动生生互动，促进学学相长，养成终身学习的习惯	恪守诚信，传承优良传统文化

课后拓展	

（三）特色创新

本门课程在2021年春季试行了"线上+线下"融合式教学模式，从线上内容更丰富、形式更多样的教学资源中去挖掘思政元素，努力寻找学生喜闻乐见的形式来实现隐性思政教育，贯彻"浸润式"思政教育理念。在完成模块三的线下教学活动后，引导学生下载学习强国APP以及登录智慧普法平台查看形式多样且趣味性强的宣传视频，让学生感受到在新媒体下思想政治教育的与时俱进，并将查看结果发布到线上平台讨论区，推动生生互动，促进学学相长，进而帮助学生养成终身学习的习惯

四、成效与反思

（一）成效

1. 深化课程教学改革，学生评教效果理想

在高职院校持续推进"三全育人""三教"改革的背景下，本门课程不断推行课程教学改革。为更好地实现思政教学目标，更契合理财规划师的工作流程，我们对教学内容进行了整合和二次重构，并在2021年春季学期试行了"线上+线下"融合式教学模式。从线上平台的反馈数据来看，90%的学生能够按时按量地完成平台发布的任务，包括课件、视频、讨论、互动、作业等环节。尤其是互动和讨论环节参与度高，明显优于该班级线下课堂中的互动情况。从过程性考核的成绩来看，该学期本班级学生的成绩符合正态分布，学生能够掌握大部分知识点，从活页式工作手册的编制情况来看，实践成绩好于以往传统线下教学时的状况。从问卷调查的结果来看，学生对教学内容和教学模式的认可度较高，普遍对思政元素的融入

感兴趣,课堂有活力。

2. 课证融通以赛促学,培养过硬职业技能

"理财规划实务"是一门理实一体化课程,主要培养学生面向个人客户从事理财业务的基本知识和操作技能,并兼顾理财服务职业素质的提升。因此对于学生技术技能的培养贯穿了本门课程教学全过程。在教学内容里,有机融合了"金融理财师"(AFP)资格证书的考点和银行从业资格考试中个人理财的内容,满足学生对于考证的需求。自举办安徽省银行综合业务技能大赛以来,团队教师指导学生参加比赛每届均获奖,共获得二等奖5项、三等奖1项。银行综合业务技能竞赛以银行业为背景,基于零售柜员、信贷员、理财经理等核心岗位内容设计,竞赛内容中一个重要模块就是个人理财规划。将竞赛中的内容融入到教学过程,通过参赛,检验教学效果。学生在技能比赛中配合默契、操作规范、成绩突出,充分展示了良好的职业素养与过硬的职业技能。

(二) 反思

(1) 学生对从业人员的分享关注度高,后期可以增加该环节的嵌入,有条件时可采用现场连线的方式,增强互动。

(2) 增加了视频和动画等新媒体的元素来增强理论知识的趣味性,但也有个别同学只关注趣味性,忽略这些元素要传递的信息。如何做到趣味性和知识性的平衡,是未来要继续探索的重要内容。

(3) 在学生讨论环节,出现两极分化,一部分学生参与度低,另一部分学生过于踊跃。如何做好课堂活动管理、提高活动效果值得深入研究。

【专家点评】

该案例能够正确、充分、清晰地挖掘专业教材与课程中所蕴含的隐性思政元素,在教学形式、教学设计等方面新颖地将专业知识与思政元素相融合,通过润物无声的方式落实立德树人的任务,在潜移默化中帮助学生树立民族自信和行业自信,学生认可度、接受度较高。该案例在提升课堂互动质量、扩大课堂互动覆盖面、实现课堂趣味性与知识性的平衡方面表现明显。

好的派款户名下于派款数后面加零头，如拟定某户派款10元，征收执行人则在10元后面加几角几厘，这种方式所得数目较少；①"卷尾包零"是将纳税人的地亩、钱粮化零为整，额外索取；"大头小尾"则是存根少写而串票多开；"买荒造荒"是在秋勘辨别荒歉时横加索取。②

隐匿中饱。中饱现象在田赋征收中更是普遍。民国著名农经学者孙晓村说："中饱情形，当然更其普遍。南京大学调查河北十一县，发现这类情形，县县都有，其中某县欠赋达十三万余元，据一般估计至少二分之一是该县所谓政务警察中饱的，因为那里的这类警察太多，几近千人，而有薪金的还不到一百人，其他人等的生活费可见都是靠中饱的。"另外据《农村复兴委员会会报》第1卷11号记载："河北省邢台县第三区张家屯村，村民与村长因公款起诉一案，结果正款（维持费、区保卫团费）仅一百二十元，而各农户实纳出五百四十元三角六分五厘之多，据账上此浮出之四百二十八元之多，尽用于政警及团丁饭费，及村中不正当的开支。"中饱情形有飞、诡、寄等许多方式。"飞"，即将应征粮户的银额，移于报荒的户下，以便取得业主所照缴者；"诡"，即以熟田报荒，以便侵蚀赋款；"寄"，即匿款并报称未缴。另外还有向人民征收滞纳罚金，或将地亩数或银两数用拨尾法使化零为整，以从中渔利。由于基层官僚具有的权力及田赋征收体制的复杂，使敲诈勒索的情形在华北也非常盛行，如华北有所谓"身钱"者，便是胥吏代农民缴粮的一种勒索；绥远省河套地区的情形是，"河套农民，对暴吏催款，勒索备至，畏之如虎。垦局之放丈绳仗员，水利局之丈青员，所贿尤苛，否则沙梁碱滩，不为之去除，禾稼不佳，少为之折扣……即委员之随从马兵，亦莫不胸满肠肥"。③对于这种现象地方官吏不但不以为弊，反而将此视为正常。

第二节 国民政府的田赋征实

中国近代农业赋税的征收形式，呈现由货币化而实物化的倒逆性发展趋势。农业赋税交纳的货币化，是商品经济发展的必然结果。在我国随着农业商品经济的发展，

---

① 张君卓：《1927-1937年华北田赋征收体制与农民负担》，载《中国经济史研究》，2006（3），147页。
② 潘桂仙：《南京国民政府前期农民田赋负担透视》，载《牡丹江大学学报》，2010（8），48页。
③ 薛暮桥、冯和法编：《中国农村论文选》（上），372、373页，北京，人民出版社，1983。

2. 能力目标

塑造学生不畏困难、坚持学习、创新创业的自觉性和决心；激发学生的求知欲和爱国情怀，树立干一行爱一行的价值观和主人翁精神。

(三) 教学实施

教学方法包括：学生自学、讲授、研讨。要求学生在课前预习我国物流发展史与发展现状，查找资料，提出对物流的概念和对物流业的理解和认识。课堂中，教师通过讲授、视频展示……

……发学生思考，激发学生的求知欲和行业自豪感，强化职业道德规范，以便更好地实现教学目标，树立学生依法工作、警钟长鸣的职业道德情操。

(2) 学生总结发言,指出我国辉煌的物流发展历史,中国人民通过艰苦奋斗和勤劳智慧才拥有了现在的发展成就。(5 min)

(3) 教师讲授:树立行业自信,讲述我国的物流发展历程、新中国成立 70 多年所取得的辉煌成就、我国物流发展现状(15 min);世界物流发展历程、中外物流业发展差距以及缩小差距对 GDP 的影响、物流在人类发展历史和经济史中的重要地位、物流作为第三利润源是如何发挥作用的(35 min);物流的分类、物流与电子商务的关系。(15 min)

(4) 视频展示和讲解:UPS 的中央物流中心及物流网络的运行。(40 min)

(5) 提问学生:如何认识我国物流发展历程？UPS 物流中心有哪些工作岗位？其职责是什么？(15 min)

(6) 物流行业里的"滑铁卢":通过物流企业和物流人的几个典型实例,向学生介绍物流行业的雷区和法律边界,告诉学生哪些能做、哪些不能做,试探法律法规底线的后果是什么,强化学生的道德情操和守法意识,为今后依法做人、守法工作打下基础。(20 min)

(7) 小结:指出我国物流业实现了跨越式发展,从非常落后到达到世界先进水平,并不断实现超越与创新,而成就与幸福都是奋斗出来的。无数前辈作出了巨大贡献,继往开来,年轻人在物流智能化、大发展的趋势下,应该发挥自己的使命、努力奋斗、创新发展。(5 min)

3. 教学内容

(1) 我国古代物流发展。同学们通过预习,已经对我国古代的物流发展状况有了基本的认识,是用"起源""辉煌"等词来形容,还是用"落后""停滞"等词来形容？应当是前者。"一骑红尘妃子笑,无人知是荔枝来"诗句中的物流,以及儒家泰斗孔子曾当过仓库管理员的故事,为物流行业更增添了一种神秘色彩。那么同学们知道你们家乡有哪些能反映古代物流状况的故事、遗迹吗？请深入挖掘并分享,可以重点讲解一下新中国成立以来、尤其是改革开放以来的物流发展概况。

(2) 现代物流 70 年:砥砺奋进,跨越发展。我国物流业 70 年来的跨越式发展成就举世瞩目。基础设施条件显著改善,行业人才数量迅速增长,物流服务水平大幅提升,管理理念和方法不断推陈出新,行业发展环境不断优化,国家政策扶持力度前所未有。从师夷长技到锐意创新,从一路追赶到并跑领跑的历史性变革,为国民经济的持续健康发展提供了有力支撑。

改革开放初期,我国经济百废待兴,寻求加快经济发展路径成为当时一代人的努力目标。而管理学家曾断言:"物流是降低成本的最后边界""物流是有待开发的黑大陆""物流是第三利润源"……一批为我国物流概念"拓荒"的可敬学者,远赴重洋学习先进理念和技术,为我们开启了认知现代物流的窗口。喝水不忘挖井人,我们的物流有今天的发展成就,离不开这批有理想有情怀的"拓荒者"!

近十年,我国物流业进入了提质增效期。物流业被列为中国九大产业之一,随后在一系列重磅国家政策的推动下,我国物流业发展环境和基础设施显著改善,物流新模式、新业态快速发展,大数据、云计算等先进信息技术广泛应用,物流业转型升级步伐明显加快,发展质量和效率显著提升。目前,不仅国家重视物流的发展,并将其作为降本、增效、提质的重要手段,企业更是认识到物流对竞争力提升的重要作用。在跟随发达国家不断应用供应链物流管理与服务的进程中,我国创新了电子商务与物流融合的发展模式,在物联网、云计算、大数据等现代信息技术加持下,物流行业在创新的道路上越走越通畅。

(3)中外物流发展成就。通过视频展示国际物流及国内物流先进水平。有物流鼻祖美国UPS,也有中国物流巨头菜鸟、京东。我国物流的现代化已达到较高的水平,增强学生的民族自豪感、职业责任感。

(4)物流行业里的高压线。从物流企业和物流从业者中选取几个影响面大、热度较高的反面事例介绍给学生,例如"数十家物流被罚超百亿,网络货运成虚开发票重灾区,国税总局严惩""物流公司涉疫违法,三责任人被采取刑事强制措施"等,明确行业红线,树立正确的行业情操,打消学生打法律法规擦边球的念头,防微杜渐,树立正确的职业观。

(5)课堂小结。中国物流业面临新的机遇与挑战,世界正处于百年未有之大变局,我们应继续关注世界及我国的物流发展趋势,知晓应该向哪些方向努力。

(四)特色创新

从社会主义核心价值观出发,通过学习我国物流发展历史、现当代物流发展历程,了解中国物流发展之艰辛,深刻体会在党带领下的我国政府、行业、从业者是如何艰苦奋斗、集思广益、百折不挠地将物流业发展到如此先进的地步的,增强民族自豪感和行业自信心,深刻领悟年轻一代继往开来的使命,树立更远大的志向,真正担起新一代的历史责任。

将课程思政巧妙融入课程内容中,不仅讲正面案例,也讲反面教训,在第一堂课就给学生以震撼和反思,从国家层面和个人层面理解物流专业学习的意义和方式方法,在学生心中种下一粒求知的种子、撒下一束理想的光芒,为今后的课程学习和专业学习提供源源不断的内驱力和自我约束力。

四、成效与反思

通过本教学单元学习,学生加深了对行业的认知,在小组调研中,纷纷自觉去承担有一定难度的工作,并尝试运用一些简单的方法分析和解决问题。究其本质,皆因在物流领域

"厉害了我的国""大物流正当时"等理念已经深植于心,经过几年的疫情,学生更是深有体会:通畅的物流在困难时期保障了人们的生活。

如今,我国物流在原创性理论、方法和技术创新等方面还有待进一步发展,物流发展也不均衡,很多方面亟待提升。每找到一个当今物流存在的问题时,学生就很兴奋,迫不及待地想学习专业的知识来认识和解决这些问题。这真正激发了学生的奋斗精神,赋予了他们严肃的使命感。

当然,教学中的困难也是有的。有的学生喜欢静静听课,有的学生喜欢互动,有的学生同时对很多学科都感兴趣,有的学生充满迷茫……在教学过程中,如何统筹兼顾、因材施教,如何润物细无声地将课程思政与专业知识融合在一起,这需要教师不断提升铸魂育人的能力和水平。

【专家点评】

该案例标题醒目,结构完整,体例规范,总体而言,抓住了课程思政的基本要求。教师对课程思政的教学目标理解准确、表达清晰,对课程思政的教学过程描述详细、语言生动。该课程通过学生自学、讲授、研讨、视频展示等教学方式设计了课程教学内容,整个课程设计比较合理。在价值引领方面,首先是诚信,要求学生珍爱个人信用;其次是法治,以习近平新时代中国特色社会主义法治思想为统领,用历史逻辑引导学生了解我国物流业变化历程,帮助学生树立行业自信和民族自信;最后是品德,促进学生养成严谨、细致的职业素养以及培养精益求精的工匠精神。

"人员甄选的内容与方法"：
崇贤尚德　人尽其才

一、主讲教师

卞振平，女，硕士，讲师，主讲"管理学原理""人力资源管理"等课程，曾获省级教学成果三等奖 1 项，指导学生参加省级及以上学科和技能竞赛荣获三等奖 2 项，主持（参与）教科研项目 10 余项，公开发表论文 10 余篇。

二、课程简介

"人力资源管理"是商务管理和市场营销专业的核心课程，"人员甄选的内容与方法"是"人力资源管理"课程的一个教学单元。通过课前预习与课中案例讨论、视频学习、情景模拟环节，完成人员甄选的内容和人员甄选的方法两部分内容的学习，让学生系统掌握人员甄选的技巧，并结合各岗位胜任力模型，确定甄选内容，选择合适的甄选方法，为企业选拔合适的人才。同时，让学生领悟"人尽其用，用人所长"的人员甄选理念，培养学生公平竞争、责任担当、敢于争先的意识，引导学生树立正确的就业观和坚守高尚的职业道德。

三、教学设计

（一）教学目标

1. 知识目标
（1）理解人员甄选的内容。
（2）掌握人员甄选的各类方法。

2. 能力目标
（1）能够根据岗位要求确定甄选内容和方法。

(2) 掌握各类人员甄选方法的实施要求。

3. 素质目标

(1) 奉行"人尽其用,用人所长"的甄选理念。
(2) 培养公平竞争意识、责任意识。
(3) 引导学生树立正确的就业观。

(二) 设计思路

1. 明确育人方向

人力资源管理课程教学目标除了原先的知识目标、技能目标之外,在教学目标模块中添加"素质目标"。素质目标以中国传统文化教育、社会主义核心价值观培养、职业理念和道德教育等为主要内容,让学生先学"做人",再学"做学问"。

2. 夯实育人基础

根据人力资源管理课程的内容和特点,结合现有教材、教案、课程案例等教学资料,明确各教学板块中的思政教育重点,深度挖掘思政要素。在人员测评环境分析中挖掘出国家公务员考评标准:"德能勤绩廉学",其中以德为先。

3. 丰富育人载体

选择优秀的教材,在教学内容中融入思政要素,在已有的课程内容基础上,添加思政融入点,比如案例、故事、相关音频视频的链接、APP、公众号等。

4. 创新育人手段

灵活应用新媒体现代教育技术,开展翻转课堂活动,通过"互联网＋"课堂的方式,让学生"忙起来",布置任务:用手机进行网络资源的搜集,并从市场和社会需求的角度去理解人员招聘测评。

(三) 教学实施

1. 学情分析

(1) 课程授课对象为统招生班级,学生学习主动性较好。课前将相关理论知识内容发至职教云平台,全员完成对学习内容的学习。

（2）学生通过预习,初步认识到人员甄选对企业的重要性,对人员甄选的内容有了较深的认知。

（3）学生对于人员甄选的方法认识不够全面,在日常求职中面临的方法比较单一,难以形成系统的认知。

2. 教学内容

结合组织战略目标,在岗位分析的技术基础之上,结合胜任力模型的操作要求,完成组织人员甄选的内容和方法的学习。人员甄选内容主要包括:知识、能力、个性、动力四大因素（图1）,并根据各岗位要求不同,采用不同的甄选方法进行人员测评。

人员甄选的方法主要分为四大类:笔试、面试、心理测评、评价中心技术。

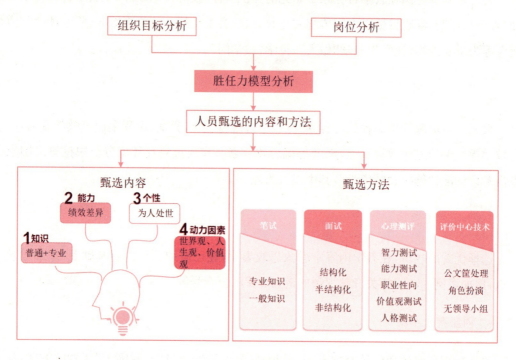

图1　教学内容

3. 教学方法和教学手段

本课程引入专题讨论和案例教学,通过关注社会热点话题、结合实际企业管理案例、故事化讲述人力资源管理的专业知识,调动学生学习本专业知识的积极性,有利于培养学生正确的价值导向,提高学生的职业道德修养和社会责任感。

教学方法及教学手段分别如图2、图3所示。

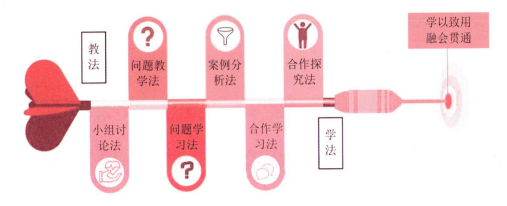

图 2　教学方法

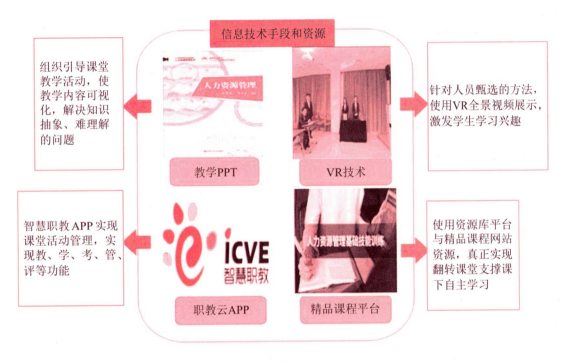

图 3　教学手段

4. 教学过程

教学过程如表 1 所示。

表1 教学过程

课堂环节	教师活动	学生活动	设计意图
课前准备	1. 在职教云发布课程预习资料，要求学生完成学习 2. 查看学生课前测评的答题情况，对测评结果进行分析，调整授课重点	1. 进入平台，完成本次课的课前学习，对人员甄选的重要性、内容和方法有一定理解 2. 完成线上课前测试，对于有疑问的内容进行查漏补缺	1. 通过测试，摸清学生学习情况，据此调整教学策略并备课 2. 学生在课前预习基本知识，课堂上可以直接运用知识，解决相应问题，提高教学效率
		课程思政融合点：课前的 VR 视频和学习资料，让学生对人员甄选的方法有初步了解，能够认识到人岗匹配的重要性，激发学生学习兴趣，引导学生查阅资料，培养学生爱岗敬业、责任担当、效率优先的意识，养成课前预习、提前做好各项准备的好习惯		
课堂环节	教师活动	学生活动	设计意图
回顾点评 （5 min）	1. 要求学生登录"上课啦"APP 进行签到 2. 打开课前学习统计页面，分析学生知识掌握情况，并进行提问	1. 通过"上课啦"APP 完成签到 2. 根据自己课前测试的情况，反思自己的不足，并积极参与互动，回答教师提问	1. 确保学生准时进入 APP 学习 2. 通过统计图表分析，让学生对自己的学习认知进行反思和重新思考
		课程思政融合点：通过"上课啦"APP，帮助学生培养诚信签到的意识；通过课前点评，锻炼学生的反思总结能力，磨炼不断提升、永攀知识高峰的毅力		

续表

课堂环节	教师活动	学生活动	设计意图
知识点睛 (10 min)	1. 重点讲解人员甄选内容中的两项:个性、动力因素(学生易错项),随堂提问 2. 讲解人员甄选方法中的两项:心理测评、评价中心技术(学生陌生项),随堂提问 3. 人员甄选方法的适用情况和操作要点提示	1. 课堂上,保持注意力高度集中,聚精会神,认真听讲 2. 积极思考,随时做好回答课堂提问的准备 3. 对重点知识和教师温馨提示的部分,做好笔记,并对未理解的知识点加以勾画,以便课下与教师、同学沟通交流	1. 结合课前的学习情况,对学生错误率高、理解不到位的相关知识点进行细致讲解,做到有的放矢,突出重难点 2. 扎实的理论知识基础,为后续的案例分析、实践操作等环节打下坚实基础 3. 学生通过讲解,进一步巩固强化知识吸收
		课程思政融入点:通过知识讲解,培养学生专注学习和持之以恒的精神,树立敬业的职业价值观;通过答题环节,培养学生学习的主动性,树立人员甄选环节全方面、全角度测评的选人理念,同时,向学生讲授,应该要根据人员的特长和爱好,选用不同测评方式,将人放置在合适的岗位上,实现"人尽其才,用人所长"的育人目标		

课堂环节	教师活动	学生活动	设计意图
案例阅读 (3 min)	1. 在职教云上发布案例材料:A公司的人员甄选工作,该案例材料提供了A公司营销助理、人事专员、行政经理3个岗位的甄选内容和采用的甄选方法 2. 要求学生以小组为单位,进行系统分析	1. 学生认真阅读案例材料 2. 提炼案例材料中的核心信息,结合课堂所讲授知识,可以翻阅书本和查找互联网资料 3. 独立思考,系统研判,结合材料,形成个人的观点	1. 培养学生独立思考的能力、系统分析的能力、资料查阅汇总的能力 2. 通过案例阅读分析,学生加深对人员甄选内容和甄选方法的认识 3. 通过学习典型岗位,学生更好地认识到甄选方法应灵活运用
	根据以上材料分析: 1. 该企业这次招聘存在哪些问题 2. 针对以上问题,有何解决办法	课程思政融入点:培养学生活学活用的理念,增强学生资料查阅、阅读提炼、系统思考的能力,培养学生爱企业、爱岗位的职业素养,树立正确的职业观	

续表

课堂环节	教师活动	学生活动	设计意图
小组讨论 （5 min）	各小组根据各自分工,开展案例内容的分析与讨论	各小组在组长带领下,充分尊重成员意见的基础上,形成小组答案	通过小组讨论,增强学生个人沟通能力和团队协作能力,集思广益
		课程思政融入点:通过小组讨论,培养学生团队合作的能力,树立以职场思维解决问题的意识,并锻炼学生在工作中与他人意见不一致时协调处理的职业能力	

课堂环节	教师活动	学生活动	设计意图
汇报交流 （10 min）	各小组自由决定顺序,开展汇报交流,并当场回答师生的疑问	各小组选举代表,进行简要汇报,对于师生提出的疑问及时回答	提升学生汇报演讲能力,在思想碰撞过程中激发新的观点
		课程思政融入点:通过汇报,增强学生集体荣誉感和竞争意识,培养工作汇报总结的职业能力,培养学生在交流中碰撞思想,提高创新意识的能力,帮助学生树立正确的择业观、就业观	

课堂环节	教师活动	学生活动	设计意图
互动点评 （2 min）	教师进行点评,学生之间进行互评,完成案例分析环节成绩的评定	各小组组内形成一致意见,给其他小组进行打分,确保公平公正	在评价中知差距,在反思中晓不足
		课程思政融入点:培养学生见贤思齐的意识,树立客观公正的职业价值观,增强积极面对成绩评定结果的情绪控制力	

续表

课堂环节	教师活动	学生活动	设计意图
总结提升 （5 min）	教师根据学生汇报情况，进行知识补充讲解与分析，拓展市场营销岗位工作人员甄选的相关知识，引导学生树立正确的职业价值观	学生认真记录知识点，并结合自身的求职意向和职业生涯规划，进行深入思考，如有疑问，利用职教云与教师沟通联系，强化学习效果	通过总结环节，学生快速抓住本次课程的重难点，并及时查找自己存在的不足，在课后有针对性地进行改进，达到理论和实操全面提升
做总结 再提升		课程思政融入点：结合市场营销专业的未来就业方向，进行人员甄选侧重点和适用方法的学习，能够有效将课程知识和专业人才培养定位有效结合；在分析构成中，帮助学生树立正确的择业观、就业观，培养爱岗敬业的意识	

课堂环节	教师活动	学生活动	设计意图
课后拓展	1. 发布课后任务：各小组设计模拟招聘环节，并录制视频，在下次课堂上分享学习 2. 布置课下学习任务，线上答疑解惑	1. 课下各小组按要求设计模拟招聘流程，完成视频录制工作 2. 查阅资料，团队合作，通力协作，完成课后作业	1. 通过课后实践环节，强化学习效果 2. 加强师生间、生生间的互动 3. 培养团队精神和劳动意识，增强实操能力
		课程思政融合点：通过布置课后的团队合作任务，培养学生主动学习的意识，提升资料查阅、整合、运用的能力，增强与人合作、沟通的能力；在小组合作过程中，体会到劳动的快乐，加深对课程知识点的认识和理解，帮助学生树立学以致用的观念，增强理论联系实际的意识	

（四）特色创新

（1）理论知识与时事热点紧密结合。在课程讲授中，将华为天才计划、某省公务员考试事件等与人员甄选内容相结合，激发学生学习兴趣，引导学生树立正确的价值观和责任理念，争做对社会有贡献的职业人。

（2）理论知识与学生学习成长相结合。在课程讲授中，以小组为单位开展各类理论知识学习、小组团队合作,引导学生扎实学习、奋发图强,为个人成长就业做好准备。

(3) 课程思政贯穿课程考核全过程。课程考核方案中,将学生出勤情况、课堂学习情况、小组团队合作情况等均纳入考核指标中,由全体师生共同担任考核官,全方位、全过程、全人员参与整个考核过程。

四、成效与反思

(一) 成效

(1) 开展案例教学。通过真实的企业人力资源管理案例,故事化讲述人力资源管理的专业知识,有利于培养学生正确的价值导向,提高学生的职业道德修养和社会责任感。

(2) 开展观点碰撞。在课堂上开展小组内部、小组之间激烈的观点辩论,增强学生间各种思想理念、观点的互动与碰撞,有利于学生更加明确企业各种管理问题的核心所在,不断创新自己的管理思维,探索解决问题的对策,也让学生对各种企业实际人力资源问题的认识更加合理,解决问题的思路更加开阔。

(二) 反思

(1) 课堂中采用混合式教学的方式,对手机、电脑等硬件设施以及配套网络传输速度等条件要求比较高,若条件满足不了将增加教学实施困难。

(2) 学生学习自律性较差,应该设置更为灵活、多样、丰富的环节提升其学习兴趣。

(3) 在课程知识设置上,应进一步对标行业尖端水平人力资源管理的模式,不断优化课堂教学内容,并将课程思政全方位、全角度、全过程地融入到课前准备、课堂教学、课后辅导等各个环节,全面提升人才培养的质量。

【专家点评】

> 该案例引入专题讨论和案例教学,通过关注社会热点话题、实际企业管理案例,故事化讲述人力资源管理的专业知识,调动学生学习积极性。后续可结合新时代人才强国战略深入挖掘设计课程内容,进一步帮助学生树立正确的价值导向,提高学生的职业道德修养和社会责任感。

"组织结构"：品三湾改编　悟组织发展

一、主讲教师

程阳阳，女，学士，主讲"管理学基础"课程。

二、课程简介

"管理学基础"是金融服务与管理专业的基础课程，"组织结构"是"管理学基础"的一个教学单元。组织结构是指在工作任务中，如何在各要素之间进行分工、分组与协调合作，是管理系统的整体框架。良好的组织结构是组织得以持续运转、完成经营管理任务的体制基础。1927年9月29日至10月3日，毛泽东在江西永新县三湾村，领导了举世闻名的"三湾改编"。毛泽东在"三湾改编"过程中的时机选择、目标定位、组织设计、理念灌输等，对我们今天学习组织结构都具有重要的借鉴意义。

三、教学设计

（一）教学目标

1. 知识目标

（1）了解组织结构的定义。
（2）掌握常见的组织结构形式及其影响因素。

2. 能力目标

（1）系统思维方面：教师通过对理论的讲解，帮助学生多层次地了解组织结构设计的重要性、常见的组织结构形式及其影响因素，从而培养全面、系统、联系地分析问题和解决问题的思维能力。

(2) 判断实践方面:根据"三湾改编"的历史资料,在组织结构的定义、功能以及影响因素等方面设置问题。在教学过程中设置问答,积极与学生进行互动,提升学生对组织结构的直观认知,让学生更加清楚地认识组织结构是如何发挥作用助推企业发展的。

3. 素质目标

(1) 培养学生社会主义核心价值观。
(2) 帮助学生树立"四个自信"。
(3) 培养学生的社会责任感和正确的企业伦理观。
(4) 提高学生的职业素养。

(二) 设计思路

1. 总体目标

统一组织成员的思想与行动。

2. 融入方式

本案例非常契合理论知识教学,依据案例所设计的问题也是组织当中非常普遍的管理问题,能很好地将中国发展历史、爱国主义教育融入到课堂当中,帮助学生在思想意识上真正理解党的历史上重要会议的历史意义、理论意义、实践意义,从而自觉地投身到学习与实践当中。促进学生进一步认识到军队不仅是重要的组织形态,还是国家和社会重要的组成部分。因此,管理行为不仅是企业行为,还是社会、家庭、军队、医院等组织的行为。

3. 思政元素

坚持党的领导、思想政治工作的重要意义、家国情怀、社会主义核心价值观。

(三) 教学实施

1. 课前准备

(1) 学生:预习"管理学基础"课程中"组织结构"的相关知识,对"组织结构"的定义、层次、类型有初步的认识和了解。

(2) 授课教师:事先邀请一位同学收集"三湾改编"的相关史料,制作相关史料PPT,在课堂上向全班同学展示。

2. 课中讲解

（1）启发思考题：

① 结合案例，从组织定义和特征出发，分析思想教育的重要性与必要性。

② 结合案例，分析影响军队改编（组织结构调整）的重要因素有哪些。

③ 结合案例，你认为三湾改编前后的组织结构形式是什么，各自存在怎样的特点和优缺点。

（2）分析思路：

三个思考题是根据管理学基础中"组织设计"涉及的知识点提出的。

组织设计是一个动态的工作过程，需要将各项组织要素合理搭配。通常来说，组织设计的任务主要有规划单位中各部门的职能与权限，确定组织中"职能职权、参谋职权、直线职权"三者的活动范围，最终编制职务说明书。由此可知，组织设计分为两个方面：一是静态的组织结构设计（包括职能设计、部门设计、层级设计）；二是动态的组织结构设计（包括沟通系统设计、管理规范设计、激励设计）。

① 结合案例，从组织定义和特征出发，分析思想教育的重要性与必要性。

理论知识点：组织的定义和基本特征。引导学生掌握思想的主要作用。

参考答案如下：

组织是指一群人的一种相对稳定的集合。具体来说，组织是指完成特定使命的人群（两个或两个以上的个人）为了实现共同的目标选择合作的有机整体。可以看出，组织非常重要的一个作用就是要让一群具有共同目标的人形成协同行动的效果。思想是组织文化的重要内涵，能够统一行动、统一思想，就能够形成较大的协同效应。这是一个组织保持一致性的重要体现。从组织的特征看，组织包含了组织成员、组织目标、组织活动和组织独立四个方面的内容。从管理学角度看，不同成员之所以愿意走到一起并相互协调地行动，是因为他们希望通过协调共同的行动来实现某种共同的目标，并且他们认为只有通过共同目标的实现才能实现个人目标。毛泽东同志创造性地提出支部建在连上的原则，为实现党对军队的领导奠定了重要的组织基础，开启了党指挥枪的历史性探索。

② 结合案例，分析影响军队改编（组织结构调整）的重要因素有哪些。

理论知识点：影响组织结构调整的重要因素。引导学生从党史方面进行分析。

参考答案如下：

a. 组织环境：管理活动大多是在一定的环境下进行的，通常分为一般环境和任务环境，它在三个不同层次上反映对组织结构的影响，分别是职务与部门设计层次、各部门关系层次、组织总体特征层次。因此，企业在面对复杂多变的环境时，往往需要不断调整或重构组织结构，以此来实现创新企业经营业务和长远发展目标。

b. 战略：美国史学家阿尔弗雷德·钱德勒认为，战略发展有四个不同的过程，每个过程都存在特定的组织结构与之相匹配。并且公司的战略变化会先于组织结构并对组织结构的变化施加影响。一方面，成功企业的组织结构必须适应其战略结构；另一方面，适应战略要求的组织结构，将更好地为战略的实施以及组织目标的实现提供必要的前提条件。

c. 技术：信息时代，组织活动的顺利开展离不开技术。技术以及技术设备的水平，不但会影响组织活动的效果和效率，还会对组织中的工作人员提出更高的素质要求，并进一步作用于活动中的内容划分与职务设置。根据生产技术的复杂程度，约翰·伍德沃德将其分为单件小批量生产技术、大批量生产技术、流程生产技术三类。

d. 规模：组织的规模往往与组织所处的发展阶段相互联系。规模不同的组织在组织结构上的表现各有不同，一般情况下，表现在规范程度、集权程度、复杂程度和人员结构等方面。

e. 发展阶段：1950年，鲍尔丁提出"组织生命周期"概念，认为每个组织都有生命周期，并且在发展阶段出现变化时，展现出不同特征，面临着不同风险，此时，组织为了适应发展需要，会及时调整战略和组织结构。

综上所述，当内外部不同的因素发生变化的时候，需要调整对应的组织结构来适应战略的发展。"三湾改编"前后，很多因素都发生了变化：首先，外部环境发生了变化，在国民党的压迫下，红军的生活环境遭到不断的破坏；其次，规模发生了变化，原有5000多人的秋收起义部队仅剩不足1000人和48匹战马，军队被迫进行缩编，称工农革命军第一军第一师第一团；最后，阶段发生了变化，组织内部的人员思想开始不断动摇，尤其是新生力量。因此，需要尽快探索出更加合适的组织结构来实现军队的调整和改编。以上这些因素的变化都需要发展战略来引导。

③ 结合案例，你认为三湾改编前后的组织结构形式是什么，各自存在怎样的特点和优缺点。

理论知识点：常见的组织结构形式、特点和优缺点。引导学生结合案例进行分析。

参考答案如下：

a. 改编前的组织结构为直线制。

特点：垂直领导。优点：管理结构简单，管理费用低，决策迅速，权责关系明确，反应灵活，纪律和秩序的维护较为容易。缺点：专业化水平低，缺乏横向沟通，对管理人员的要求高。适用范围：规模较小、产品单一、工艺技术比较简单、初创期的组织。调整前的组织结构在思想引导方面存在较大的缺失，而且没有相对应的职能部门去监管和引导士兵的行为。

b. 改编后的组织结构为直线职能制。

特点：以直线制结构为基础，并将职能制结构的优点融入其中，既设置了直线主管领导，又在各级管理者之下设置了相应的职能部门，分别从事职责范围内的专业管理。优点：统一指挥与专业化管理相结合，有利于优化行政管理者的决策，有效减轻其负担。缺点：增加了协调难度和管理成本，容易降低下属自主性，降低其对环境的适应能力、决策效率。适用范围：规模不大、产品种类不多、内外部环境比较稳定的中小组织。"三湾改编"的重要任务是在军、团、营、连增设士兵委员会，官长同时为士兵委员会委员，保证从基层部门到上级部门思想政治工作的顺利开展，即在相应的层级设立专门的职能部门，同时还增设相应的党的组织，有效监督和引导士兵的思想与行动，保证思想与行动的统一。

3. 课后延伸

在职教云平台发布课后作业，考查学生对组织结构知识点的掌握和对课程思政要点的理解情况。作业计入平时成绩，完成一次作业为总成绩的 5%，问题回答的评价重点是能否从历史、全面观点出发，是否有组织结构整体认识和总结。考核评价为教师评价和学生互评相结合。

（四）特色创新

通过课前准备和课堂学习，学生理解了组织结构的定义，并在此基础上掌握了组织结构形式和影响因素的相关理论；通过课前提醒学生预习组织结构相关知识，邀请学生查询"三湾改编"的相关史料并制作成 PPT 在全班同学面前展示，锻炼了学生的自学能力，通过课堂上的三个启发思考题，深入分析知识要点，提高了学生的思辨能力。结合为实现中华民族伟大复兴中国梦而不断奋斗的时代背景，促使学生深入理解中国共产党治国理政蕴含的管理思想及其对组织管理的价值，有效引导学生树立文化自信，激发学生的使命感和责任心，提升学生的团队协作能力和家国情怀。

四、成效与反思

（一）成效

在本知识点的教学过程中，着重借助"三湾改编"的重要发展历史，加深同学们对于历史认识的同时，强化管理学知识的学习：一是采用中国发展历史中众所周知且影响深远的历史事件作为主体内容分析；二是结合管理学知识与历史事实，强化同学们对于历史与知识的双重学习;三是从组织结构的定义、作用、类型、设计方法和影响因素等内容结合案例分析,让同学们能够对内容有清晰的认识。

(二) 反思

在现代管理实践中,很多企业家本身对于组织结构的认识并不清楚,对于学生来说更是如此。许多同学认为组织结构过于抽象,对于组织结构的基本形式、作用、结构设计的方法等内容都较难理解。读懂"三湾改编"这段历史,可以帮助同学们理解完善有效的组织结构在企业发展壮大的过程中具有重要意义:搭建企业框架结构,走群众路线,实现组织民主管理,形成由高层到基层的行为框架体系,启发同学们在实现理想的过程中不忘初心、牢记使命,始终将满足人民对美好生活的向往作为奋斗目标。

【专家点评】

该案例通过读懂"三湾改编"这段历史,完成"组织结构"知识点的教学,帮助同学们理解完善有效的组织结构在企业发展壮大的过程中具有重要意义。基本思路是:明确育人方向,以社会主义核心价值观培养为中心任务、以中国优秀传统文化教育为补充,以职业道德教育和职业理念教育为主要内容,让学生懂得做人与做学问的相互贯通关系;创新育人手段,夯实育人基础,丰富育人载体,引导学生认识到管理学中"组织结构"知识点关于人岗匹配的重要性,同时培养学生责任担当精神、效率优先意识以及爱岗敬业精神。

"提高沟通与说服水平":"灵魂砍价"为民生 一言一语总关情

一、主讲教师

陶媛,女,硕士,主讲"商务谈判"等课程,曾获院级教师教学能力比赛三等奖1项,指导学生参加省级及以上学科和技能竞赛荣获二等奖1项。

二、课程简介

"商务谈判"是商务管理专业的核心课程,"提高沟通与说服水平"是"商务谈判"的一个教学单元。本教学单元的学习重点聚焦于商务谈判过程中学生自身沟通能力与说服技巧的培养。通过案例教学与实践训练,学生能够切实掌握现代企业商务人员所必备的职业技能,出色运用语言沟通技巧,达成与对方谈判人员的意见统一,最终取得谈判成功。本教学单元在教学过程中融入课程思政元素,以医保谈判为载体,结合社会民生问题,引导学生关注谈判在生活中的展现形式,思考商务谈判对国家经济发展和社会和谐稳定产生的影响,重点突出商务谈判的现实价值和意义,帮助学生树立正确的世界观、人生观、价值观,厚植爱国主义情怀,彰显立德树人的教学理念。

三、教学设计

(一)教学目标

1. 知识目标

掌握商务谈判中语言艺术的表达方式和重要作用。

2. 能力目标

熟练运用商务谈判中无声语言和有声语言的沟通技巧。

3. 素质目标

培养学生的民族自信心、社会责任感和全心全意为人民服务的精神品质。

(二) 教学重点、难点

本教学单元围绕"医保谈判再现'灵魂砍价'"案例的讲述，向学生生动展示如何在实践过程中充分运用语言艺术，使用沟通技巧。进一步结合"医保药品谈判"的主题使学生认识到谈判背后的价值和意义，感悟我国医保局所承担的社会责任和全心全意为人民服务的精神品质。

1. 教学重点

(1) 掌握商务谈判中的沟通方式。
(2) 掌握有声语言与无声语言的沟通技巧。

2. 教学难点

(1) 对医保药品谈判的现场辩论进行点评。
(2) 结合案例思考商务谈判的价值和意义。

(三) 设计思路

本教学单元旨在通过对商务谈判沟通和说服相关内容的学习，引导学生灵活运用语言表达艺术，提高团队沟通协作能力，帮助学生树立正确的世界观、人生观、价值观，增强民族自信心和社会责任感，并实现对商务谈判课程的价值认知。

课程思政不同于思政课程。教师应摆脱传统灌输思政观念的方式，而将思政要素与专业课程内容的知识点有机结合，以案例分析、视频赏析、动画演示等丰富的教学形式将知识点具体生动地进行展示，从而达到润物无声的教学效果。结合本教学单元的教学内容背后的思政元素及所需职业素养和职业道德，根据对应知识点梳理出增强民族自信心、社会责任感、沟通协作意识等思政元素。

（四）教学实施

1. 课前

本教学单元采用"线上"与"线下"结合、"课内"与"课外"并重的教学方式，鼓励学生采用多元化的学习方法进行探索。因此，学生需要课前在职教云平台观看课程视频并对相关内容预习，完成线上学习任务。

2. 课中

课上教师通过面授、个人展示、小组讨论、案例分析、习题训练等方式，使学生领悟并活用该课程的基本知识。同时，在案例教学实操中，与时俱进，紧跟国内实事，将谈判技巧和社会现实有机融合。具体设计如下：

（1）话题导入。通过我国近年"罕见病患者看病难"的问题引入，引导学生分析罕见病药物价格贵、患者看不起病等现实困境，并请同学们围绕"如何保障罕见病患者生存权益"展开独立思考，并请学生代表发言。

（2）观看视频"医保谈判再现'灵魂砍价'"，注重掌握视频中展现的谈判过程中的沟通技巧。通过随机的课堂测试以及快问快答等方式引导学生参与，考查并巩固学生在课前预习阶段已学的提高沟通和说服水平的相关教学内容。

① 了解语言艺术在商务谈判中的作用。
② 提高有声语言的沟通水平。
③ 提高无声语言的沟通水平。

（3）展示纳入医保药品准入目录后，罕见病药物价格大幅下跌的数据变化，以及关于罕见病患者及其亲属的采访报道。启发学生通过对新闻报道的阅读，感悟"商务谈判"课程的现实价值，并增强学生的民族自信心和社会责任感。

（4）案例分析。将学生分成小组，进行小组讨论。通过将"不正经使臣谈判 VS 正经使臣谈判"的影视场景巧妙融入进小组讨论中，启发学生思考语言艺术在沟通中的重要性，以及有效沟通的谈判对维护国家权益的重要价值。教师进一步通过对"谈""判"二字进行深入解读，帮助学生建立"合作共赢"的谈判思维模式。

3. 课后

课堂教学结束后布置研究型小组学习任务，结合国内外时事，让学生用商务谈判理论知识选例分析，组织学生思考如何使用中华传统文化中的语言艺术化解商务谈判中的矛盾和僵局,达成合作,并以小组为单位进行成果展示。

(五) 特色创新

一方面,本教学单元采取翻转课堂的教学形式,将课堂主动权交给学生,教师作为引导者,为学生指引思考方向,而学生则成为课堂主体,充分调动个人思考动机和参与意识,积极主动,踊跃发言,展现语言表达艺术和沟通技巧,活跃课堂气氛;另一方面,本教学单元摆脱传统教学方式的桎梏,采取信息化教学方式,利用PPT、视频及网课平台为学生生动展示了商务谈判沟通的社会背景及实操场景,在潜移默化中较好地融入了课程思政元素,使学生真切感受到我国经济发展为百姓创造的福利,无形中增强了个人的民族自信心和社会责任感。

四、成效与反思

(一) 成效

(1) 课程思政案例与时代发展主流旋律相契合,使得课程建设形成了积极向上的良好风气。学生在课程学习的过程中,耳濡目染地掌握了最新的时事动向,厚植了爱国主义情怀,增强了民族自信心和社会责任感,提升了个人思想素质,明确了职业价值,为未来进入社会工作打下坚实基础。

(2) 课程思政元素符合现实发展需求,启发学生对职业规划有了深入思考。在学习本教学单元内容的过程中,学生结合课程教学目标和知识要点进行小组讨论,对医保药品谈判背后蕴含的价值和意义作出总结。学生通过本教学单元的学习,认识到商务谈判对于社会发展的现实意义,明确了所学专业的社会价值,对自己的未来职业发展方向有了更清晰的定位。

(二) 反思

(1) 高校专业课程建设要与课程思政有效融合。搜集素材时,要同时兼顾课程思政的需要以及专业课程的教学规律两方面内容,使得思政元素与课堂知识可以自然融合。如本教学单元内容在案例分析过程中潜移默化地对学生进行思政教育,从而避免枯燥乏味地说教而导致的抵触情绪。

(2) 教师要进行教学方法及手段改革,积极调动学生学习主动性和创造性。翻转课堂的核心要素是角色的转变,教师从传统课堂上的知识传授者变成学习的指导者,将更多的时间交给学生进行思考与展示。学生成为课堂的主体,对老师提出的问题进行探索并给出见解,最终在充分实践中实现知识点的融会贯通。

【专家点评】

该案例通过"灵魂砍价"案例将学习知识点呈现出来,采用了视频、讨论、线下讲授、线上网课等方式组织教学。从思政元素的价值引领功能看,主要聚焦在:在价值观培养方面,引导学生树立正确的世界观、人生观、价值观;在意识培养方面,增强法治思维、底线意识、团队意识;在能力培养方面,提高独立思考能力和创新能力、协作能力。通过对我国经济发展和制度优势的全面了解,学生的民族认同感和自信心进一步提升。

"类与对象的基础应用"：比"类"取"象" "疫"勇前行

一、主讲教师

张成，男，硕士，副教授，主讲"Python 数据分析""计算机网络基础"等课程，主持（参与）教科研项目 6 项，公开发表论文 6 篇。

二、课程简介

"Python 数据分析"是大数据技术专业的核心课程，"类与对象的基础应用"是"Python 数据分析"的一个教学单元。课程分为 13 个教学模块，每个教学模块由"职教云—课堂讲授—课堂实训"三大教学环节构成。

三、教学设计

（一）设计理念与思路

本教学单元的教学设计依据大数据技术专业人才培养方案，结合课程标准，对接"1+X"职业技能等级标准，选取教学重难点，运用多种信息化技术、教学策略和教学资源组织课堂教学，采集课堂内外信息并开展多元教学考核与评价，及时进行教学反思，从而有效实现教学目标。根据案例内容，在挖掘学科历史、展现产业发展前沿、关注社会热点、落实教育理念及方法等方面适当融入思政元素，强调知识点的前后迁移，注重触类旁通，鼓励技术创新，让学生在应用实践中掌握知识点。整个教学过程，不仅让学生很好地掌握了知识点，同时也培养了学生的良好品质，引导学生成为有担当、有理想信念的时代新人，成为具备学习能力、劳动素养、工匠精神的高技能人才。

(二) 设计与实施

1. 教学目标

(1) 知识目标:

① 理解面向对象程序的概念,熟悉类和对象的含义。

② 掌握类的定义和使用方法(重难点)。

③ 掌握创建对象、访问对象成员。

④ 理解构造方法与析构方法的使用(重难点)。

(2) 能力目标:

① 培养学生面向对象编程的思维并提高逻辑思维能力。

② 促进学生规范编写代码,形成良好的程序设计风格。

③ 培养学生发现问题、分析问题和解决问题的能力。

(3) 素质目标:

① 培养学生政治信仰,增强"四个自信",激发学生爱国爱家热情。

② 培养学生胸怀人类命运共同体大局观的担当意识。

③ 培养学生遵纪守法、爱岗敬业、主动担当的职业品格,提高学生道德修养与职业精神。

④ 培养学生辩证创新发展的科学思维,提高学生明辨是非、缘事析理的能力。

2. 教学设计

(1) 课前助学。教师通过职教云平台发布学习任务、推送教学资源、设置课前讨论、组织问卷调查等,通过平台采集学生在线预习行为进行学情数据分析,确定课堂教学重点和难点。如表1所示。

表1 课前助学

内容	教学活动	信息化方法
教学资源(各类教学资源、时政新闻)	正式授课的前一天在教学平台发布学习任务■ 在教学平台推送课程教学资源:包含知识点、教学课件、教学素材、微课视频、资源等■ 在QQ、微信等平台群推送国内外疫情新闻报道■ 上传防疫政策■	职教云教学平台、线上资源

续表

内容	教学活动	信息化方法
课前活动	根据平台教学资源,发布知识点课前讨论■ 推送问卷调查:新冠病毒,你知道多少■ 学生输入问卷调查内容▲ 学生完成相关测试▲	职教云教学平台
学情分析	根据学生预习的主要知识点,从平台采集相关数据,进行学情数据分析,作为课堂教学重难点的确定依据■	职教云教学平台
小组划分	四人一组,根据课前测试分数高低均匀划分学习小组■	职教云教学平台

表中■代表教师活动,▲代表学生活动。

（2）课中学做如表2所示。

表2　课中学做

教学活动	时间(min)	教学手段	信息化方法	思政目标
通过国内外疫情数据对比,阐述中国在这场抗击疫情大考中彰显出的伟大的中国力量,以及所取得的辉煌成就;中国推动加强抗疫国际合作,展现了大国的责任和担当	2	情景教学法、演示法	网络新闻	激发学生爱国爱党热情,倡导学生形成胸怀人类命运共同体的大局观;激发学生民族自豪感和使命感,增强文化自信、制度自信、家国情怀
课程导入:通过人类案例讲述对象概念的结构:属性、行为,总结构建人类命运共同体的意义	3	探究教学法、案例教学法	PPT演示教学	
(头脑风暴)活动1:面对疫情,人类的共同属性和行为有什么具体表现？	3	头脑风暴教学法、任务驱动法	职教云教学平台	
讲解Python语言中面向对象编程中的基本概念及应用,包括类、对象定义与作用	10	探究教学法、案例教学法	PPT演示教学	培养学生树立辩证、创新、发展的科学思维;面对疫情坚韧乐观、开拓进取的精神和抗挫折的能力;坚定"四个自信",增强学生科技强国、技术报国的使命感

教学活动	时间(min)	教学手段	信息化方法	思政目标
(任务1)活动2: 我是共产党员——定义类。 讲解类的定义,演示类的定义过程,定义共产党员类,定义类属性和方法,赋属性值	10	任务驱动法、情景教学法、案例教学法、理实一体式教学法	PPT演示教学、实训教学、职教云教学平台	弘扬伟大建党精神,坚定理想信念,永远热爱党,跟党走
(任务2)活动3: 共产党员钟南山——定义对象。 根据钟南山医生的抗疫事迹,讲解对象的定义并演示创建对象、访问对象成员的方式	10	任务驱动法、情景教学法、案例教学法、理实一体式教学法	PPT演示教学、实训教学、职教云教学平台	宣传优秀共产党员钟南山同志,感悟榜样的力量
(任务3)活动4: 致敬抗疫逆行者——self参数使用。 根据支援武汉抗疫先进事迹讲解self参数的使用方法	6	任务驱动法、情景教学法、案例教学法、理实一体式教学法	PPT演示教学、实训教学、职教云教学平台	学习"最美逆行者"的精神,学会奉献,懂得感恩,树立正确的理想与奋斗目标
(讨论)活动5: 大家在疫情防控期间该如何履行相关的责任和义务?结合学院的相关疫情防控政策,讨论并讲解	5	任务驱动法、讨论法	职教云教学平台	增强学生法律意识、安全意识,提高学生道德修养,疫情期间公民应积极履行义务,勇于承担责任
(任务4)活动6: 公民的责任与义务——构造方法的定义。 结合责任与义务案例讲述构造方法的定义及使用方法	13	任务驱动法、情景教学法、案例教学法、理实一体式教学法	PPT演示教学、实训教学、职教云教学平台	
(任务5)活动7: 不辱使命,圆满休舱——析构方法的定义。 结合方舱医院休舱案例讲解使用析构方法释放对象的过程	13	任务驱动法、情景教学法、案例教学法、理实一体式教学法	PPT演示教学、实训教学、职教云教学平台	弘扬中国共产党不可战胜的强大精神力量——敢于斗争,敢于胜利;增强学生政治认同感、民族自豪感
总结类、对象、构造、析构的定义和方法;梳理学生在课前出现的问题;组织学生开展教学评价等	5	任务驱动法、探究教学法	PPT演示教学	

(3) 课后拓展的教学活动主要在职教云教学平台进行,师生间可随时在线互动,具体安排如表3所示。

表 3　课后拓展

内容	教学活动	信息化方法
课后拓展	布置课后习题 ■	职教云教学平台
	提交课后习题、编写课后的源程序 ▲	职教云教学平台
	线上答疑解惑并批改学生提交的源程序 ■	微信平台
	头脑风暴：我们该如何正确地面对疫情 ■	职教云教学平台
	问卷调查：谁是新时代最美的人 ■	职教云教学平台
	总结教学经验，汇总教学活动数据 ■	职教云教学平台
	完成问卷调查、头脑风暴；巩固拓展所学知识 ▲	线上资源学习

表中■代表教师活动，▲代表学生活动。

四、成效与反思

（一）教学团队思政素养显著提升

师资队伍的建设决定着课程的建设成效。专业课程的教师团队有思政的素养，但缺乏表述和传授的能力与经验，而专职思政教师在思政方面不仅有深厚的底蕴，在日常教学工作中更是积累了大量的思政经验。在专业课程团队中引入思政课教师，有助于打造高效的课程思政，将育智与育德相结合，将专业知识与思政内容相结合，落实立德树人根本任务，全面服务学生成长成才。

（二）课程思政立体结构有效拓展

整个教学过程中，更加突出学生的主体地位，通过线上线下、课上课下混合式教学模式，开展含有思政元素的讨论交流、头脑风暴、讲授等活动，多样性拓展"课程思政"渠道。在今后的教学中，应更充分利用新话语、新平台、新方式等给学生提供多层次、多方位的课程思政滋养，不断提高学生获取知识及提升政治素养的能力。

（三）思政元素自然融入教学过程

本案例设计突破传统的教学方法，先确定项目任务，项目任务设计按照"基础—提高—拓展"的逐步进阶方式涵盖了本案例中的知识技能需求，同时找到思政元素与教学内容之间契合点，自然融入到"贴近生活、关注社会、结合专业"的案例和情景中，让思政元素由表及里、由浅入深地渗入学生知识技能的学习内容和学习环节中,形成同频共振效应。

【专家点评】

　　该案例基于 Python 教学开展大数据技术专业人才培养,通过信息化、多元化以及教思相辅高效达成教学目标。在整个教学过程中,利用新话语、新平台、新方式等给学生提供多层次、多方位的课程思政滋养,不断提高学生获取知识的能力。在知识传授方面,该案例注重学生动手能力培养,使学生更好地掌握专业技能,让知识技能的掌握和价值观的培育与践行双向互促。

"WPS Office 综合应用"：用好技改"关键招"助力乡村新发展

一、主讲教师

张玮，女，硕士，讲师，网络工程师，主讲"信息技术基础""Excel 在财务中的应用"等课程，曾获安徽省高等职业院校教学能力大赛三等奖、学院"师德高尚奖"称号，指导学生参加第八届安徽省"互联网＋"大学生创新创业大赛获银奖 2 项、安徽省大学生服务外包创新创业大赛获二等奖 2 项，主持（参与）教科研项目 10 余项，公开发表论文 3 篇，主编教材 2 部，获得软件著作权 3 项。

二、课程简介

"信息技术基础"是高职院校各专业的公共基础课程，"WPS Office 综合应用"是"信息技术基础"的一个教学单元。针对市场营销专业学生就业岗位，从农产品销售公司实际工作中提炼出典型的、真实的工作任务来组织教学。教学内容分为两个项目：项目一"农产品市场需求数据分析"、项目二"农产品销售宣传单制作"。

三、教学设计

（一）教学目标

1. 知识目标

（1）熟练掌握 WPS 文字软件的基本编辑、图片和表格的插入和编辑、样式与模板的创建和使用、多人协同编辑文档等知识。

（2）熟练掌握 WPS 表格软件的基本操作、格式化设置、常用公式函数的使用、图表分析展示数据、数据处理等知识。

（3）熟练掌握 WPS 演示软件制作、动画设计、演示文稿放映等知识。

（4）掌握搜索引擎使用技巧。

（5）掌握网络信息安全相关技术。

2．能力目标

（1）能够使用 WPS 文字软件制作出版面精美、布局合理的文档。

（2）能够灵活运用 WPS 表格软件中的公式、函数、排序、筛选、分类汇总等处理电子表格中的数据，运用图表分析展示数据。

（3）能够使用 WPS 演示软件设计出功能完善合理，具有一定美化效果的演示文稿。

（4）能够通过网页、社交媒体等不同信息平台进行信息检索。

（5）培养学生结合所学专业知识，运用信息技术解决学习生活中实际问题的能力。

3．素质目标

（1）培养学生合理运用数字化资源与工具的能力，养成数字化学习与实践创新的习惯，能够开展自主学习。

（2）培养学生团队协作精神，善于与他人合作交流、共享信息。

（3）培养学生的信息安全意识与信息安全防护能力，以及有效维护信息活动中公共信息安全和个人以及他人的合法权益的能力。

（二）设计思路

本教学单元共分为两大项目、四个任务，如图 1 所示。

项目一"农产品市场需求数据分析"围绕"数据采集—数据整理—数据分析"这一主线组织教学。学生通过问卷星、SPSS 软件和 WPS 文字软件的综合应用，设计并发放农产品需求调查问卷，采集用户数据，获取市场需求；利用 WPS 表格软件的数据分析功能分析得到农产品需求特征，形成有价值的可视化信息；根据分析结果，推断预测市场情况，支撑农产品营销决策。

项目二"农产品销售宣传单制作"根据农产品市场需求的分析结果，制作农产品销售宣传单。以"确定主题—设计版面—整理素材—制作作品"这一制作思路组织教学，学生使用 Photoshop 等画图软件设计版面；利用网络搜索素材；使用 WPS 文字软件的图文混排功能，制作针对不同社区、不同人群需求的农产品销售宣传单，对农产品的信息进行展示，从而达到精准营销的目的。

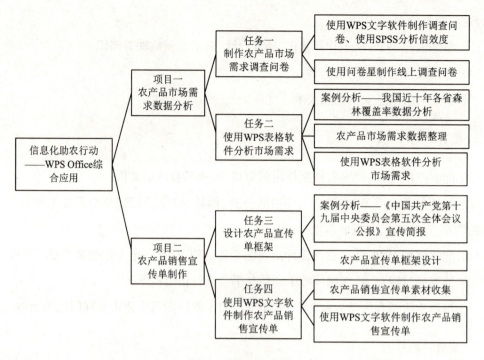

图 1　教学组织安排

（三）教学实施

通过课前预习、自主测试—课堂导学、情境创设—项目引领、实践操作—交流讨论、小组展示—课后反思、拓展升华等一系列教学流程，创造出一个教学资源共享、教学实施、实时互动交流和学习效果评估皆具备的信息化教学环境。在教学实施过程中将理论知识点的学习提到课前，教师在职教云平台布置预习内容，学生根据自己的实际情况进行反复观看和学习；课堂上针对市场营销专业的学生特点设计典型学习任务开展情境教学，学生按照层级进行分组，通过自主探究法、小组合作学习法完成课堂任务，内化知识技能；课后教师引导学生进行反思拓展，巩固升华知识，并通过拓展作业和课后答疑评估学生的学习效果。

（四）特色创新

本教学单元以"信息化助农行动"为主题，让学生了解国情、认识社会，引导学生以实际行动助力乡村振兴，培育学生"爱农、助农、兴农"品质，培养学生"四个自信"、强化政治认同、弘扬社会主义核心价值观。具体的课程思政教学设计安排如表1所示。

表 1　课程思政教学设计安排

教学内容	思政映射点
WPS 软件的使用	国产办公自动化软件 WPS 的创新功能彰显了"中国智造",提高学生对中国制造的兴趣和认知,提升民族自信,推进软件国产化、正版化
调查问卷效度信度分析	培养学生严谨的工作作风,形成良好的职业习惯
学生发放及回收调查问卷	将脚踏实地、实事求是的工作精神及劳动教育引入课堂,让学生在教学实践中体验生活,培养学生吃苦耐劳、敢于担当的精神
农产品市场需求数据分析	培养学生自主学习、沟通合作和实践创新的意识和能力,强化学生的职业道德和职业素质养成意识,培养社会需要的精工良匠
森林覆盖率数据分析案例讲解	使学生对我国森林覆盖率有整体了解,同时向学生讲述这些数据取得的不易,要求学生处理数据时必须实事求是、一丝不苟,培养学生的职业道德和大国工匠精神
《中国共产党第十九届中央委员会第五次全体会议公报》宣传文稿制作	加深学生对全会精神实质和核心内涵的理解,注重学生"四个自信"、政治认同、社会主义核心价值观、工匠精神、创新思维等的培养
农产品销售宣传单素材收集	培养学生的信息安全意识及防护能力,在现实世界和虚拟空间中都能遵守相关法律法规,信守信息社会的道德准则

四、成效与反思

(一) 成效

在本教学单元中,学生利用 WPS Office 软件完成市场营销实际工作任务,信息技术应用能力和市场营销岗位核心能力都得到了全方位的训练,满足了行业企业对人才信息素养和综合职业能力的要求,为学生升学就业、职业生涯发展夯实了基础。同时,采用利于培养学生理想信念、价值取向、文化素养、社会责任的题材作为学习和实践的素材,坚持知识传授和价值引领相结合,让学生在课堂内外的学习全过程中,坚定了理想信念,践行了社会主义核心价值观。

(二) 反思

教师应结合课程特点和教学内容进行思政元素挖掘、提炼和整合,梳理出体现思政教育元素的知识点，将思政教育有机融入本课程的教学设计中，充分利用课堂教学，通过引入典型的思政案例让学生在学习过程中践行社会主义核心价值观。

本教学单元引入企业真实助农案例，挖掘教学内容中所蕴含的思政元素，结合市场营销专业特色和职业岗位技能需求，开展课程思政教学改革，把具有创新精神的工作思路与精益求精的操作习惯相结合，将"三全育人"的大德育观运用到教学各环节，在爱国敬业、遵纪守法、树立正确的"三观"、严谨治学等方面，对学生起到引领作用，培养学生的工匠精神，培育知农爱农的新型人才。

【专家点评】

该案例将思政教育传统优势与现代信息技术相结合，针对市场营销专业的学生特点设计典型学习任务开展情境教学，在解决问题、实施项目的过程中，引导学生以实际行动助力乡村振兴，帮助其坚定"四个自信"。该案例还注重利用课堂教学，通过引入典型的思政案例，让学生在学习课程知识和掌握行业岗位技能的过程中，自觉树立和践行社会主义核心价值观。

"计算机数制规则和编码技术"：
文化润泽心田　科技报效祖国

一、主讲教师

赵楠，男，硕士，讲师，高级工程师，主讲"信息技术基础""数据库基础"等课程，曾获安徽省高校图书馆"青年优秀人才"称号，指导学生参加全省信息素养和校园读书创作活动获奖13项，主持教科研项目3项，公开发表论文6篇。

二、课程简介

"信息技术基础"是高职院校各专业的公共基础课程，"计算机数制规则和编码技术"是"信息技术基础"的一个教学单元。本教学单元主要讲授计算机信息表示原理，通过讲授计算机数制规则和编码技术，使学生对计算机学科发展有一个整体的认识，培养学生利用智能工具解决实际问题的信息素养能力，提高其对大数据和智能时代新技术的认知和应用水平。

三、教学设计

（一）教学目标

1. 知识目标

（1）认识计算机编码在计算机发展中的地位和作用。
（2）了解计算机编码的发展过程。
（3）掌握计算机编码规则（教学重、难点）。

2. 能力目标

掌握计算机专业知识和技术技能，具有解决实际问题的能力，提高自主学习能力。

3. 素质目标

培养学生的自主创新意识,在弘扬中国传统文化、坚定文化自信基础上,形成科研人应胸怀"国之大者"的精神品质;培养学生具备人工智能时代新公民必备的信息素养。

(二)设计思路

本教学单元主要讲述了计算机中数制规则及汉字在计算机中的表示等知识点,同时在课程中融入《周易》等中华传统文化元素,使同学们在学习先进计算机知识的同时能够清楚认识到我国传统文化中蕴含的巨大价值,从而不断增强文化自信。在文字的表示和处理部分,以故事形式引入汉字编码提出时所面临的几大问题,分享我国科学家们克服重重困难进行科技创新,不断解决问题,最终找到接近合理化的方案的故事,从而加强对学生人生观、世界观的塑造。

(三)教学实施

1. 计算机中的数制及其转换

首先,我们先来了解一下常用的数制。生活当中我们最熟悉的是十进制。除了常见的十进制之外,我们还会用到其他数制,例如一周有 7 天的七进制,一年有 12 个月的十二进制,一天有 24 小时的二十四进制。而计算机中用的是几进制?计算机为什么要选择这种进制呢?这些就是我们今天要学习的内容。

为了更好地理解二进制,首先我们来看一下最熟悉的十进制。大家都知道十进制当中有十个数字,分别是 0123456789,例如一个十进制的数 123,它的十进制的含义是什么样的呢?对于 123 来说,首先最低位即最右边的 3 是它的个位,它表示的是 3 个 10 的零次方也就是 3 乘以 1。中间数字 2 表示的是 2 个 10 的 1 次方,也就是我们说的 20。最左边即最高位的,1 表示的是 1 乘以 10 的 2 次方。如果把它们相加,那么结果就是 123。我们通常把这种方式叫作按权展开式,按权展开式也适用于其他进制。

那么类似的二进制当中只有两个数字,就是 0 和 1,例如一个二进制的数 101,那么它的二进制含义是什么意思呢?例如 101,最低位的 1 所表示的是 1 乘以 2 的 0 次方。第二位上的 0 表示的是 0 乘以 2 的 1 次方,最高位即最左边的是 1 乘以 2 的 2 次方。它们相加,那么其实就是 4 加上 0 加上 1,结果为 5。这种只有 0 和 1 两个数的进制表示法,其实在我国古代哲学巨著《周易》中就已经出现过了。而最早提出二进制的人是 17 世纪德国著名的哲学家和数学家莱布尼茨。《莱布尼茨二进制与伏羲八卦图考》一书专门研究了莱布尼茨是否是因为读了我国的《周易》之后而发明的二进制。

《周易》认为世界上所有的万事万物都在不断地发展变化,大家可以看我们的太极图,太极生两仪:一阴一阳。那么,我们用中断线或者是用二进制当中的数字0表示阴,用连接线或者是二进制当中的1表示阳,那这就叫太极生两仪。后面接着的是两仪生四象,那么这个四象是怎么生出来的呢?其实按我们二进制来说,就是用两位二进制来表示四种状态。那分别就是用00表示太阴,用01表示少阳,用10表示少阴,用11表示太阳,这就是我们说的四象。接下来四象生八卦,也就是说我们要用三位二进制去表示。我们用000表示坤卦,用001表示艮,接下来用010表示坎、011表示巽、100表示震、101表示离,再接下来用110表示兑、111表示乾。那么大家平时所熟悉的乾坤这个词就来自八卦当中,受我国文化的深远影响,现在韩国的国旗上还依然有太极图和八卦。

下面,我们来思考这样一个问题,为什么作为高科技代表的计算机和中国传统文化中的《周易》都会对二进制情有独钟呢?第一个原因是在二进制中只有0和1这两个符号,因此只要电子器件中有两个稳定状态就可以用其表示,最简单的就是电子器件的开和关,相信大家都用过电灯的开关,我们可以用1表示开,用0表示关。在计算机当中,内存的充放电状态就可以表示0和1,光盘以物理状态凹凸来表示0和1。而传统机械硬盘中则使用磁化状态:南北极不同的方向来表示0和1,这些都是我们用电子器件来表示0和1的不同的方法,相同的是他们的方法都很简单,如果用来表示十进制就非常复杂了。第二个原因是二进制数的运算简单,适用于大规模的高速运算而且不容易出错。大家想一想一位的二进制加法,是不是只有四种可能呢?0加0、0加1、1加0、1加1,如果是十进制,这个运算法则就要复杂多了。最后一个原因是逻辑运算中的真假正好也是两种状态。在计算机学科的编程中,1为真、0为假,就可以把逻辑运算与算术运算结合。以上这些就是计算机选择使用二进制的原因。

思政元素:将中华传统文化与现代科技联系起来,激发学生的学习兴趣,增强学生的文化自信。

2. 汉字的表示和处理

让我们一起来看一下,当汉字遇上计算机会发生什么样有趣的事情呢?接下来我将要给大家讲一个故事,这是一个一波三折的故事:当我们古老的汉字遇上计算机之后,它如何转换为计算机能够存储的编码。

20世纪70年代,科技对人们的影响力越来越大,计算机作为科技产物也越来越贴近普通百姓的生活。然而,所有中国人却必须面对的一个难题就是汉字怎么进入电脑?汉字无法输入计算机系统成了中国人融入网络生活的"死穴"。一批语言专家甚至提出了废除汉字的主张,认为汉字必须变身为罗马字母。一时间,汉字在计算机系统中的表示问题到了退无可退的危机边缘。在这样的危机之下,我们能不能解决这个问题呢?

1975年前后,在西方发达国家科研人员已经领先一大步的环境下,作为技术总负责人、两院院士、计算机汉字激光照排技术创始人王选带领团队正在开展中国计算机汉字激光照排系统的研制工作。当时很多人都认为这不可能成功,但王选和团队成员没有灰心,他们投入大量的精力夜以继日地进行研究。最后,王选团队直接跨过当时流行的二、三代机,采用激光照排技术,研制出当时世上尚无先例的第四代激光照排系统,最终形成中文电子出版系统并推向市场,被国内绝大部分报社和印刷厂采用。科学研究必须要有创新意识和勇气,要敢于走适合自己的路,在中国工程院颁发的"二十世纪中国重大工程技术成就"的评选中,王选团队的"汉字信息处理与印刷革命"排在第二名,仅次于两弹一星。

我们生活中习以为常的每一件小事,有可能都是科学家们克服重重困难,最后得出的"答案"。每一项新技术的到来都会带来巨大的改变,5G时代已经到来,接下前辈们手中接力棒的一定是青年一代,希望同学们能够牢记人生并非一帆风顺,困难总是难免的,但心中要有一种信念:世上无难事,只要肯登攀!

思政元素:

(1) 培养学生探索未知、追求真理、勇攀科学高峰的责任感和使命感。

(2) 培养学生精益求精的大国工匠精神,激发学生科技报国的家国情怀。

(四) 特色创新

在本教学单元当中,专业知识讲授和信息素养教育相辅相成,实现了专业知识和思政元素的深度融合。在专业技能方面,通过一系列课程学习之后,需要大家了解计算机设计与运行原理,熟练计算机操作,养成查阅文献的习惯,在今后的择业就业中可以胜任相关岗位的工作。在人文素养方面,通过上述内容的讲解,体现科学创新、奋斗爱国等思政观,在课程中突出隐式思政教育,让学生深切认识到虽然我国在计算机领域取得了巨大的进步,但是在自主知识产权和技术创新方面距离发达国家还有一定的差距。青年一代要明确自身历史使命,树立自主创新意识,为实现中华民族伟大复兴的中国梦而努力奋斗。

四、成效与反思

(一) 成效

本教学单元的课程思政设计以学生为中心,符合学生的认知规律,思政目标贴近学生思想实际,以所需、所能、所乐为标准,隐含在学习内容中,在重难点内容学习活动中进行价值引领,促进学生形成正确的世界观、人生观、价值观,在增强其使命感、责任感的同时内生奋发向上的驱动力。

(二)反思

1. 课程思政要将隐性知识显性化

在今后的教学活动中,如何将计算机课程讲授得更通俗易懂,让课程内容深入浅出,以润物细无声的方式培养情怀和担当,需要授课教师深入学习思想政治理论、教育教学理论和专业技能知识,具有爱国、爱校、爱生的责任心,精心设计情景化的教学模式,形成成果导向加行动学习、实验探究等教学模式。

2. 课程思政要专注多维协同创新

鼓励学生坚定理想信念和学习信心,强化创新意识、创新思维,培养实践探究的科学方法,提高创新能力、职业能力和应用能力。作为授课教师,要将全新的、先进的课程思政教学模式融入日常教学中,需要改革教学方式方法,综合运用各类辅助工具,多场景、多维度为学生提供精准的教学服务。

【专家点评】

> 该案例以《周易》为基础,将学习的知识点组织起来,通过对《周易》的讨论来体现以"科学创新"和"奋斗爱国"为内核的思政元素,帮助同学们树立远大理想和人生抱负。本案例将中华传统文化《周易》中的卦象与现代信息科技的发展联系起来,激发学生学会在传承中发展创新的学习方法,通过对《周易》相关文本的学习,增强学生自主学习的能力,在能力提升中增强学生的文化自信,培养学生探索未知的激情和追求真理、勇攀科学高峰的使命感和责任感,激发学生科技报国的家国情怀和精益求精的大国工匠精神。

"if 条件语句的使用"：精准抗疫策"码"扬"编"

一、主讲教师

邓慧，女，硕士，讲师，主讲"Python 数据分析""信息技术基础""办公自动化""Access 数据库"等课程，曾获安徽省高等职业院校教学能力大赛三等奖 1 项，主持（参与）教科研项目 10 项，公开发表论文 2 篇。

二、课程简介

"Python 数据分析"是财税大数据应用专业的基础课程，"if 条件语句的使用"是"Python 数据分析"的一个教学单元。本教学单元主要培养学生 Python 数据分析和实践应用能力，强化职业道德意识，提高就业技能。通过社会热点事件，将社会主义核心价值观、党史教育、中华优秀传统文化等融入教学，在进行专业教学的同时，培养学生的爱国情怀、严谨的科学态度、精益求精的工匠精神和团结协作精神，帮助学生树立良好的职业道德和正确的价值观。

三、教学设计

（一）教学目标

1. 知识目标

（1）掌握 Python 语言中的基本数据类型。
（2）掌握 if 条件语句的语法规则、执行过程和使用方法。

2. 能力目标

（1）能够使用 if 语句编写多分支选择结构的程序，培养学生分支结构程序设计能力。

（2）能够选择合适的分支结构，培养学生分析、判断和解决实际问题的能力。

3. 素质目标

（1）通过讲授多分支选择结构程序的执行过程，引导学生做事要有条理、有计划，懂得统筹规划才能高效做事的道理。

（2）通过编写程序解决实际问题，培养学生求实创新、解决问题的能力，增强学生的职业自豪感和社会责任感。

（3）通过小组合作，培养学生团结协作的良好品质，养成善于思考、深入研究的良好习惯和勇于自我表现的良好素质。

（4）通过疫情防控教育，强调社会主义制度的优越性，展现中华民族的坚定毅力，激发学生的爱国热情，增强学生的民族自豪感和家国情怀。

（二）设计思路

在对"if 条件语句的使用"内容的讲解中，融入新冠疫情作为条件表达式的事例，使用 if 语句对国内外各地新冠疫情风险等级进行划分。通过国内外疫情数据对比分析，学生深刻感受到中国共产党领导中国人民战胜疫情的决心和能力，体会到社会主义制度的优越性。教师引导学生坚定民族自信、制度自信，培育学生的爱国情怀，让学生在掌握专业知识的同时，获得思想政治教育，从而实现知识学习与思想教育的共振互补。

（三）教学实施

本教学单元坚持立德树人根本任务，紧扣"if 条件语句的使用"的教学目标和知识点，结合时事热点，将实践项目与思政元素有机融合，达到知识学习与思想教育的融合互动。采用"线上+线下"的教学形式，贯彻"全过程"育人理念。具体课程思政教学实施过程如表 1 所示。

表 1　课程思政教学实施过程

教学环节	教学内容	教学活动	课程思政育人
线上自主学习	在职教云平台发布课前学习任务	课前在职教云平台发布本案例的预习任务，学生利用线上资源进行课前预习	引导学生做事要早做准备，懂得"预则立，不预则废"的道理
课程导入	创设情境，导入新课	教师使用PPT展示国内外疫情数据，讲述我国为抗击疫情作出的巨大牺牲及取得的成效，展现面对疫情人民的友爱和民族的团结，展现中国为全球抗疫作出的重要贡献	关注人类面临的全球性挑战，坚持党的领导，坚定热爱党、拥护党、跟党走的信念和行动
知识讲解探究交流	判断新冠疫情风险等级的方法：根据新增和累计确诊病例数等因素来划分	课堂讨论：新冠疫情风险等级的划分依据是什么	引导学生要遵守疫情防控规定，要遵纪守法
	多分支选择结构的语法形式及使用规则	1. 引导学生回顾单分支和双分支语法形式、执行的过程等 2. 提出问题：如何使用if语句判断各地风险等级？ 3. 讲解if多分支语法形式： 　if条件1: 　　语句1 　elif条件2: 　　语句2 　…… 　elif条件n: 　　语句n 　else: 　　语句n+1	教育学生做事要有条理和计划，懂得统筹规划方能高效做事的道理
任务实施	使用if多分支语句判断各地风险等级	1. 发布任务要求：分小组完成对国内、国外各地区风险等级的判断 2. 分小组讨论并完成课堂任务	强调社会主义制度的优越性、中华民族坚强的毅力和战胜困难的决心，培养学生的爱国情怀
案例解析	总结学生任务实施过程中出现的问题，演示案例实施过程	演示使用if语句判断各地区风险等级，对学生在实操过程中出现的错误进行讲解	鼓励学生不断尝试、改错，养成认真严谨的学习态度，培养学生的工匠精神

续表

教学环节	教学内容	教学活动	课程思政育人
归纳总结	if 条件语句语法规则、使用方法等	归纳总结本教学单元知识要点,强调注意程序设计中的语法错误和逻辑错误	引导学生知识学习要与生活实际相联系,增强学生勇于探索的创新精神和善于解决实际问题的能力
课后延伸	个人所得税计算	1.发布线上作业: (1)查找疫情期间国家为复工复产采取的个人所得税优惠政策 (2)使用 if 语句计算不同工资收入应缴纳的个人所得税 2.课后线上辅导答疑	增强学生理论自信和文化自信,培养学生依法诚信纳税意识,增强职业素养

(四)特色创新

1. 智慧平台支撑,全程科学设计

课前教师发布任务对教学内容进行启发、引导,学生自学,在线交流;课中线上线下实现课堂互动多样化,针对教学目标和教学重难点设计互动环节,如提问、讨论、头脑风暴等,并记录师生、生生互动数据,便于进行过程性评价;课后完成课程作业,在线交流,观看教学视频巩固知识,建立知识体系。

2. 课程融入思政,实践无声育人

Python 课程含有大量实践内容,课程教学常以项目、案例教学为主线,在案例中全方位地融入思政知识,实现思政元素与专业教育的紧密结合,让思政教育润物无声。

四、成效与反思

(一)成效

在教学中引入时事热点事件,将思政元素潜移默化地融入知识学习中,实现知识传授与价值引领相统一。经过本案例的学习,学生不仅掌握了 if 条件语句的语法规则、执行过程等课程知识要点,锻炼了 Python 编程技能与实践能力,同时也增强了思想政治意识,树立了正

确的价值取向，培养了团队协作意识、集体观念、奉献精神和爱国情怀。

（二）反思

立德树人是高校育人的根本任务，课程思政是立德树人的根本要求。本教学案例让学生在掌握专业知识的同时接受了思政教育，但还存在一些问题，如学生课后作业完成质量参差不齐等。在今后教学中将继续深入挖掘与本课程教学相关的思政素材，与教学内容、教学方法紧密结合，使得思政元素有机地融入课程、自然地进入课堂，实现专业课程教育与思政教育的同向同行。

【专家点评】

该案例引入时事热点事件，将思政元素潜移默化地融入知识学习中，实现知识传授与价值引领相统一。该案例在知识传授方面，注重深入挖掘与本课程教学相关的思政素材，使得教育形式多样化、教育方法丰富化、思政融入有机化。在价值引领方面，该案例重在引导学生提升做事的条理性、计划性、效率，并告知具体途径；通过编写程序的实践，培养学生求实创新精神，提升解决实际问题的能力，增强学生的社会责任感和职业自豪感；通过小组合作，培养学生养成善于思考、团结协作的良好品质，勇于自我表现的良好素质，深入研究的良好习惯；通过疫情防控教育，让学生领会中华民族的坚定毅力和社会主义制度的优越性，激发学生增强民族自豪感和爱国情怀。

"高职学生人际交往概述"：
乐交善往　美美与共

一、主讲教师

胡华北，男，硕士，教授，安徽省社会心理学会常务理事，安徽省职称评审专家库成员，主讲"大学生心理健康教育"等课程，曾获院级教学成果奖 1 项、院级教师教学能力比赛二等奖 1 项，指导学生参加省级及以上学科和技能竞赛荣获一等奖 2 项，主持（参与）省级教科研项目 10 余项，公开发表论文 10 余篇，主编教材 6 部。

二、课程简介

"心理健康教育"是高职院校各专业的公共基础课程，"高职学生人际交往概述"是"心理健康教育"的一个教学单元。育人先育德，育德先育心。心理育人工作能否充分发挥作用，关乎青年大学生能否健康成长成才，关乎立德树人根本任务能否全面落实，这也是新时代赋予高职院校心理健康课堂教学的新任务、新使命。

三、教学设计

（一）教学目标

1. 知识目标

了解人际关系的基本理论知识，掌握人际交往的概念、意义，人际关系建立过程，人际交往的原则，人际交往的技巧等。

2. 能力目标

树立正确的人际交往观，掌握基本的交往原则和技巧，拥有积极的人际交往心态，增强人际交往的能力。

3. 素质目标

培育学生具有热情、宽容、有礼的交往品质和理性平和、不卑不亢、乐善好施的交往修养,厚植"和平相处,与人为善"的中国传统文化情怀,增强文化自信感。

(二) 设计思路

"大学生心理健康教育"课程总体教学思路:坚持育心与育德相结合、发展与预防相结合,聚焦人文关怀和心理疏导,培育学生自尊自信、理性平和、积极向上的健康心态,促进学生心理健康素质与思想道德素质、科学文化素质的协调发展。

本教学单元的教学思路:以心理游戏导入新课,在大家开展心理游戏并分享、交流经验,形成新的体验及问题意识后进入新课程学习;教师在学生问题导向的需求下讲授,解决疑难困惑;讲授结束后再次进行心理活动,让大家充分分享体验;最后总结课程,布置作业,温故以强化记忆。

本教学单元中对应授课主题和知识点进行思政元素挖掘的思路如图1所示。

图1 思政元素挖掘过程

通过在教学中对思政元素的挖掘与融入,在潜移默化中培养学生自尊自信、文明有礼的文化情怀,在不知不觉中形成学生学会赞美他人、注意倾听、主动热情、建立良好第一印象、宽容接纳、尊重理解、以诚待人等人际交往的修身观念和基本技能,达到了育人育心"随风潜入夜,润物细无声"的效果。

（三）教学实施

1. 教学过程

教学过程如表 1 所示。

表 1　教学过程

教学环节		教学内容	思政元素融入
游戏导入："优点轰炸"	活动目的	认识肯定和赞美在人际交往中的作用；练习肯定别人的技能；学会赞美的技巧；体验被肯定、被赞美的感觉	当别人热情赞美你时，你一定会有礼貌地说声"谢谢"。这说明我们都具有有礼的交往品质，这也是我们作为礼仪之邦的传统文化的体现，作为中国人我们为有这样的优秀传统文化而自豪
	活动方案	1. 以班级为单位，站成两个同心圆，两圆人数相等，内圈和外圈同学面对面地站立 2. 每个人都从对面的人身上找到特别的优点，发自内心地赞美对方，由内圈先赞美对方，然后外圈给予回应，赞美对方的优点时要真诚和实事求是。可以就容貌特征、服装、性格等多方面进行赞美 3. 当一对成员互相赞美之后，让内圈的同学向右移动一个人的距离，重复前一步骤 4. 当转完一圈之后，换外圈赞美内圈，按同样步骤进行	
	分享体验	1. 被人赞美的时候感觉怎么样 2. 怎样的赞美让你感觉最高兴 3. 你在赞美别人的时候感觉怎么样？会觉得不自然吗？为什么 4. 你能否给不同的人不同的赞美？能否发现每个人身上的闪光点	无论是赞美别人时，还是被别人赞美时，我们都面带微笑，显示出自尊自信、理性平和、积极向上的健康心态。这也是作为大学生身上具有的优点和闪光点，值得肯定和表扬

续表

教学环节		教学内容	思政元素融入
课堂讲授	讲授导入	同学们,你们知道什么是人际关系吗?知道大学生的人际交往过程及原则吗	"人际交往的原则、人际交往技巧"中渗透了社会主义核心价值观,以及与人为善、尊重、真诚、热情、包容、理解、诚信公正、无偏见等优秀品质
	讲授内容	1. 人际关系的概念。人际关系也称人际交往,是人与人之间心理上的关系。人际交往的心理因素包括认知、动机、情感、态度与行为等 2. 人际关系建立的过程。良好的人际关系的发展一般经过四个阶段:定向阶段、情感探索阶段、情感交流阶段、稳定交往阶段 3. 人际交往的原则。尊重原则、真诚原则、宽容原则、理解原则、诚信原则 4. 人际交往的技巧。建立良好的人际关系,是一个人事业成功的基础,需要真诚、热情、宽容,塑造良好的个人形象,克服社会知觉中的偏见等。还要善用各种交际手段,如注意换位思考、善用赞扬和批评、主动交往、乐于助人	
游戏强化:"信任之旅"	活动目的	认识信任在人际交往中的意义,学习非言语交往技巧,体会助人与被助的快乐	
	活动方案	1. 按学号单、双数分组。每组派代表1人,抽签决定"盲人"和"向导"角色 2. 扮演"盲人"的学生用眼罩蒙住眼睛,原地转3圈,暂时失去方向感 3. 扮演"向导"的同学依次站在盲人的面前,教师发出开始的指令后,每位"向导"搀扶一位盲人,沿着选定的路线,带领"盲人"绕室内外活动。其间,"向导"不能暴露自己的身份,不能讲话,只能用肢体语言帮助"盲人"体验助人与被助的感觉 4. 角色互换,最好换新同伴,重复上面的活动	学生在游戏过程中,表现出主动热情、认真付出、真诚待人、乐于助人、善于沟通的交往修养
	分享体验	1. 作为"盲人"与"向导",感受如何 2. 在带领过程中你是如何传达信息及沟通的 3. 完成活动是否顺利?为什么	在游戏过程中,学生显示了其身上的和平相处、与人为善、乐善好施的人文情怀

教学环节		教学内容	思政元素融入
总结拓展	课堂小结	本教学单元运用了体验活动与理论讲授相结合的教学模式,采用了团体活动、课堂讲授、角色扮演、小组分享、情境体验等教学方法。学生收获的不仅是知识,还有深刻的体验和愉悦的心情	学生在身心投入的体验中领悟到人际交往中的美美与共、独乐乐不如众乐乐的道理
	课外作业	通过今天的学习,思考并回答以下问题: 1. 我现在人际交往存在的问题是(　　)。 2. 我解决的方法是(　　)。 3. 心理游戏活动给我的启发和收获是(　　)	养成思考人生、自悟自省、乐观进取的品性

2. 课堂小结

(1) 学生积极参与心理游戏活动并认真分享体会,能充分认识到人际交往的意义和重要性,了解自身人际交往需求,对如何获得良好的人际关系产生了兴趣。同时也对小组成员有基本了解,并在人际交往情景中观察、对比自己和他人的交往方式的异同,带着问题学习新课的内容并在活动中较好表现了人际交往的礼仪和原则,获得了自我认知和交往能力的提升,彰显了人际交往中的文明、尊重、助人、礼仪的民族传统,坚定了文化自信。

(2) 通过课堂"游戏—讲授—游戏"团体辅导活动形式,学生在掌握基本理论知识的基础上,全身心投入到游戏活动中,体悟、学习、行动,建立了健康的人际交往观念,遵循了人际交往的基本原则,掌握了人际交往基本技能。

(3) 学生主动参与活动,积极投入游戏,在团体活动中有所学、有所思、有所获、有所成,感受真实,体验深刻,效果良好。

(四) 特色创新

本教学单元设计创新点是运用2个心理游戏活动分别导入授课环节和总结分享环节,形成了一个"游戏引入—问题导向—讲授提升—活动强化—总结拓展"的闭环结构形式(图2)。

在理论与实践、教与学的分享过程中,充分发挥了教师的主导和学生的主体作用,让学生成为课堂真正的主人,在积极参与活动中亲身体验感悟、总结分享。在玩中悟、在悟中学、在学中思、在思中信、在信中行、在行中能。通过课堂活动达到了育心与育德的完美结合,在潜移默化中培育了学生交往中的传统礼仪和自尊自信、和而不同、美美与共的情怀。

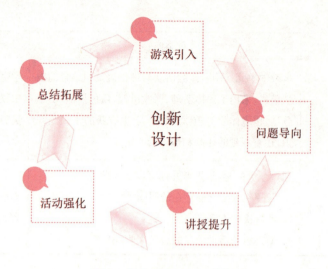

图 2 教学设计的闭环结构

四、成效与反思

"大学生心理健康教育"是大学期间开设的一门必修课程。该课程既有心理知识的传授、心理活动的体验,还有心理调适技能的训练等,是集知识、体验和训练为一体的综合课程。

本教学单元在课堂教学中贯彻了新时代课程思政教育理念,主要运用了理论学习与体验活动相结合、知识讲授与心理游戏相结合的教学模式,采用了课堂讲授、案例分析、小组讨论、团体活动、角色扮演、情境体验等教学手段,达到了教学设计方案中的知识、能力、素质三维教学目标,彰显出课程思政的育人功效。

教育部印发的《高等学校学生心理健康教育指导纲要》《普通高等学校学生心理健康教育课程教学基本要求》,是做好新时代高校学生心理健康教育根本遵循和顶层设计的系统性、规范性文件。如何将这一"根本遵循和顶层设计"贯彻执行,落地生根、开花结果?如何创新心理健康教育教学手段,有效改进教学方法?这些是我们必须回答的问题。通过案例教学、体验活动、行为训练、心理游戏等多种形式,激发大学生学习兴趣,增强课堂教学效果,不断提升课程思政教学质量,真正达到育人育心的功效是我们"心理人"的责任担当。我们一直在路上,不仅是探路者和改革者,还是践行者和收获者。

【专家点评】

该案例贯彻了新时代课程思政教育理念，培育了学生自我认知和人际交往能力，彰显了人际交往中的文明、尊重、助人、礼仪的民族文化传统，增强了文化自信。

在教学过程中，教师主要使用"理论学习与体验活动相结合、知识讲授与心理游戏相结合"的教学模式，采用"游戏引入—问题导向—讲授提升—活动强化—总结拓展"闭环结构的教学设计形式，运用了课堂讲授、案例分析、小组讨论、角色扮演、情境体验等教学方法，达到了教学设计方案中的知识、能力、素质三维教学目标，潜移默化中彰显出课程思政的育人功效。

"健康":健康你我 责任先行

一、主讲教师

吴妮,女,硕士,副教授,安徽省外文学会理事,安徽审计职业学院学术委员会副秘书长,主讲"高职公共英语"等课程,曾获省级教学成果奖 2 项,指导学生参加省级及以上学科和技能竞赛荣获等级奖 10 余项,主持(参与)教科研项目 10 余项,公开发表论文 10 余篇。

二、课程简介

"高职公共英语"是高职院校各专业的公共基础课程,"健康"是"高职公共英语"的一个教学单元。基于成果导向教育理念,在西方情境、中国情境和职业情境的迁移中递进学习语言。本教学单元以 BOPPPS 模型组织课堂教学,在沉浸式学习中提高学生开展涉外沟通的能力,训练学生的语言思维,促进学生养成自主学习的习惯,在中西方文化比较中坚定文化自信。

三、教学设计

本教学单元关于"健康"教育主题,围绕 5 个学习情境:一是听说:询问和描述病症、寻求治疗建议、关心病人的句型和表达;二是写作:药物说明书的基本内容要素;三是语法:连词;四是阅读:Don't Wait Until Death Knocks at the Door;五是文化:中国修身养身之道,通过线上线下双融教学模式,结合战"疫"引导学生切身体会家国、生命、责任、感恩……用英语讲述中国战"疫"故事,用英语发出中国战"疫"声音,提炼传递必胜的信心和力量(图1)。

图 1　用英语讲述中国战"疫"故事

（一）教学目标

1. 知识目标

（1）语言知识：

① 了解并掌握药物说明书的基本要素。

② 熟悉常见病症的英文表达方法（重点）。

③ 掌握就医及关心病人的句型和表达方法（重难点）。

（2）策略知识：

① 掌握连词使用的基本规则（重点）。

② 掌握归纳段落大意的方法。

2. 能力目标

（1）语言能力：

① 能口头描述病症并寻求医疗建议和相关信息（难点）。

② 能听懂医生或他人的医疗建议（难点）。

③ 能归纳段落大意。

(2) 职业能力：

① 能理解药物说明书的关键内容（难点）。

② 能使用略读、扫读等阅读技巧理解电子商务专业内容。

3. 素质目标

(1) 思政素质：

① 能体会病人的痛苦，并给予其关爱和帮助。

② 通过讨论疫情期间如何保护自己和他人，鼓励学生接种疫苗，筑起免疫屏障，培养学生的社会责任感。

③ 讲述抗疫故事，体会"团结一心，众志成城"的中国精神。

④ 感恩抗疫英雄，以身在中国感到幸运、骄傲和自豪。

⑤ 了解中国文化中的修身养生之道，感悟中国人的养身哲学和智慧。

(2) 学科素质：

实现职场涉外沟通、多元文化交流、语言思维提升和自主学习的学科核心素养目标。

（二）设计思路

本教学单元的主要思政目标为：关爱自我健康，关爱他人健康，做一个有社会责任感的公民。

首先，通过讨论就医时病人的状态学会体会病人需求，从而培养学生要关爱和帮助病人的意识。然后，通过探讨治疗疾病和预防疾病的问题，使学生意识到疾病预防的重要性，从而呼吁在疫情当下，要尽早接种疫苗，并且充当宣传员，鼓励身边的亲友及时接种疫苗，为我国尽早构建免疫屏障贡献力量。在应用文写作部分，通过阅读口罩的说明书，促进学生了解正确佩戴口罩的方式，并且能使用英语向别人进行介绍，培养学生保护他人、保护自己的意识。课前通过广泛了解抗疫期间的感人故事，课中通过写作重点介绍一个典型故事，最后挑选优秀作品进行朗读展示，让学生深入地感受到疫情期间全国人民展现出的各种中国精神，如：积极向上、众志成城、乐于奉献、为大家舍小家等，自然地感受到作为中国人的幸运与骄傲。阅读板块，通过生活方式问卷调查、问卷数据分析、数据背后的原因剖析等，学生反思自己生活方式存在的问题。通过阅读文章，了解转变生活方式的原因和做法，唤起学生改变生活方式的意识并且了解改变的途径。最后，在学习中国古老的养生智慧之后，学生制定改变不良生活习惯的计划，践行健康生活方式。

(三) 教学实施

1. 强调精准施教,注重学情分析

本课程的授课对象为电子商务专业一年级学生,生源多样。根据 iSmart 平台上的数据,通过课前测验、问卷调查、教师观察以及访谈,作出如下分析(表1)。

表1 学情分析及应对策略

分析维度	学情分析	应对策略
知识基础	课前对就医和常见病症相关词汇、句式和文化背景进行测验。数据显示,班级平均成绩为 55.25 分,说明学生有一定的知识储备,但掌握的词汇不够丰富,句式比较单一,文化背景知识有所欠缺	在本项目中通过设置就医的学习任务,增加词汇量,丰富句式,拓宽文化知识。有 3 个学生成绩在 45 分以下,基础知识薄弱,在后面的教学中应重点关注
认知能力	经过前期学习,学生能够在日常场景中用英语进行简单的交流沟通,但在不同语境下的知识迁移能力不足,在学习过程中自我反思与评价意识较为薄弱	通过情境教学来训练学生英语思维以提升应变能力;阶段性评价中增加了学生的自评和互评
学习特点	对于传统的讲授型英语课缺乏兴趣,学习动机不足。融媒体时代,学生热衷于使用短视频等媒介获取和传播信息,学生个性活泼开朗,乐于接受合作学习	运用 BOPPPS 模型组织课堂教学,采用角色扮演,创设语言运用情境;在若干合作学习中提高学生学习热情
专业特性	学生对所学专业缺乏深入的了解,迫切想通过学习获取电子商务方面的知识和专业技能。电子商务专业学生具有较强的沟通能力,但用英语进行口头表达和书面交流的能力不足	融合专业实践,培养学生养成职业行为习惯,注重文明礼貌,掌握英语中的礼貌用语

2. 项目引领设计,任务驱动教学

本项目包含"寻医问诊→认识到健康和防疫的重要性→践行责任"三个综合学习任务。通过综合任务同步训练学生的听、说、看、读、写、译技能,提升语言的综合应用能力,为最后

一次课展示项目成果"用英语讲好中国故事——We are fighters"做好准备(图2)。在任务实施的过程中,贯穿BOPPPS模型,学生课前通过视频学习和访谈等完成前测;课中从帮助一名外国留学生在中国寻医问诊入手,体会病人的痛苦和需求,同时引入当下中西方防疫政策对比,在西方情境、中国情境、职业情境的迁移过程中,通过多种合作方式对比学习语言,利用ISMART对话软件和课堂情景模拟活动进行操练;课后以职业身份用英语讲好中国故事践行责任。通过即时评价,学生能实时看到自己取得的阶段性成果,持续获得学习动力。

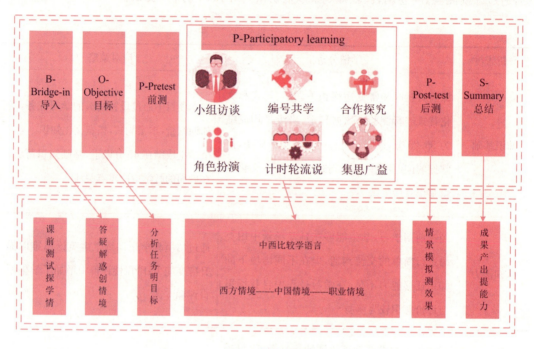

图 2　教学过程

3. 构建思政体系,突出价值引领

在教学实施中,构建"一主线、三阶段、六元素"的课程思政体系。以讲好中国故事,坚定文化自信为主线,融思政教育于学习过程的三个阶段:课前,在访谈中体验中国医学文化;课中,在中西方文化的比较碰撞中,激发对民族文化的热爱,在虚实结合的操练中,增强文化自信;课后,在实践中传播中华优秀文化,厚植家国情怀。4个任务承载了6大思政元素:通过体会病人的需求,并给予其关爱和帮助,弘扬"和谐、友善"的社会主义核心价值观;通过讨论疫情期间如何保护自己和他人,鼓励学生接种疫苗,筑起免疫屏障,培养学生的社会责任感,展现中国大学生的风貌,以"让社会变得更美好"为己任;讲述抗疫故事,体会"团结一心,众志成城"的中国精神,感恩抗疫英雄,以身在中国感到幸运、骄傲和自豪,坚定文化自信。

4. 科学考核评价,探索增值评价

依据《高等职业教育专科英语课程标准》,构建多元化全过程评价体系。过程考核依托 iSmart 学习平台,辅以智慧职教、e 会学和 MOOC 平台,采集和分析学生看、听、说、读、写、译的各项数据,多维度评价语言技能,并能让学生通过数据及时看到个人进步,对进步情况从知识、技能、素质、自主学习各方面进行量化对比,设定评价鼓励,探索增值评价。教师评价学生在学习过程中反映出的情感态度,学生以互评与自评促进反思与完善自主学习。

(四) 特色创新

1. 基于智慧平台创新教学模式

根据学生职业发展了解不全面、英语基础和应用不衔接、跨界发展能力弱的特点,利用职教云和 iSmart 等平台贯通课前、课中、课后,打造自主学习智慧环境(图3)。

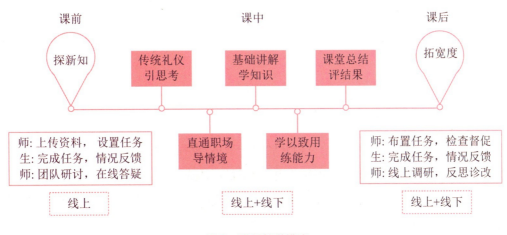

图 3 创新教学模式

2. 立足养生哲学落实立德树人

本案例"Don't Wait Until Death Knocks at the Door"将体会中国文化中的修身养生之道、感悟中国人的养身哲学和智慧作为思政核心,按照"细化思政目标→选择教学内容→优化教学评价→合理教学实施"四个步骤,将国学精髓融入高职英语课堂,解决英语教学"中国文化失语"现象,实现高职英语思政教育资源开发,实现语言文化双育人,厚植文化自信,推进文化共享,落实"立德树人"(图4)。

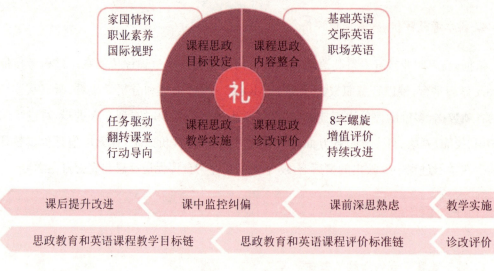

图 4 课程思政

四、成效与反思

（一）成效

1. 三维目标有效达成

通过职教云等线上教学平台全过程开展数据采集、全程开展师生评价线上测试，直观体现增值评价，学生英语基础知识掌握率提升，知识目标达成。

丰富的课堂活动显示，学生能在做中学，并获教师好评，实现文化自信和用外语讲好中国故事，能力目标达成。

结果显示学生能依据岗位需求，用英语顺利完成沟通交流，体现中国礼仪大国风范，增强学生文化自信和文化自觉，素质目标达成。

2. 学习兴趣显著提高

采用"翻转课堂"任务驱动式教学，模拟职场情景，学生利用信息手段、小组合作完成学习任务，形成师生、生生有效互动新局面，课后调研显示学生兴趣显著提高，英语技能掌握良好，思辨力、跨文化交际等能力大幅提升。

3. 专业知识充分拓展

高职英语教学不仅是基础教学，更应体现出职业性。在授课中，学生学习先导基础英语,为专业课中的英语项目学习打好基础;创设学习情境,学生了解如何将英语交际能力、人文知识运用到国际沟通中。学生学习到的英语知识为专业纵深学习打好基础。

(二) 反思

通过职教云和 iSmart 等线上教学平台,依据专业人才目标培养链进行"高职公共英语"教学"8字螺旋"诊改,主题条目式逐项反思,持续进行教学诊改。

1. 经验与不足

(1) 在教学设计上,重构教学内容,做到基础和专业相结合,根据专业涉外岗位需求划分工作任务。在教学资源中融入丰富的行业英语内容,但查找行业英语单词的便利性还有待提高,目前学生查找单词花费时间较多。

(2) 在教学实施上,创设职场情境,做到课堂和实践相结合,学生对校内模拟电子商务实训室很感兴趣,对未能赴电子商务真实环境开展实操感到遗憾。

(3) 在教学评价上,借助信息技术,除了师生评价之外,拟引入企业专家和外国客户等,探索增值评价。学生对评价感兴趣,但企业专家、外国客户因时间、网络等原因无法及时落实,无法实时评价。

2. 改进与设想

(1) 完善教学资源库建设。结合英语开放性强的属性,将智慧课堂常态化。开发校本教材,探索建设工作手册式教材,更能体现学校特色。

(2) 深化校企合作力度。加深合作机制,建立英语校外实训基地。

(3) 鼓励学生积极获取"1+X"证书,促进学生技术技能人才培养和培训的模式,课堂上实施多元评价模式改革,拓展学生就业创业途径,提升人才培养质量,培养一批既懂外语又有专业技能的现代跨境电子商务人员,服务长三角一体化和"三地一区"发展。

【专家点评】

该案例在教学设计、教学成效和教学反思等方面将专业知识和思政元素紧密结合,能够有效达成三维目标,即知识目标、能力目标、素质目标。该案例在知识传授和价值引领方面,通过拓宽学生实时反馈渠道,丰富课程形式,创新课程方法,将课程思政融入英语课堂,在提升学生语言综合运用能力的同时,培育学生的"家国情怀"和"世界眼光"。

"中国饮食文化":赏中华饮食文化 扬大国美食自信

一、主讲教师

杨晓莉,女,硕士,副教授,中级双师,主讲"新编实用英语""捷进英语""航空乘务人员面试英语"等课程,主持(参与)教科研项目10余项,公开发表论文5篇。

二、课程简介

"英语"是高职院校各专业的公共基础课程,"中国饮食文化"是"英语"的一个教学单元。在教学实施过程中,教师根据学生的英语语言知识和能力、多元文化理解与交流能力、自我管理能力等实际水平对本教学单元的教学活动和内容做调整。课后拓展部分,教师发布CGTN网站选取的"Menu for Spring Festival Eve"中的一个视频,要求学生参照视频,撰写一种中国传统美食烹饪方法,并在课程平台上分享,旨在帮助学生了解中国传统美食的烹饪技艺,提升学生在涉外职场中用英语介绍中国饮食文化的能力。

三、教学设计

(一)教学目标

1. 知识目标

(1)了解食物介绍、评价的相关知识。
(2)掌握饮食服务的相关词汇、短语及表达方式。
(3)掌握餐厅菜单设计的基本格式和内容要求。
(4)掌握状语从句的用法。

2. 能力目标

(1) 能够运用所学的词汇句子进行饮食服务方面的交际。

(2) 能够用英语设计餐厅菜单。

(3) 能够对食物进行介绍,并可以对餐厅食物作出评价。

(4) 能够根据语境正确运用状语从句。

3. 素质目标

(1) 熟悉涉外餐饮基本礼仪,并能进行涉外饮食交际。

(2) 熟悉中国传统美食及其蕴含的文化。

(3) 能够运用相关知识对比中外饮食文化差异。

(4) 能够在涉外饮食商务交际的背景下,提高个人自主学习能力、团队协作能力和解决问题的能力等。

(二) 设计思路

本教学单元创设中国某公司代表团出国洽谈业务,需解决饮食问题的情境项目(含听说、阅读、写作、团队汇报 4 个子情境)。

具体业务,可根据与学生专业群对应的产业或行业群进行设定,也可让学生自行选择相关情境,如:纺织品出口业务洽谈、中外合作项目实地考察等。教师根据情境和学生的英语基础、能力水平、学习风格等对学生进行分组(适当允许学生根据个人实际进行组别调整)。教师需要向学生明确学习本单元所要达成的学习目标和具体的任务,以及需要提交的作业。

(三) 教学实施

课堂中通过 iSmart 对涉及的词汇、短语、表达进行学习以及记录,同时结合课上讨论、课下学生情境对话表演来加深语言的运用。可融入的思政元素:涉外餐饮基本礼仪(语言运用与行为表演恰当、得体);节约粮食的意识;饮食文化自信与饮食文化传播等。谈中国情、品中国味、传中国道。通过对中国美食味道的寻找,探寻美食背后蕴藏的中国历史、人文、情怀。

教学任务分解如下:

1. 听说

叙述"我"的饮食经历(寻找餐厅—预订餐位—举杯敬酒—结账离开),旨在学习并能够在涉外环境下熟练使用订餐、就餐英语。然后播放商务订餐点餐视频并且提问:"What is the etiquette of ordering in a restaurant?"引起学生兴趣,鼓励学生讨论,总结归纳涉外饮食礼仪注意事项。

2. 阅读

带领学生精读单元课本内容以及文章《海外华人最想念的中国美食》。中国有公认的八大菜系和多种烹饪风格,美食更是数不胜数。这篇文章中的14道菜唤醒了大多数在异乡生活的中国人的思乡之情,用中国味唤起中国情。同时导入图片,了解中国除夕传统食物和西方新年食物的差异,开展小组讨论,在教师的指导下,小组展示讨论结果,并总结归纳中国除夕传统美食所传达出的寓意。

3. 写作

要求学生掌握菜单设计的基本格式和要素;能根据需求填写菜单;能根据语境正确运用状语从句,掌握状语从句的用法;能理解中国国宴菜名背后蕴含的中国文化及表达的深刻含义;提升用英语介绍中国传统美食、烹饪技艺和美食文化的意识和能力;能"客观公正、认真仔细"评价他人的作品或行为。

4. 团队汇报总结

提高学生自主学习能力、团队协作能力、解决问题能力以及与饮食涉外交际相关的跨文化理解、包容和行为能力。能感受"中国味""中国风",以及勤劳、朴实、与自然和谐相处的中国人的传统品质,加强饮食文化自信,传播对中国传统饮食文化的理解,提升推广中国饮食文化的意识。要求小组做出与课程相关的"presentation",通过最后环节的有效输出,提高学生对本单元所学语言知识和技能的运用能力,提升跨文化能力以及个人综合素养。

(四)特色创新

本教学单元所依托的课程是基于 iSmart 平台的教材配套的数字课程(含电子教案、教师参考书、影视资源等)。教师根据教学设计需要,可以下载或录制满足教学个性化或符合学生个性化、差异化要求的"文本、音频、视频"等资源。教学中使用情境教学法,根据学生专业背景和与专业对应的产业/行业涉外业务需求,创设饮食交际情境,提升学生实际职场交际体验感,提高学生运用语言和跨文化知识技能解决问题的能力。

同时本教学单元课程使用了案例教学法:通过 G20 峰会国宴菜单分析与讨论,提升学生对中国菜名所蕴含的中国文化的认识。教学中还采用比较对照教学法:通过中外饮食文化对比,引导学生认同中国文化,提升传播中国饮食文化的意识,增强尊重、包容他国多元文化的认识。

四、成效与反思

(一)成效

1. 培养学生知识运用能力

掌握涉外饮食交际礼节并能得体地进行交际,将所学词汇实际应用到商务外语交际当中。学生通过比较中外餐饮在消费习惯方面存在的差异,学会深度思考和评价;通过开展团队情境项目,学会团队协作、解决问题、理解并包容多元文化习俗。

2. 引导学生增强文化自信

学生学习之后能对比中外不同传统食物,领会中国传统美食的寓意和象征。教师通过播放八大菜系视频,帮助学生了解中国不同地区因历史、气候、饮食风俗不同而形成的各类烹饪技巧和风味,感受历史悠久的中国传统美食和博大精深的饮食文化,从美食中感受文化自信。

(二)反思

在今后的教学中,需深入挖掘英语课程中蕴含的思政元素,培养学生英语知识运用能力,逐步提高自主学习能力、团队协作能力、解决问题能力,加强对涉外饮食交际相关的跨文化的理解和包容。

【专家点评】

> 该案例通过情景模拟将学习知识点呈现出来,采用课上讨论、课下学生情境对话表演相结合的教学方式来循环加深语言的运用,通过G20峰会国宴菜单分析讨论来提升学生对中国菜名所蕴含的中国文化的认识,较好将"四个自信"的思政元素融入课程之中。希望进一步提炼育人点,如爱国主义教育等思政元素,强化"润物细无声"的教学方式来实现专业知识传授与思想政治教育的同向同行,更好地将价值塑造、知识传授和能力培养三者融为一体。

"高职学生挫折应对能力培养"：
心有大我　玉汝于成

一、主讲教师

　　陈一乔，女，硕士，讲师，主讲"心理健康教育"等课程，曾获省级教学成果奖1项、安徽省高职院校教学能力大赛二等奖1项，指导学生参加省级及以上学科和技能竞赛荣获等级奖1项，主持（参与）教科研项目5项，公开发表论文5篇。

二、课程简介

　　"心理健康教育"是高职院校各专业的公共基础课，"高职学生挫折应对能力培养"是"心理健康教育"的一个教学单元。本教学单元要求学生了解压力和挫折的基本理论知识，树立正确的压力观和挫折观，有积极应对压力和挫折的心态，掌握压力管理和挫折应对的技能。同时，厚植爱国主义情怀，增强民族自豪感，培养坚毅的意志品质修养和勤于钻研、百折不挠的工匠精神。

三、教学设计

（一）教学目标

1. 知识目标

（1）了解积极思维与消极思维的差异。
（2）掌握应对挫折时心理调适的基本知识。

2. 能力目标

（1）能够正确分析具体挫折事件的利弊。

(2) 形成自主学习积极思维的习惯。

(3) 在模拟场景中,能有效应对挫折。

3. 素质目标

(1) 厚植爱国主义情怀,培养民族自豪感。

(2) 培养坚毅的意志品质和勤于钻研、百折不挠的工匠精神。

(3) 培养勇敢、积极的心态。

(4) 培养团队合作意识和能力。

(二) 设计思路

1. 学情分析

(1) 通过对前课内容的学习,学生已掌握一定的理论知识和技能:了解了挫折的内涵、产生的过程和原因以及常见的挫折反应。树立了正确的挫折观,能够对自己所遇到的挫折进行客观评价。

(2) 通过对前面章节的学习,学生已熟悉团体辅导活动的目标功能和方案程序,与本班级的同学建立了有利于团辅活动开展的联结关系。但实践能力依然不足,仍需教师主持团辅活动,并促进学生从团辅活动中习得相关技能。

(3) 通过前面章节的学习,学生已可以熟悉使用团辅活动器材、心理仪器,能熟练地应用"职教云""e会学"等学习平台。

(4) 根据2018—2019学年心理中心的咨询和测试数据,挫折应对方面的心理困扰是一年级学生发生心理问题、寻求心理咨询帮助的常见原因,在面对生活中具体的挫折事件时,学生尚不具备良好的耐挫力。所以,挫折应对的技巧以及这些技巧在实践中的应用,将作为本课的重点内容。

2. 教学重点

(1) 了解积极思维的内容,培养积极应对挫折的心态。

(2) 掌握有效应对挫折的心理调适方法。

3. 教学难点

在模拟场景中,用有效调适方法应对挫折。

4. 教学策略

(1) 教学方法：线上线下混合式教学、案例教学法、任务驱动法、合作学习法、角色扮演法。

(2) 教学准备：智慧屏幕、智能手机、"职教云"APP、"e会学"平台、"心海心理测试"平台、辩论题、"积极思维与消极思维差异表"、案例"袁隆平的科研故事"、"挫折处方表"。

（三）教学实施

教学实施如表1、图1所示。

表1 教学实施

环节	教学内容	教学活动		设计意图
		教师活动	学生活动	
课前				
准备辩论赛	复习前课内容，引入新课	1. 在"职教云"APP随机给学生分组，并发布辩论赛题目"挫折是好事还是坏事" 2. 组织学生在"职教云"APP签到	1. 以小组为单位准备辩论赛 2. 在"职教云"APP签到	复习前课内容，启发学生思考挫折的两面性。锻炼学生的团队合作意识和能力
课中				
游戏导入（10 min）	通过游戏"抱团取暖"引导学生思考面对挫折时自己的想法和感受	1. 说明游戏规则，提醒学生取下身上的尖锐物品，开展游戏 2. 组织学生讨论与分享 3. 对游戏进行总结	1. 按教师指引进行游戏 2. 小组讨论游戏过程中抱团的温暖感受和游离在团体之外的挫折感受 3. 选取小组代表发言	通过小游戏人为制造"小挫折"，启发学生内省，活跃课堂氛围

续表

	辩论赛活动（15 min）	讨论、分析挫折的两面性	1. 组织辩论 2. 总结辩论赛	1. 进行辩论 2. 选派队长发言 3. 聆听教师总结	通过辩论活动，帮助学生认识到挫折是有利有弊，培养学生以勇敢、积极的心态面对挫折（课堂思政体现一）
教学重点一	理论知识讲解（15 min）	教师讲解积极思维与消极思维的差异	1. 在智慧屏幕上展示"积极思维与消极思维差异表"，并在"职教云"上发布抢答的问题 2. 根据抢答情况对积极思维进行总结 3. 在"职教云"APP上发布案例"袁隆平的科研故事"，解说袁隆平培育杂交水稻的故事；他经历了无数次挫折，却依然秉持着积极思维和乐观的态度，最终取得重大成功，造福中国乃至世界人民。案例展现他坚毅、乐观、仁爱的道德品质修养，勤于钻研、百折不挠的职业精神和伟大的报国志向（课堂思政体现二）	1. 聆听，并从性格、行为、思想、对自身的理念、对社会的理念、对现实世界的理念和对未来的理念等七大方面思考什么样的思维属于积极思维 2. 根据教师指引抢答。聆听其他同学的分享，并对自身思考进行反思 3. 阅读案例，思考案例中体现的积极思维有哪些，回答教师问题，跟随教师总结	1. 通过"积极思维与消极思维差异表"引导学生直观对比两者的差异，了解积极思维的内容 2. 通过袁隆平的案例引导学生树立乐观应对挫折的心态，培养学生勤于钻研、百折不挠的职业素养，宣扬爱国情、报国志

续表

教学重点二/教学难点	小组讨论（15 min）	讨论学生在实际生活情境中遇到的挫折事件，小组成员尝试找出应对挫折的积极思维和心理调适方法	1. 在"职教云"APP发布小组活动任务"挫折处方" 2. 在智慧屏幕上展示小组讨论结果，并进行总结	1. 随机选择1名组员就自己目前遇到的挫折在小组内进行讨论，其他组员提出应对挫折的方法 2. 将小组讨论结果上传至"职教云"APP	1. 通过活动"挫折处方"，启发学生自行寻找应对挫折的心理调适方法 2. 锻炼学生的团队合作意识和能力
	分组模拟实施（15 min）	在模拟场景中尝试应用心理调适方法	1. 在"职教云"APP上发布心理情景剧剧本 2. 组织学生通过角色扮演，在模拟场景中应用心理调适方法应对挫折 3. 评价与总结	1. 阅读剧本，分配角色，填写完整未完待续的剧本（即写出自己为角色设想的心理调适方法） 2. 扮演角色，并在模拟场景中尝试实施自己的方法 3. 分小组展示 4. 组内评价和组间评价	通过表演情景剧，学生根据所学理论知识找出心理调适方案，并在模拟场景中尝试实施。根据组员的反馈，不断改进方案，最终达到正确应对挫折的效果
总结（10 min）		回顾本课教学内容，进行课堂评价	1. 带领学生回顾本课内容 2. 在"职教云"上对学生进行评价	1. 聆听教师总结 2. 在"职教云"上完成自我评价和课堂评价	回顾本课内容，根据课堂评价进行反思和改进
课后					
继续学习		完成测试题和讨论题	1. 在"职教云"发布课后测试题和讨论任务 2. 在"心海心理测试"平台发布"应对方式问卷"	1. 在"职教云"上完成测试和讨论题 2. 登录"心海心理测试"平台，填写问卷	1. 巩固学生对挫折应对方式的掌握 2. 对学生的应对方式能力进行测评

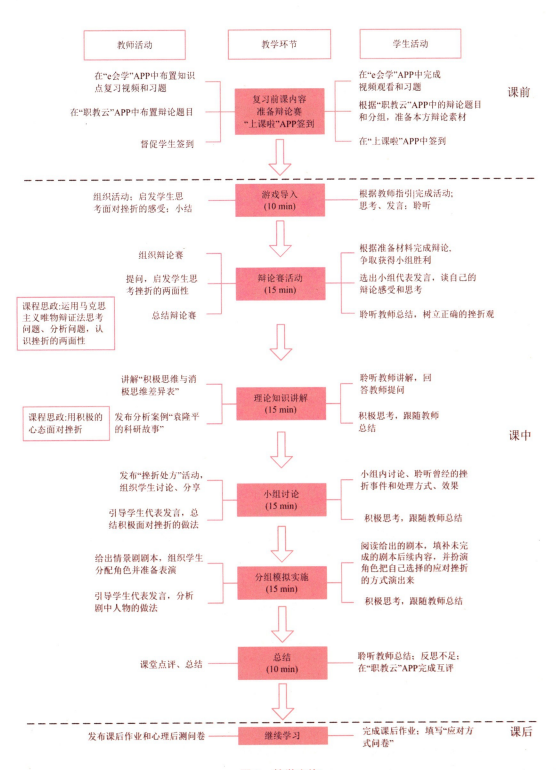

图1 教学实施

（四）特色创新

摒弃教师讲授灌输的方式，通过辩论赛，学生自己探讨挫折的两面性，意识到挫折不仅有害处，也有益处，思考挫折到底是否应该被"需要"，发现挫折在自己生活中的作用是积极的还是消极的并不取决于挫折本身，而是取决于自己对待挫折的态度和心态。启发学生看到事物的两面性，反思自己对待挫折的认知，并通过改进认知改变心态。

在辩论赛的基础上，加入袁隆平的感人案例，增进学生的爱国之情、民族自豪之情，更加愿意以袁隆平为榜样，主动探寻面对挫折的积极思维，在融入思政元素的同时，增强了学生学习相关心理调适方法的动机。

四、成效与反思

（一）成效

1. 心理育人与道德育人相结合

习近平总书记在党的十九大报告中指出，应"加强社会心理服务体系建设，培育自尊自信、理性平和、积极向上的社会心态"。作为本教学单元的素养目标之一，将培养学生形成自尊自信、理性平和、积极向上的健康心态融入到每一个任务的教学过程中。

本教学单元大量融入课程思政和职业道德素养内容，突出思想性，体现职业性。

2. 挫折应对与专业素养共提升

本教学单元注重提升学生的职场挫折应对能力，通过心理情景剧表演，将职场情境展现给学生，引发学生思考讨论。立足于专业人才培养方案，力求培养财税大数据应用专业人才的职业素养。

（二）反思

在今后的教学中，教师需设计更加多样化的教学安排提升课程思政教学效果；应按照"模拟练习—实践行动—反思"的路径，通过课上课下的多轮模拟和实际生活场景中的应用练习及反思，培养学生的挫折应对能力，能在实际生活中应用心理调适技能化解心理困扰，进一步引导学生将个人成长同国家命运紧密联系在一起。

【专家点评】

该案例将心理健康教育与思想政治教育有机结合,通过创设问题情境、价值判断情境等培养学生分析挫折和应对挫折的能力。该案例在帮助学生解决问题的过程中,注重引导学生认识问题和挫折背后所蕴含的理论思维、方法论和价值判断,有利于促进学生的思想碰撞,增强情感体验,实现对学生的价值引领。

"高职学生自我效能感提升"：学习孕育新动能 效能驱动新发展

一、主讲教师

许文慧，女，硕士，助教，主讲"心理健康教育"课程，曾获安徽省高等职业院校教学能力大赛二等奖。

二、课程简介

"心理健康教育"是高职院校各专业的公共基础课程。课程旨在使学生明确心理健康的标准及意义，增强自我心理保健意识和心理危机预防意识，掌握并应用心理健康知识，培养自我认知能力、人际沟通能力、学习能力、自我调节能力，切实提高心理素质，促进学生全面发展。

"高职学生自我效能感提升"是"心理健康教育"的一个教学单元。本教学单元基于焦点解决短期疗法的基本理念——"当事人是自己的专家"，借助"学习能量电池"这一概念，将对学生而言相对抽象的"学习自我效能感"进一步具体化，通过团辅活动课的形式，帮助学生发掘学习的能量，促进学生提升学习自我效能感，培养良好的学习心理。

三、教学设计

（一）教学目标

1. 知识目标

（1）学习自我效能理论。
（2）理解"学习能量"概念。

2. 能力目标

（1）建立社会支持系统。

（2）掌握有效提高自我效能感的方法。

（3）增强个人应对困境的能力。

3. 素质目标

（1）厚植爱国主义情怀，激发民族自豪感。

（2）培养自尊自信、理性平和、积极向上的心态。

（3）激发合作意识。

（二）设计思路

设计思路如图1所示。

（三）教学实施

1. 课前环节

在"职教云"平台发布自我效能感理论相关预习资料，让学生初步认识自我效能感。

2. 课中环节

（1）热身阶段——小游戏"能量节拍"。

设计意图：通过游戏，调动课堂氛围，引发学生兴趣，同时导入主题，为学习能量的界定提供实例。

活动过程：教师介绍能量节拍规则，呈现学习相关的内容。

游戏名为"能量节拍"。能量节拍按1-2、1-1-2的节奏分别拍手和桌子，1拍手、2拍桌子（教师示范）。如果曾经体验过下列情形就打能量节拍，并思考完成动作时的体验如何。

① 坚持不懈，解出一道题。

② 帮同学解答题目。

③ 被老师肯定过。

④ 拿过自己比较满意的成绩。

⑤ 晚自习写完作业。

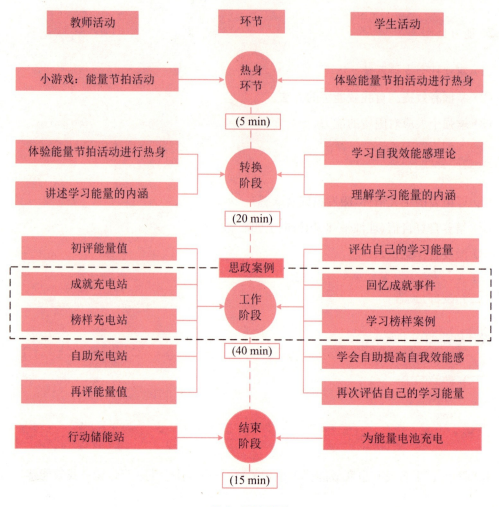

图 1 设计思路

（2）转换阶段——学习能量的内涵。

设计意图：通过介绍学习能量的内涵，学生清楚什么是学习能量，为后续活动做准备。

活动过程：教师通过类比电能或热能介绍学习能量。

汽车跑动需要能量，可能是电能，或者热能，学习也需要能量，学习能量指我们对自己是否具备完成学习任务的能力的判断和信心，判断越坚定、信心越足，学习能量越高。学习能量可以让学生在学习时更加自信、积极、有动力、愿意采取行动。学习能量可能来源于日常学习生活，就像在能量节拍中提到的具体的学习中的小事。教师向学生展示学习能量电池——能量瓶。

（3）工作阶段——探电之旅。

① 初评能量值：

设计意图：在学习能量电池上标记出当下学习能量的多少，作为本节课起始的学习能量值。

活动过程:教师引导学生评估当下学习能量值,并用虚线标记在学习能量电池上。

如果用0—10格来表示学习能量值,0格表示学习能量很低,能量电池里几乎没有任何能量,10格表示学习能量值很高,电池里装满学习能量。目前大家的电池里装有几分的学习能量,用虚线在电池上标记出来。

学习能量电池的电量并不是一个恒定的状态,有被消耗的时候,我们也会给电池充电。现在有四个为能量电池充电的充电站,但不确定哪个或者哪几个能够给你的能量电池充电,所以接下来我们就一起开启"探电之旅",寻找你的充电站并为电池充电。我们的探电之旅有两座必达站、一座选达站。必达站是第一站成就站和最后一站自助站,选达站是从优点站和榜样站中二选一。

② 成就站:

设计意图:通过回顾学业成就事件,学生从中发现自己身上的资源和能力,并通过与同桌分享和互相赞美,感受对学习的控制感,增加学习能量。

活动过程:教师引导学生回顾并写下一件学习成就事件,并思考是怎么做到的。同桌间互相分享和反馈。

成就站的充电要求是:请大家回顾一件从开学到现在你觉得有成就感的具体的学习事件,简要写下这个学习事件(应至少包括时间、人物、事件等要素),并思考你是怎么做到的?然后与你的同桌互相分享,同桌在倾听的过程中需要帮对方找出在这个事件中展示出来的资源和能力,并真诚地赞美同桌(整理成"3I"格式:I have、I can、I am,贴在学习单上)。在倾听的过程如果你有不确定的地方,可以提问,让对方更具体地说一说。

③ 榜样站:

设计意图:通过找到学习榜样,学生可更加明确学习的方向和动力。

活动过程:向学生展示优秀的学习榜样,鼓励学生对案例进行反馈、表达感悟,并在小组范围内讨论案例,引导学生去思考自己的榜样以及学习的内容。

榜样站充电要求是:想一想你在学习上的榜样是谁?你想从他身上学习什么?

案例一:边疆烈士陈祥榕,在中国西部边陲边境冲突中突入重围营救战友、英勇战斗、奋力反击、毫不畏惧,直至壮烈牺牲;案例二:我院工程管理系学生袁宝龙荣获2021年度"安徽省大学生自强之星"称号;案例三:我院商学系专科优秀学生代表、省"百优大学生"彭亳青。

学生在课堂上对案例进行讨论和反馈。

案例中爱党爱国爱人民的信念,自尊自信、理性平和、积极向上的心态,不惧困难、坚韧不拔、勇敢奋斗的力量就是榜样的力量。

榜样离我们并不远,可能是年轻的烈士,可能是优秀学生代表,甚至可能就是我们周围的同学,他是某些方面比我们做得更好的人,是我们学习的榜样,比如学习他不怕输的精神,在哪里跌倒就试着在哪里站起来。而当我们实现学习目标时,我们也可以给自己一个小小的奖励,比如还不认识对方,就去认识对方,和对方成为朋友,当然这个奖励可以是任何一种可以给你带来美好体验的选择,奖励本身也可能给我们带来能量。在你的学习生活中,你的学业榜样是谁?你想跟这个榜样学习什么呢?当你实现学习目标时,你会给自己一个怎样的小奖励呢?邀请一位同学分享。

问题反思:Q1,介绍三项内容;Q2,明确自己的榜样和学习内容对你接下来的学习有什么影响;Q3,你会怎么实现这个学习目标?

④ 自助站:

设计意图:通过学生自主补充能为其带来学习能量的方式,扩展学生对自身学习能量的认识;建立良好的社会支持系统。

活动过程:学生补充能为其带来学习能量的方式。

自助站的充电要求是:请补充学习生活中能够给你带来学习能量的具体事情。

除了探电之旅探索的两座充电站,生活中一定还有一些在你学习能量比较低的时候为你充电的事情,可能是家人的理解和支持,老师的关心和帮助,同学的并肩作战、默默陪伴、学习的乐趣……请大家补充。

⑤ 再评能量值:

设计意图:通过再次评估能量值,学生更直观感受到自己学习能量的变化,增强自信心。

活动过程:学生再次评估当下的学习能量水平,用实线标记在能量电池上。

经过"探电之旅",大家对自己的学习能量也有不一样的认识,现在请大家再次评估你的电池里现在装有几分的学习能量,用实线标记在能量电池上,并结合探电之旅的发现,想一想是什么支撑着你,让你的电量能达到现在的水平?

(4) 结束阶段——行动储能量。

设计意图:通过引导学生思考维护当前电量或给当前电池再充一格电的具体做法,将课堂体验落地到学习行动中。

活动过程:学生思考并填写学习单,邀请同学分享,教师反馈总结。

3. 课后环节

布置思考题"思考在今后的学习生活中哪些因素会让电池掉电,遇到这种情况该怎么应对"。巩固学生所学习的自我效能感理论及其应用。

(四) 特色创新

(1) 本教学单元基于焦点解决短期疗法的基本理念——"当事人是自己的专家",借助

"学习能量电池"这一概念将对学生而言相对抽象的"学习自我效能感"进一步具体化,从行为成败经验、替代经验、言语劝说三个维度,结合使用焦点解决短期疗法的应对问句和评量问句引导学生正向思考,关注自己拥有的成功经验、发掘自身具备的能力和资源,提升学习效能感,增强学习韧性。

(2) 通过爱国榜样、奋斗榜样的鼓舞,将思政教育融入学习生活中,提升学生的信念感。

(3) 在本教学单元中,行为成败经验将体现在学业成就事件上,替代经验将体现在发现榜样上,将言语劝说转换为同学之间相互补充发现的能量和资源、互相赞美和鼓励的互动形式。

(4) 通过能量节拍、学习能量的内涵、探电之旅、总结提升等体验活动,从自身和同伴两个角度,发掘学生的学习能量。

四、成效与反思

(一) 成效

(1) 将心理学理论和课程思政有效融合。推动思想政治教育与心理健康教育改革创新,需要遵循教书育人新理念,遵循学生的心理发展规律。以"立德树人"为根本目标,结合高职学生的自我效能感发展规律,融入课程思政元素,可以科学有效地促进学生心理和思想健康发展。

(2) 运用焦点解决短期疗法技术,积极地干预学生的思想观念。焦点解决模式是由 Steve 等人在积极心理学背景下发展起来的一种充分尊重个体、相信其自身资源与潜能的心理干预模式,该模式着眼于正向力量的发掘和解决之道的构建,探讨来访者的目标、优势、资源、成功经验与未来。在焦点式教学中,老师关注学生的优点、资源与成功经验等,聚焦于进步何以发生。在自我效能感提升过程中,使用焦点技术,更容易培养学生自信自强的学习生活态度。

(二) 反思

(1) 通过探电活动,在每一站充电的过程中,逐步提升学生的自我效能感,使学生的内部学习动机有效增强。

(2) 通过与同学、朋友、家人和老师等联结,建立良好的社会支持系统,改善学生人际关系,学生在日常生活中的沟通途径和情绪疏导途径更加通畅,提高面对逆境的能量,促进心理健康发展。

（3）通过学习优秀的榜样案例，学生感受到民族自豪感和同辈的鼓舞，厚植爱国主义情怀，培养自尊自信自强的生活态度。

【专家点评】

> 该案例结合高职学生的自我效能感发展规律，融入课程思政元素，科学有效地促进学生心理和思想健康发展。该案例能够用多种教学手段，增强课程的感染力和吸引力，将心理健康教育与思政元素有机结合，增加思政教育的感染力，实现"立德树人""润物无声"的目标。

"个人基本素质与职业生涯规划"：
诚信为人生奠基　求实为成功铺路

一、主讲教师

彭怡，女，学士，助教，主讲"职业发展与就业指导"等课程，指导学生参加省级及以上学科和技能竞赛荣获等级奖 5 项，参与教科研项目 1 项。

二、课程简介

"职业发展与就业指导"是高职院校各专业的公共基础课程，"个人基本素质与职业生涯规划"是"职业发展与就业指导"的一个教学单元。

本课程通过职业生涯规划理论与实务、职业发展核心能力建设的理论与实务，以及就业创业素质教育的理论与实践，激励、支持、指导大学生开展自我分析与评估，并进行合理的自我认识，帮助大学生了解当前职业概况与社会要求，形成正确的就业观念，结合自身特点，实现初步的职业生涯规划。以职业目标为导向，实施科学的大学生涯设计，引导学生在大学期间自主、合理规划自身未来的职业发展，培养求职择业应该具备的综合素质和才能，同时积极主动寻求自身的全面成长和终身发展，坚定理想信念，坚定"四个自信"，树立正确的世界观、人生观和价值观，厚植爱国主义情怀。

本教学单元主要介绍了大学生自我学习能力的培养、自我管理能力的培养、心理素质的提升、职业生涯的规划、就业竞争力的培养、就业目标的定位和如何制定职业生涯规划方案，主要任务是培养学生树立正确的就业观以及职业理想，学会根据当代社会的发展需求以及自身的特点来做好职业生涯规划，并由此来规范自己的行为和提高社会适应能力，为顺利就业、创业创造条件。

三、教学设计

(一) 教学目标

1. 知识目标

了解并正确认识就业形势。

2. 能力目标

培养良好的职业规划能力。

3. 素质目标

(1) 做好心理调适,积极适应就业形势。
(2) 改变学生无就业目标或多就业目标的现状,树立正确的择业观。
(3) 培养学生认真、细心、严谨、诚信的职业态度。

(二) 设计思路

将思想政治教育的内容融入就业指导教学知识传授中,采取课程融合的方法实现思想政治教育的目的,通过价值引导,实现"课程育人"的教学目标。将思政教育中"三观"教育、中国梦、社会主义核心价值观等与就业指导课程中的职业价值观、职业道德、敬业精神、集体利益等相关联,让学生在潜移默化中接受主流价值观的熏陶。

通过本教学单元讲解,学生能够认识一些错误择业心理,掌握择业心理调适的方法,能够合理地进行自我评价,树立正确的就业观。

(三) 教学实施

1. 课程导入

(1) 以问题为导向提出本节课程的学习内容:
① what:价值观、职业价值观。
② how:探索自我职业价值观。

③ why：职业价值观的重要性和意义。

（2）利用情景提问法引发同学们思考：每个人在做选择时，是由个人背后的价值观所决定的。

① 提出一个情景："你对未来职业的需求"，请每位同学在小组内部分享自己的答案。

② 每组派一位代表分享。

③ 观看一段相关视频。

④ 随机请同学分享对于这一部分的学习感悟。

2. 什么是价值观和职业价值观

（1）价值观的定义。

（2）利用案例讲解法进一步说明价值观对个人职业选择的影响。

（3）由渔夫与富翁的故事引出职业价值观的概念。请同学演绎故事中的对话，并讨论：听完故事后，你有何感想？

（4）什么是职业价值观？提出施恩的职业价值锚理论，分析8种职业锚的主要特征。

（5）提出舒伯的15种职业价值观，并逐一分析15种职业价值观的特征。

3. 探索自我职业价值观

（1）开展互动游戏，帮助同学们探索自我价值观。

（2）让同学们对照价值观类别对自己选择的职业价值进行分类。

（3）讲授常见的"不良"职业价值观。

（4）讲授价值观探索7步骤。

4. 职业价值观的重要性和意义

（1）介绍职业价值观如何帮助学生更好地选择适合自己的职业。

（2）讲授职业价值观促进职业发展和自我实现：

① 用情景提问引出专业概念，融入习近平新时代中国特色社会主义思想。

在解释"择业观"和"职业价值观"专业概念时，通过具体的问题、身边的真实案例等，引导学生自己来思考和归纳出专业学习的具体内容，在此过程中让学生感受到个体价值观存在的具体差别，以及责任、诚信等价值观对于个人发展、社会发展有着重要的影响。

② 分析案例：结合中美贸易摩擦，引导学生思考是否应该去努力掌握核心技术，多争取让我国产品从中国制造走向中国创造。在大学生职业规划知识体系中的外部探索部分，结合十九届六中全会精神对学生进行政策阐述解读，使学生将自身的职业发展和职业理想与

国家的发展与前途融合在一起,让学生接受爱国主义思想熏陶。

(四)特色创新

(1)在就业观以及价值观探索部分,将思政教育中"三观"教育等与职业价值观、职业道德、敬业精神、集体利益等相关联,让学生在潜移默化中接受主流价值观的熏陶,培养爱国主义思想。

在大学生自我探索部分,着重进行职业素养和科学精神素质的教育,结合各学科特点,引领大学生感悟工匠精神、大国智慧。

(2)用身边人物事迹讲述道理,弘扬服务奉献主义精神与爱国主义精神。在引导学生开展职业择业探索及价值观的探索时,在课堂上讲述视频中及身边的小人物和名人的故事,使学生感受他们的牺牲奉献精神、一丝不苟的科学探索精神以及为国为民的伟大情怀等,思考自己是否有集体思想,是否利己主义者,是否只会考虑自己不考虑他人、不考虑集体,进而树立正确的人生观、价值观及世界观。在课堂上引入游戏环节,在游戏环节中引导学生对自我进行审视与思考,是否只是一味地追求经济利益、贪享舒适的工作环境和高额的工作报酬而不在意影响他人和社会发展,是否有爱国主义精神与集体主义情怀。

四、成效与反思

(一)成效

1. 知识传授与自我探索自然结合

在大学生就业指导和职业生涯规划知识体系中的价值观探索部分,将思政教育中"三观"教育等与职业价值观、职业道德、敬业精神、集体利益等相关联,在潜移默化中让学生接受主流价值观的熏陶。

在大学生职业生涯规划知识体系中的自我探索部分,重点开展职业素养和科学精神教育,结合专业特色,引导大学生领悟工匠精神、大国智慧。

2. 知识传授与价值引领显隐交融

坚持"知识传授与价值引领相结合"的目标,在讲述专业概念、重要内容,以及引导学生进行自我反思与探索的过程中,隐性地融入"社会主义核心价值观""爱国主义、服务奉献、创新创业、科学探索精神"等思政元素,充分发挥学生的主体作用,促进学生进行自我反思与自我成长,做到"润物细无声"。

3. 自主选择与价值塑造同步实现

在课堂上教师不直接进行思想灌输、不直接评判学生的价值观正确与否,而是通过问题和活动来让学生认识到价值观是人一生发展中最重要的东西,是个体背后的深层动机;鼓励学生在激烈的讨论中和互相沟通里去审视彼此的价值观,听到他人具有正向的价值观、人生观时,能够反省自我的人生观念是否有所偏差,自己是否有不端正、不恰当的职业观、价值观,促进学生形成"忠实的政治品格、扎实的专业素质、务实的工作作风、踏实的生活态度"。

(二)反思

讲课时,应重点向突出"立德树人"的内容倾斜,精准把握课程思政的教学过程,充分利用新媒体的便捷优势,以学生更乐于接受的方式方法,帮助学生掌握知识,实现个人能力提升,塑造积极向上的价值观。

【专家点评】

> 该案例能够把思政元素恰到好处地融入教学之中,通过就业知识技能传授和价值引领相统一,培养学生细心、认真、严谨、诚信的工作学习生活品质。在价值引导层面,将三观教育、社会主义核心价值观教育、中国梦教育与本课程中的职业道德、职业价值观、集体主义精神、敬业精神等相关联,以潜移默化的方式实现价值引领,让学生接受主流价值观的熏陶。通过知识传授,促进学生掌握择业心理调适的方法,树立正确的就业观。

"自我计划管理":青春与理想同行 规划与行动共频

一、主讲教师

胡亚莉,女,硕士,主讲"大学生职业规划与创业指导"等课程。

二、课程简介

"职业发展与就业指导"是高职院校各专业的公共基础课程,"自我计划管理"是"职业发展与就业指导"的一个教学单元。通过学习可以增强学生职业规划意识,提升自主学习能力,掌握求职技巧,实现人职匹配,将个人发展融入社会需求中。

本教学单元分为两部分:第一部分是鼓励学生树立远大理想,指导学生为理想制定科学的计划,引导学生认知自己不懈追求的梦想与中华民族的振兴紧密相连,学会将个人目标与社会目标相结合,促进自身发展的同时,为实现中华民族伟大复兴贡献自己的力量。第二部分是教导学生实施计划,在事件中不断检查与检验,总结经验教训,调整计划,再次行动。"道虽弥,不行不至;事虽小,不为不成"。青年既要做到心有信念,也要做到脚踏实地,在实干中积累经验,磨炼意志。

三、教学设计

(一)教学目标

1. 知识目标

了解计划的含义和特点;理解自我计划管理的重要性;掌握自我计划管理的原则与方法。

2. 能力目标

培养学生计划管理能力,科学制定计划;培养学生组织实施能力,有效执行计划;培养学生总结反思能力,动态调整计划。

3. 素质目标

引导学生树立理想,把自己的"小我"融入祖国的"大我"之中,实现人生价值、升华人生境界;激发学生实干精神,做到脚踏实地,笃定理想,艰苦奋斗。

(二)设计思路

1. 总体思路

以社会主义核心价值观为引领,结合习近平总书记关于青年工作的重要论述,深入挖掘本教学单元所蕴含的思政元素,将启发性案例和趣味互动增加至教学实践中,以润物无声的方式引导学生做有理想、有目标、有行动的新青年。

2. 教学方法

在教学方法上,以理论知识讲授为主,以案例讲解、课堂讨论以及互动实践为辅。首先,在理论讲授过程中融入案例,能够更直观地展示理论,帮助学生吸收知识。其次,在课堂中设置讨论和互动实践,一方面增强课程的趣味性,提升学生的关注度;另一方面锻炼学生发现问题和解决问题的能力,培养学生自主思考的习惯,及时检验课堂学习成果。

(三)教学实施

教学实施过程如表1所示。

表1 教学实施过程

	教学内容	教学过程	思政目标
制定目标	1. 了解目标与计划关系 2. 理解目标的重要性 3. 掌握科学设立目标的原则	1. 带领学生浏览国家"十四五"规划以及2035远期目标纲要,引导学生认识:从国家到个人都应有目标和计划 2. 阐述目标的重要性:① 比喻阐述。航海对应指南针,道路对应路灯。② 实验阐述。美国哈佛大学人生目标调查追踪实验。③ 案例阐述。回顾百年党史,不忘初心,牢记使命 3. 讲述设立目标的原则:① 明确性原则;② 衡量性原则;③ 可实现性原则;④ 相关性原则;⑤ 时限性原则	通过回顾百年党史来讲解目标的重要性:一方面让学生缅怀革命先烈,学习先辈精神;另一方面鼓励学生树立远大理想,做有志气、有骨气和有底气的新青年
计划内容	1. 讲述计划管理的原则 2. 介绍九宫格计划法 3. 完成课堂活动	1. 制定计划的原则:① 实际性;② 弹性;③ 全面性;④ 重点性;⑤ 可靠性 2. 介绍九宫格计划法 3. 课堂活动:① 安排学生制定本年度计划。准备一张A4纸,用两横两竖把纸分成9等分,在等分格中填对于人生最重要的8个方面,制定相关计划。② 同学间交流借鉴。③ 教师评价	通过对九宫格计划法的介绍和课堂活动的开展,让学生在制定年度计划时,考虑家庭、健康、心理等方面,引导学生注重家庭情感,关心身边人,正确认识自己
实施计划	提升执行力	1. 正面例子:"沙漠变绿洲"——毛乌素沙漠 2. 反面例子:课堂讨论分享自己有哪些束之高阁的计划,如减肥计划	通过案例教学,一方面弘扬了治沙精神,加强生态环保观念;另一方面引导学生克服懒惰拖延,提高个人行动力
检查反思	总结经验,调整计划	1. 介绍PDCAR法,即先计划,然后立刻付诸行动,在实施中不断地检查与检验,通过总结教训,然后再次行动,最后将经验记录在案 2. 课堂讨论:复盘过去的计划,总结并分享计划失败的原因	通过学习PDCAR法,养成总结反思的习惯,培养学生反思意识,提升学生应变能力

(四)特色创新

1. 优化理论授课内容

在制定目标模块中增加浏览国家和地区发展规划等内容。一方面鼓励学生了解国家发展规划,将个人计划与社会计划相融合;另一方面提高学生对时事政治的关注度。

在检查反思模块,增加了管理学中的 PDCAR 法的应用,将其与思政教育相结合,一方面让学生们从实践中对 PDCAR 法有新的认识;另一方面让学生们复盘过去,培养学生们总结反思的习惯,提升应变能力。

2. 生动课堂案例选取

(1) 百年党史。制定目标模块,案例选取百年党史,介绍为了实现中华民族站起来、富起来、强起来,为了实现共产主义,革命先辈们艰苦奋斗的光辉历史,以党史教育涵养大学生爱国主义情怀,感受"我将无我,不负人民"的崇高境界,从而把个人理想追求与国家民族命运联系在一起,深化目标的层次。

(2) 沙漠变绿洲。实施计划模块,选取了毛乌素沙漠治理的案例。为了治理沙漠,恢复生态,国家先后制定了许多计划,实施了许多工程,如全国防沙治沙规划、三北防护林工程、全国性退耕还林还草工程等。在沙漠治理过程中,政府和人民脚踏实地推进事业,面对计划外的问题,不断调整计划。通过这个案例告诉学生,计划绝不会轻易实现,要付诸行动,不拖延,有担当精神。

3. 创新课堂实践安排

(1) 制定计划。计划内容模块,增加了课堂活动,安排学生制定年度计划(图1)。对于计划的内容,创新增加了家庭情感、人际交往、健康运动等计划,让计划内容更丰富,带领学生思考生活,发现生活的意义,关心关爱身边的朋友和家人等。

(2) 反思过去失败的计划。检查反思模块,安排课堂讨论环节,邀请同学分享过去的计划,并思考分析失败的原因。通过这个环节,增加课堂的活跃度,同时潜移默化地开展了反思教育。

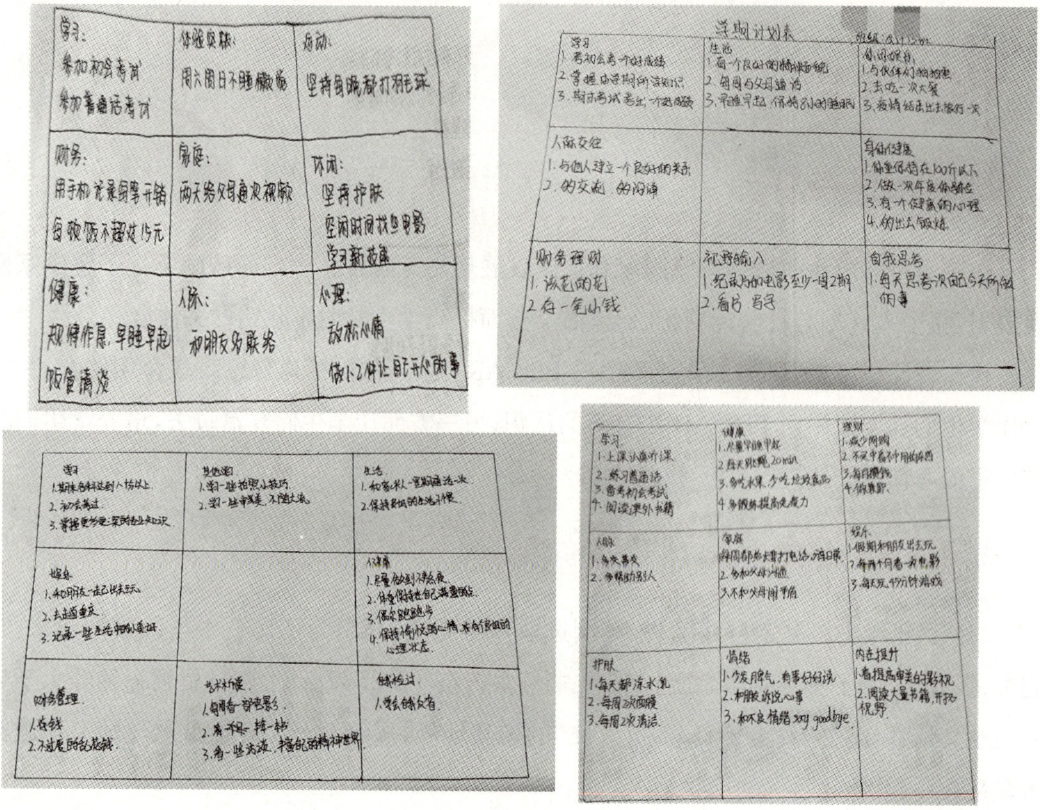

图 1　九宫格计划法

四、成效与反思

（一）成效

通过生动的案例以及丰富的课堂活动，增加了学生的课堂参与感，提升了学生学习的积极性，思政内容融入更加自然，避免了生硬的说教，教学目标基本达成。

1. 实现历史教育与现实教育的交织

增加百年党史的案例和时事政治的案例，完成了"回首过去，立足当下，展望未来"的思想教育。百年党史案例引导学生深刻认识党的百年奋斗重大成就和历史经验，加强理想信念教育，强化爱国意识。社会发展规划案例增加学生对于时事政治的关注度，树立主人翁意识，从而主动关心社会现状与国家的发展，为融入社会、服务社会做准备。

2. 强调能力发展与素质提升的互促

课中增加"制定九宫格年度计划"活动，要求学生思考个人规划与家庭、社会的联系。在学生提交的计划书中，既有对个人发展的规划，也有对朋友、家庭、社会进步的规划，如给家人打电话、参加志愿活动等。该活动让学生了解到个人的进步不仅是学习或者职业能力上的发展，还有各方面综合素质的提升，两方面相互促进。

（二）反思

1. 存在问题

在教学过程中，思政元素挖掘过于广泛，不够深入；学生之间的理解层次不同，对于学习内容的领悟程度不同；班级之间的课堂氛围不同，对于互动项目的接受程度不一。

2. 改进思路

在今后的教学中，需要更进一步明确课程思政的目标，更深入地挖掘课程思政的元素，全方位地探索课程思政的实施路径，灵活调整教学方法，关注每一位学生的学习动态，适应不同学生的学习能力。对于互动性不强的班级，改善教学活动，调动学生参与的积极性。

【专家点评】

> 该案例以社会主义核心价值观为引领，将启发性案例和趣味互动融入教学实践中，在思考互动中寓教于学、寓教于心，特色突出、成效显著。教师结合百年党史和时事政治，拉紧历史教育与现实教育的共同纽带，帮助学生坚定理想信念，强化爱国意识。该案例在教学过程中，注重对思政元素的精准挖掘，避免课程思政过于宽泛浅显。

第三篇
实践活动中的价值凝练

"审计实务"课程实践活动：依法诚信经营履行社会责任——以上市公司瑞幸咖啡收入舞弊审计为例

一、主讲教师

费洁，女，硕士，讲师，审计师，安徽省教坛新秀，主讲"审计基础""审计实务""基础会计""财务会计"等课程，曾获安徽省高等职业院校教学能力大赛三等奖，主持省级课题1项，公开发表论文2篇。

二、课程简介

本实践活动以上市公司瑞幸咖啡收入舞弊审计为例。

2020年1月31日，做空机构浑水公司在社交平台Twitter上发布了一份89页的沽空报告，报告作者以11260小时的门店流量视频等证据为证，认为美股上市公司瑞幸咖啡在2019年第三季度和第四季度，每店每日的销量至少夸大了69%和88%。2020年4月2日，瑞幸咖啡宣布，在审计2019年年报发现问题后，董事会成立了一个特别调查委员会调查该问题。委员会发现，公司2019年二季度至四季度期间，伪造了22亿元人民币的交易额，相关成本和费用也相应虚增。因虚假交易额22亿元，瑞幸咖啡盘前暴跌85%。

瑞幸咖啡造假案让人们意识到，对上市公司营业收入的审计非常必要。那么，针对企业虚构产品销售收入和提前确认销售收入的行为，注册会计师应采取哪些审计程序来应对？在对收入造假的纠察中，如何巧妙地融入课程思政元素呢？

本实践活动邀请思政教师对课程思政方向性、正确性、理论性、巧妙融入性等进行全程参与和指导，确保课程思政与思政课程同向同行。

三、活动设计

（一）教学目标

1. 知识目标

（1）了解收入舞弊的常用手段。

（2）熟悉上市公司销售与收款循环的业务流程与常用凭证。

（3）掌握上市公司收入舞弊的审计方法。

2. 能力目标

（1）具备识别收入舞弊手段的能力。

（2）具备良好的语言及文字表达能力、沟通能力、协作能力、社交能力和创新能力。

（3）具备运用所学知识进行收入舞弊审计的能力。

3. 素质目标

（1）提升学生规则意识、纳税意识、诚信意识。

（2）塑造学生"以审计精神立身、以创新规范立业、以自身建设立信"的新时代审计价值观。

（3）培养学生的集体荣誉感和社会责任感。

（二）设计思路

根据教学基本情况，从职业岗位工作要求出发，以任务驱动为核心，精心设计适应学情的教学策略。

1. 教学理念

从技术岗位复合型人才培养需求出发，结合"1＋X"证书、技能竞赛的能力和素养要求，整合"应会""应知""应用"的教学内容；以典型工作项目为载体，与行业企业共同构建模块化、能力递进式的课程体系，打造"仿境""情境""实境"；通过师生互动、协作、配合和交流，共同完成课程的建构、生成和再造，实现"致能""致思""致知"的教学目标。

2. 教学模式

基于翻转课堂"线上线下"混合式"O2O"教学模式，实现教学活动（理实）一体化、教学资源立体化和教学模式多样化。学生通过网络教学平台观看教师发布的教学视频和PPT，进行课前、课中、课后的预习、学习和复习；教师通过互动教学平台完成备课、授课和作业布置等活动，并了解学生学习情况，及时调整授课内容、方式和进度。

3. 教学方法

基于学情分析，利用教学载体，突出学生主导地位。学生采取自主学习法、实践学习法、分组讨论法和自我总结法等方法进行学习；教师综合采取讨论法、案例分析法和任务驱动法等教学方法，帮助学生理解抽象的理论知识，采取教学资源立体化和教学活动理实一体化教学方式，在完整的审计工作流程中实现"做中学、学中做"的教学目标，让学生在探索、思考和实践中掌握收入舞弊审计方法。

（三）教学实施

1. 课前预习

课前发布任务，让学生自主搜索收入舞弊的案例，进行自主分析，形成汇报材料。

2. 课中讲解

（1）案例引入：

① 教学方法：案例教学法 + 互动教学法。

② 教师：将"瑞幸咖啡财务造假案"案例引入课程，激发学生的学习兴趣。

③ 学生：结合自身的体验，使用信息化手段获取资料，讨论分析瑞幸咖啡财务造假案中使用的造假手段。

④ 目的：让学习更加灵活、主动，让学生的参与度更高。

⑤ 思政元素：做知法守法、诚信经营的企业。

（2）上市公司收入舞弊的方式和方法：

① 教学方法：启发式 + 互动式教学方法。

② 教学内容：上市公司虚增收入的动机和方法，上市公司隐匿收入的动机和方法。

（3）上市公司收入舞弊的审计技术方法：

审计技术方法知识点讲解：针对收入舞弊风险可采用的审计技术方法。

思政元素:培养学生刻苦钻研的工匠精神,增强学生的使命感、责任感,引导学生遵守相关的法律规范,培养学生的纳税意识。

3. 课堂小结

由教师与学生一起对本节知识点进行归纳和总结,对本节的重、难点进行归纳和总结。

4. 课后作业

(1) 布置作业:通过对上市公司财务报表中利润表的分析,识别哪些上市公司有收入舞弊风险,并针对疑虑设计进一步的审计程序。

(2) 思政元素:

① 培养学生主动学习、积极实践、勇于思考的能力。

② 培养学生团结协作的能力。

③ 培养学生自主钻研的工匠精神。

(四) 特色创新

课堂引入部分通过视频案例分析,实现新旧知识串联,鼓励学生自主探究新知识。通过网络热点问题引发学生思考企业虚增收入和隐匿收入的动机和手段,为后续设计审计程序奠定基础。通过互动式教学、探索式学习,提高了课堂参与率和学生的自主学习能力,实现了较好的教学效果。

四、成效与反思

(一) 成效

结合社会热点问题,辅助教学资源,提升课堂学习效果。确立以"应会"取舍"应知"的原则,创建"自主探索—教师讲授—课后运用"的一体化教学流程,突出知识的"应用"。基于教材根本、高于教材范畴,体现新岗位、新技术、新技能,纵向贯通、横向融通,有效增强职业教育适应性。

本实践活动深入挖掘案例活动中的课程思政元素,推进课程思政与思政课程同向同行。分阶段、分步骤、碎片化地将诚信经营、刻苦钻研、审计精神等融入教学,实现课程教学思政元素的潜移默化融入。

(二) 反思

1. 存在问题

实践活动中实行任务驱动和小组协作模式,由于学生知识储备和学习能力存在差异,部分实训环节任务难度较大,小部分基础较差的学生容易产生畏难情绪。部分环节以小组形式协作完成,个别学生参与度不高,依赖组内成员的劳动成果,实施任务的积极性、主动性有待提高。

2. 改进思路

在以后的实践活动中,教师需要设计更为合理的教学任务、策略和方法,缩小分组规模,建立团队淘汰机制,尽可能调动学生的积极性和主动性,保证学习效果。

【专家点评】

> 该案例的课程思政任务是提升学生纳税意识、规则意识、诚信意识,塑造学生课程价值观——"以审计精神立身、以创新规范立业、以自身建设立信",培养学生的社会责任感和集体荣誉感。
>
> 该案例课程思政实现的途径是依托具体的教学场景,引入真实具体案例分析,以财务造假热点为抓手,以专业的教学手段、潜移默化的方式融入课堂思政元素。结合财务造假热点问题,有效运用显性教育和隐性教育手段,在知识传授中实现价值引领,增强课堂学习效果。创建多维一体的教学流程,以"应会"取舍"应知"为原则,突出知识的"应用"。在知识传授和价值引领的过程中,本实践项目教学遵循高于教材范畴、基于教材根本,体现新技术、新岗位、新技能,横向融通、纵向贯通的原则,有效地凸显了职业教育与现实生活的适应性。

"习近平新时代中国特色社会主义思想概论"课程实践活动：讲好脱贫攻坚叶河故事 共谱乡村振兴崭新篇章

一、主讲教师

马新民，男，硕士，教授，主讲"习近平新时代中国特色社会主义思想概论""毛泽东思想和中国特色社会主义理论体系概论""思想道德与法治""马克思主义基本原理""中共党史"等课程，曾获省级教学成果三等奖 2 项，主持教科研项目 10 项，公开发表论文 18 篇。

二、课程简介

为进一步加强基层党组织建设，贯彻落实习近平总书记在学校思政课教师座谈会上的重要讲话精神，讲好用好脱贫攻坚故事，2020 年 11 月，安徽审计职业学院与驻村帮扶单位潜山市黄柏镇叶河村共建思政课教学基地。共建基地以来，学院多次组织思政课教师和学生骨干赴叶河村进行理论演讲、法律宣传、家教家风宣讲、志愿服务、参观考察等实践教学；同时邀请了叶河村党员干部来安徽审计职业学院共建党建，效果良好。

本实践活动结合"习近平新时代中国特色社会主义思想概论"第十讲中的"（三）坚决打赢脱贫攻坚战"，用叶河脱贫攻坚故事，实现思政小课堂与社会大课堂有机结合。将课堂搬到叶河村，既完成了课程教学和授课计划，也让学生们切身体会脱贫攻坚取得的伟大成就和重大意义。

三、活动设计

(一) 教学目标

1. 知识目标

(1) 深刻理解脱贫攻坚取得的伟大成就。

(2) 深刻理解脱贫攻坚取得的伟大经验。

(3) 深刻理解脱贫攻坚取得的伟大意义。

2. 能力目标

(1) 掌握习近平总书记精准扶贫方略。

(2) 掌握"上下同心、尽锐出战、精准务实、开拓创新、攻坚克难、不负人民"的脱贫攻坚精神。

(3) 把握好习近平新时代中国特色社会主义思想的世界观和方法论,坚持好、运用好贯穿其中的立场、观点、方法。

3. 素质目标

(1) 增强"四个意识"、坚定"四个自信"、做到"两个维护"。

(2) 增强对马克思主义共产主义的信仰、对中国特色社会主义的信念、对中国共产党的信任和对实现中华民族伟大复兴的信心。

(3) 践行社会主义核心价值观。

(二) 设计思路

1. 课前

要求学生观看微视频《第一书记》,研读《习近平在全国脱贫攻坚总结表彰大会上的重要讲话》等学习资料,要求学生浏览学院脱贫攻坚(乡村振兴)专题网站,并发布了解叶河村村情的任务,让班级学生进行课前自主学习。

2. 课中

以"叶河村脱贫攻坚故事"为案例,通过一看叶河村变化(大棚蔬菜基地、集体 600 kW 光伏电站、下浒山水库、新建村卫生室等);二听扶贫故事(原驻村工作队队长刘彩萍、叶河村副书记汪余苗、脱贫村民群众江昊天);三讲身边故事,调动学生的学习兴趣。由教师与学生一起对本节知识点进行归纳和总结,对本节的重点难点进行归纳和总结。

3. 课后

让学生们撰写参观叶河村驻村帮扶成果和村容村貌后的体会,授课教师及时评阅和给予必要反馈,培养学生弘扬脱贫攻坚精神的自觉性和主动性,激发热爱我们伟大的党和伟大人民的情感。

(三)教学实施

1. 课前预习

将微视频《第一书记》《习近平在全国脱贫攻坚总结表彰大会上的重要讲话》等学习资料上传班级课程 QQ 群,要求学生观看和研读;要求学生浏览学院脱贫攻坚(乡村振兴)专题网站,并发布了解叶河村情的任务,让班级学生进行课前自主学习。

目的:利用翻转课堂的教学模式,学生在课前了解党的十八大以来以习近平同志为核心的党中央引领亿万人民打赢脱贫攻坚战的举措的成就,对叶河村脱贫攻坚情况有初步和宏观了解,提高教学效率。

2. 课中讲解

(1)案例引入:

① 教学方法:案例教学法。

② 教师:以"叶河村脱贫攻坚故事"为案例,用身边人讲身边事、身边事感召身边人引入课程,激发学生的学习兴趣。

第一位,学院驻村帮扶潜山市黄柏镇叶河村原第一书记、扶贫工作队队长刘彩萍讲述扶贫工作队情洒叶河的故事。

第二位,叶河村党总支副书记、种植大户能手汪余苗讲述村两委带领贫困乡亲脱贫致富的故事。

第三位,叶河村学生、学院 2020 大数据技术与应用专业江昊天讲述如何从一位孤儿成长为大学生的励志故事。

③ 学生：结合自身的体验，使用信息化手段获取资料，讨论分析叶河村脱贫攻坚的现状基础、脱贫过程、主要成就。

④ 目的：让学习更加主动，形式更接地气，让学生的参与度更高。让学生明白奉献社会服务人民、舍小家为大家、小我如何融入大我不是空洞的，而是具体的。

⑤ 思政元素：通过富有感染力的故事，让学生内心深处产生情感共鸣。增强学生对"中国共产党为什么能，中国特色社会主义为什么好，归根到底是马克思主义行，是中国化时代化的马克思主义行"的深刻理解，教育学生弘扬"上下同心、尽锐出战、精准务实、开拓创新、攻坚克难、不负人民"的脱贫攻坚精神。

（2）深刻理解脱贫攻坚取得伟大成就：

① 教学方法：体验教学法。

② 教学内容：

a. 我国脱贫攻坚战取得重大历史性成就，现行标准下 9899 万农村贫困人口全部脱贫，832 个贫困县全部摘帽，12.8 万个贫困村全部出列，区域性整体贫困得到解决，完成了消除绝对贫困的艰巨任务。

b. 具体到叶河村脱贫攻坚成果。2017 年 4 月，扶贫工作队进驻叶河村，2014 年以来建档立卡贫困户 279 户 883 人，贫困发生率 29.5%，村集体收入仅仅 0.4 万元。2018 年村集体收入达到 11 万余元，2019 年 15 万余元，2020 年突破 20 万元达到 22 万余元。贫困户人均年纯收入由 2014 年的 4339.63 元增加到 2020 年 10953.25 元，增长幅度为 252.4%。叶河村 2018 年实现贫困村出列，2020 年完成全面脱贫。

c. 组织学生参观叶河村大棚蔬菜基地、集体 600 kW 光伏电站、下浒山水库、新建村卫生室等、移民安置房、村文化广场等，了解叶河村脱贫攻坚后巨大变化。

（3）深刻理解脱贫攻坚取得伟大经验：

① 教学方法：专题讲授法。

② 教学内容：

a. 坚持党的领导，为脱贫攻坚提供坚强政治和组织保证；坚持以人民为中心的发展思想，坚定不移走共同富裕道路；坚持发挥我国社会主义制度能够集中力量办大事的政治优势，形成脱贫攻坚的共同意志、共同行动；坚持精准扶贫方略，用发展的办法消除贫困根源；坚持调动广大贫困群众积极性、主动性、创造性，激发脱贫内生动力；坚持弘扬和衷共济、团结互助美德，营造全社会扶危济困的浓厚氛围；坚持求真务实、较真碰硬，做到真扶贫、扶真贫、脱真贫。

b. 学院驻村帮扶叶河村工作队主要做法。既做好精准扶贫，也注重扶贫与扶志、扶智结合；既突出短期"输血"，也注重长期"造血"；既做好精准扶贫攻坚，又做好脱贫攻坚整改。

③ 思政元素：

a. 帮助学生深刻理解"两个确立"的决定性意义。

b. 增强学生的道路自信、理论自信、制度自信、文化自信。

c. 帮助学生践行社会主义核心价值观、提升中华民族优秀传统美德等。

（4）深刻理解脱贫攻坚的伟大意义：

① 教学方法：互动教学法（学生谈体会）。

② 教学内容：农村贫困人口全部脱贫，为实现全面建成小康社会目标任务作出了关键性贡献；脱贫地区经济社会发展大踏步赶上来，整体面貌发生历史性巨变；脱贫群众精神风貌焕然一新，增添了自立自强的信心勇气；党群干群关系明显改善，党在农村的执政基础更加牢固；创造了减贫治理的中国样本，为全球减贫事业作出了重大贡献；出台一系列超常规政策举措，构建了一整套行之有效的政策体系、工作体系、制度体系，走出了一条中国特色减贫道路，形成了中国特色反贫困理论。

3. 课堂小结

由教师与学生一起对本节知识点进行归纳和总结，对本节的重点、难点进行归纳和总结。

4. 课后作业

让学生尝试与叶河村脱贫在读学生结对，培养学生家国情怀和志愿服务精神，做伟大脱贫攻坚精神传承人。

思政元素：培养学生的天下为公、胸怀天下的情怀，热爱我们伟大的党、热爱伟大的祖国、热爱伟大的人民。

（四）特色创新

把思政课堂搬到脱贫攻坚和乡村振兴的现场，通过带领学生们参观考察、体验学习、集体讨论"叶河村脱贫攻坚故事"进行课程学习与实践活动，既完成了课程教学和授课计划；在讲述叶河脱贫攻坚故事中巧妙地融入课程思政教学内容。在具体教学场景、具体案例分析中，以鲜明的政治立场、高度的爱国主义情怀等，帮助学生践行社会主义核心价值观；增强学生的道路自信、理论自信、制度自信、文化自信；培养学生的责任担当意识和深沉的家国情怀。

四、成效与反思

（一）成效

通过带领学生们一起阅读、学习、集体讨论、思考"叶河村脱贫攻坚故事"进行课程学习与实践活动，完成了课程教学和授课计划。依托大思政课，在脱贫攻坚和乡村振兴战场上进行思政课教学，实现思政小课堂与社会大课堂有机统一，巧妙地融入课程思政的教学内容，对学生们在意识形态领域进行正确引导与教育，从而帮助学生践行社会主义核心价值观；增强学生的道路自信、理论自信、制度自信、文化自信；培养学生的责任担当意识和深沉的家国情怀。

我国如期打赢脱贫攻坚战，实现全面脱贫意义重大而深远，我们每一个人特别是来自贫困家庭学生更有切身体会，心存感激。选择学院帮扶的叶河村全面脱贫的案例，融入思政课"习近平新时代中国特色社会主义思想概论"的专题教学，既提高了课堂教学的时效性和针对性，又提高了课程思政培养与教育的生动性和深刻性。

（二）反思

1. 存在问题

考虑疫情防控、往返安全、教学成本等因素，组织学生赴潜山市黄柏镇叶河村思政课教学实践基地进行现场教学，存在诸多不确定性。暂时不具备条件让所有学生在叶河村进行现场教学，做不到全覆盖，受众面较小。

2. 总结经验

将课堂搬到叶河村进行现场教学，通过学生看变化、听故事、说体会，零距离感受叶河村脱贫攻坚成果，使理论不再抽象枯燥，教学效果明显提高。需要加大资金投入，健全管理制度，使现场教学常态化、规范化。将来可以依托叶河村乡村振兴展览馆（在建），借助信息技术，进行同步异地教学，实现教学资源共享。

3. 改进思路

课后，要求学生们对自己所听所见进行总结，引导学生认真总结，主动思考，下次课堂复习时主动发言。

【专家点评】

　　该案例的特点是依托叶河村脱贫攻坚故事,将思政小课堂与社会大课堂充分结合。在具体教学场景、具体案例分析中,将知识传授聚焦在深刻理解脱贫攻坚取得的伟大成就、经验、意义,将价值引领聚焦在掌握习近平总书记精准扶贫方略、脱贫攻坚精神以及其中蕴含的立场、观点、方法。该案例以鲜明的政治立场、高度的爱国主义情怀等,引导学生分析思考中国共产党为什么能、中国特色社会主义为什么好、马克思主义为什么行,培养学生的爱党爱国爱社会主义情感。

大学生暑期社会实践活动：汇聚青春力量勇担时代使命——安徽审计职业学院师生暑期"三下乡"侧记

一、主讲教师

杨宾宾，男，硕士，讲师，国家创业培训师，主讲"思想道德与法治""职业发展与就业指导""劳动教育"等课程，指导学生参加省级及以上学科和技能竞赛获奖20余项，主持（参与）教科研项目10余项，公开发表论文5篇。

二、课程简介

大学生"三下乡"是指大学生面向农村基层单位普及有关文化、科技、卫生方面知识，以促进农村文化、科技、卫生发展的社会实践活动。"三下乡"是新形势下大学生参加社会实践的有效载体，是高校在暑期开展的一项意在提高大学生综合素质的社会实践活动。安徽审计职业学院学生处、团委于2022年8月组织大学生分赴金寨县吴家店镇竹根河村和潜山市黄柏镇叶河村开展"三下乡"活动，教育引导青年学生在实践中"受教育、长才干、做贡献"。

三、活动设计

（一）教学目标

1. 知识目标

活动成员以大学生青年志愿者的形式深入农村，传播先进文化和科技，体验基层民众生活，调研基层社会现状，深入了解党的乡村振兴政策和丰硕成果。

2. 能力目标

(1) 培养大学生的社会实践能力。
(2) 培养团队成员之间的协作能力。

3. 素质目标

(1) 秉承志愿服务精神,教育引导青年学生在实践中"受教育、长才干、做贡献"。
(2) 培养学生敢于吃苦、不怕困难的意志品质,做到有恒心、有毅力、愿担当。
(3) 通过一系列实践活动,让学生深刻体会到在艰难困苦的条件下,革命先烈不顾个人安危,出生入死,前赴后继为人民大众谋幸福的革命精神,赓续红色血脉。

(二) 设计思路

为深入学习贯彻落实习近平总书记关于青年工作的重要思想,践行习近平总书记在庆祝中国共产主义青年团成立 100 周年大会上的重要讲话精神,引导和帮助广大青年学生上好理论与实践相结合的"大思政课",学院组织"我以青春敬华年"和"青审夏乡之缘"两个实践团,结合两个村的实际情况,向当地居民宣传农业、科普、环保知识,与当地相关部门一道开展志愿者服务活动,集中开展党史宣讲,看望留守儿童并赠送书籍,辅导留守儿童功课,开展孤寡老人、贫困家庭帮扶活动,同时也向志愿者学生开展爱国主义教育等一系列活动。

(三) 活动实施

1. 活动流程

(1) 确定主题。主题为:我以青春敬华年——感悟乡村振兴成果,赓续先辈红色血脉。
(2) 精心策划。确定实践主题后拟定详细的活动策划方案。
(3) 组织实施。向学院领导提出书面申请,经批准同意后实施。
(4) 认真总结。实践结束后,团队需要依据实践活动情况撰写活动报告。实践总结报告包括实践者对整个实践活动的基本描述、实践心得以及实践评价。

2. 活动开展

(1) 确定实践主题、制定具体活动策划方案以及提请审批。
(2) 组织实施。2022 年 8 月 8 日至 14 日,由安徽审计职业学院党委委员、副院长刘彩萍及学生处、团委负责人带队组成的 2 支队伍(图1),共 22 名师生先后奔赴金寨县吴家店镇竹根河村和潜山市黄柏镇叶河村,开展为期7天的暑期"三下乡"社会实践活动。

图1 "三下乡"社会实践活动

① 开展环境整治。平时很少干活的同学们到了实践团,不怕苦、不怕累,拿起扫把、锄头和铁锹,打扫卫生、除草和清运垃圾等(图2),干得有模有样,挥汗如雨不停歇,乡亲们赞叹不已:"00后"的孩子们不是温室里的花朵,是勤劳的好学生!

图2 环境整治

②慰问留守儿童。学院给留守儿童送去学习用品和书籍,并指导他们掌握正确的学习方法,纠正他们的坐姿和书写方式,宣传环保、防溺水安全知识等(图3),并结合自身的体会,与家长交流"家庭教育"理念,队员们深受孩子们喜爱和家长的好评。

图3 慰问留守儿童

③情系空巢老人。随着社会老龄化程度的加深,空巢老人越来越多,日益成为一个不容忽视的社会问题。实践团负责人带领实践团成员一同前往孤寡和空巢老人家中慰问,帮助老人做家务,陪他们聊家常,为老人提供精神慰藉(图4)。

④开展红色教育。实践团走进刘邓大军前方指挥部旧址及余大化故居、潜山市官庄镇烈士陵园等爱国主义教育基地,接受爱国主义教育。一幅幅珍贵的人物图片、一件件烈士遗物、一句句浸满血痕的遗言,无一不昭示着革命先辈誓死跟党走的坚定信仰。面对鲜红团旗,全体师生庄严宣誓,重温入团誓词(图5),表达自己缅怀先烈、对党忠诚的决心,实践团接受了一次深刻的爱国主义教育、党性教育,在深感震撼的同时,也更加体会到"一代人有一代人的长征,一代人有一代人的使命"的深刻内涵。

活动期间,学院还与金寨县家店镇竹根河村和潜山市黄柏镇叶河村举行了"大学生社会实践基地"挂牌、揭牌仪式。学院依托实践基地,与地方加强交流,充分发挥各自优势,整合多方资源,一方面为学生提供基层实践的平台和机会;另一方面依托学院的优势,为乡村振兴提供合理化建议(图6)。

图4　情系空巢老人

图5　开展红色教育

图6　"大学生社会实践基地"揭牌仪式

3. 活动总结

生逢盛世当不负盛世，生逢其时当不负其时。"三下乡"社会实践活动虽然时间短，但通过几天的学习参观和亲身体验，学生们深刻体会到在艰难困苦的条件下，先烈不顾个人安危、出生入死、抛头颅洒热血、前赴后继为人民谋幸福的革命精神。在考察乡村产业基地、扶贫车间和美好乡村等过程中，感受到精准扶贫的伟大成果，看到了乡村振兴的美好前景。实践团成员纷纷表示，将秉承志愿服务精神，更加积极地投身到乡村振兴中，到祖国和人民最需要的地方去，增强责任感与使命感，回报国家，为助力乡村振兴，实现中华民族的伟大复兴的中国梦奉献青春力量。

（四）特色创新

暑假期间，为继续巩固和发展党史学习教育良好态势，确保暑期党史学习不放松、不断线、不打烊，学院学生处、团委开展 2022 年暑期"三下乡"社会实践活动，创新深化"学习、体悟、践行"三模式，让党史学习教育走"心"、走"情"、走"实"，切实把"课堂思政"与"实践思政"相结合，推动实践育人高质量提升，彰显育人成效。

四、成效与反思

（一）成效

（1）"三下乡"社会实践活动把课程思政小课堂同社会实践大课堂结合起来，教育引导学生把人生抱负落实到脚踏实地的实际生活中来，把学习奋斗的具体目标同民族复兴的伟大目标联系起来，立鸿鹄志，做奋斗者。

（2）将"读万卷书"与"行万里路"相结合，在实践中增长智慧才干，在艰苦奋斗中锤炼意志品质。学生深入基层、了解乡情、服务社会，在参与乡村振兴建设中锻炼才干、提升能力。

（二）反思

1. 存在问题

（1）受疫情影响，仅局限在周边乡村开展社会实践活动。

（2）在活动过程中，少部分同学积极性还需进一步提升。

（3）本次活动还未能充分体现出财经类专业服务农村的优势。

2. 改进思路

（1）拓展"三下乡"社会实践活动地点，整合多方资源，进一步完善"大学生社会实践基地"建设。

（2）规范团队选拔程序，加强对团队成员的培训和考核。

（3）探索开展"线上线下"相结合的"三下乡"社会实践活动。

（4）紧密结合学生所学专业技术知识，在农村开展多种形式的先进科技文化知识和生活观念的宣讲活动。

【专家点评】

> 该案例以安徽审计职业学院学生处、团委2022年暑期"三下乡"社会实践活动为主要内容，以形式多样的活动为载体，以稳定的实践基地为依托，以建立长效机制为发展导向，开展教学实践、社会调查、志愿服务、公益活动等。
>
> 该案例在价值引领上聚焦培养大学生在思政实践活动中真受教育、真长才干、真做实事，实现课程思政的社会实践与校内课堂、实践育人与理论育人的有机融合。通过"三下乡"社会实践活动，大学生可以改造世界观、价值观、人生观，把乡村振兴的建设需要和青年学生的成长需要完美地结合起来，真正走上了以立德树人为根本的高校课程思政育人的成长成才道路，彰显了课程思政实践活动的育人功效。

"网络信息编辑"课程实践活动:坚定网络"四个自信" 电商助力民族复兴

一、主讲教师

张乾坤,男,硕士,副教授,主讲"网络信息编辑""电子商务实践"课程,公开发表论文5篇,出版专著1部。

二、课程简介

"网络信息编辑"是电子商务专业的基础课程,"专题方案策划与编辑"是"网络信息编辑"的一项实践教学内容。通过带领学生一起阅读、学习、集体讨论、思考典型案例背景资料,既完成了课程教学和授课计划,也让学生掌握和实践专题方案的策划与编辑的知识与技能。

H&M、阿迪达斯、D&G 等部分外国公司,对新疆棉花产生了错误认知,在意识形态领域问题严重,对我们的国家和人民造成了巨大的感情伤害,对公司本身的运营和品牌维护带来了灾难性的打击。H&M 等公司对新疆棉花错误的认知,引起了社会的广泛关注,电子商务专业的学生对此热点网络话题也高度关注。

在教学过程中教育学生遵循组织所在地的法律法规、民族情感等,以此来判别、规范自己的组织行为和个人行为。以"专业能力—职业责任—职业操守"的路径来向学生传输遵循组织所在地的法律法规、民族情感等的思维和方法。在具体教学场景、案例分析、专业热点事件中,以鲜明的政治立场、清晰的专业行为操守、高度的爱国主义情怀等,引导学生分析思考,培养学生的爱国主义精神、民族情感。

同时,邀请思政教师参与"课程思政"教学设计,对课程思政方向性、正确性、理论性、巧妙融入性等进行指导,确保课程思政与思政课程同向同行。

三、教学设计

(一) 教学目标

1. 知识目标

(1) 充分了解网络热点话题专题方案策划的方式和方法。
(2) 熟悉掌握网络热点话题专题方案编辑的知识和技能。

2. 能力目标

(1) 培养观察、分析、推证的能力。
(2) 培养团队协作能力。
(3) 锻炼使用信息化手段获取信息的能力。
(4) 培养关注时政、关注热点话题的时代感。

3. 素质目标

(1) 树立社会主义核心价值观。
(2) 增强道路自信、理论自信、制度自信、文化自信以及民族自豪感。
(3) 培养责任担当意识。
(4) 遵守相关法律规范、职业规范及职业操守等。

(二) 设计思路

课前将学习资料上传班级微信群(课件、视频等),并发布任务让班级学生进行课前自主学习。以"H&M 等企业对新疆棉花的错误认知"为案例,开展讨论,开启课堂教学,激发学生的学习兴趣。教师与学生一起对本节知识点和重难点进行归纳和总结。引导学生关注自己喜欢的明星们对该事件的正确观点与态度,培养学生的民族情感与民族自豪感。

（三）教学实施

1. 课前预习

将课前学习资料上传班级微信群（课件、视频等），并发布任务让学生进行课前自主学习。

目的：借助翻转课堂的教学模式，布置学生在课前预习网络热点话题专题方案的策划与编辑，以提高教学效率。

2. 课中讲解

（1）案例引入：

教学方法：案例教学法＋互动教学法。

教师：以"H&M 等企业对新疆棉花的错误认知"为案例，开展讨论，开启课堂教学，激发学生的学习兴趣。

学生：结合自身的体验，利用信息化手段获取资料，讨论分析"H&M 等企业对新疆棉花问题的错误认知"。

目的：增强学生学习主动性，提高学生参与度。

思政元素：增强学生的民族自信心和自豪感，培育学生民族担当精神。

（2）网络热点话题专题方案策划的方式和方法：

教学方法：启发式＋互动式教学方法。

教学内容：

① 网络热点话题专题方案策划的概念与思路。

② 网络热点话题专题方案策划的技巧和策略。

（3）网络热点话题专题方案编辑的知识和技能：

① 网络热点话题专题方案编辑的知识点。

② 网络热点话题专题方案编辑的技巧。

思政元素：

① 帮助学生树立社会主义核心价值观。

② 增强学生的道路自信、理论自信、制度自信、文化自信以及民族自豪感。

③ 培训学生遵守相关法律规范、职业规范、民族情感及职业操守等。

3. 课堂小结

由教师与学生一起对本节知识点和重难点进行归纳和总结。

4. 课后作业

引导学生关注自己喜欢的明星们对该事件的正确观点与态度,培养学生的民族情感与民族自豪感。

思政元素:
① 培养学生团结协作能力。
② 培养学生的民族情感与民族自豪感,热爱我们伟大的祖国。

(四) 特色创新

通过带领学生们一起阅读、学习以及集体讨论"H&M 等企业对新疆棉花的错误认知"进行课程学习与实践活动,既完成了课程教学和授课计划,也通过这组热点话题,巧妙地开展了课程思政方面的教学和指导。在具体教学场景、案例分析、专业热点事件中,以鲜明的政治立场、清晰的专业行为操守、高度的爱国主义情怀等,帮助学生树立社会主义核心价值观;增强学生的道路自信、理论自信、制度自信、文化自信以及民族自豪感;培养学生的责任担当意识;教育学生遵守相关法律规范、职业规范、民族情感及职业操守等。

四、成效与反思

(一) 成效

把社会和舆论热点话题带入课堂,将学生们感兴趣、高度关注的专题案例融入教学与实训,既增强了课堂教学与实训的时效性和趣味性,又加强了课程思政培养与教育的巧妙性和深刻性。

(二) 反思

1. 存在问题

在互动过程中,部分同学缺少主动发言的热情,不愿意参与班级发言,课前预习没有很好地完成。

2. 改进思路

课后,要求学生们以自己感兴趣的话题和案例为抓手(如明星群体在该事件中展现出的积极态度和情感），积极实践，主动思考，下次课前复习时主动发言。

> 【专家点评】
>
> 该案例在思政元素的挖掘上，将培育践行社会主义核心价值观作为基础任务，以增强学生中国特色社会主义道路自信、理论自信、制度自信、文化自信为重要目标，以提升学生民族自豪感、责任担当意识和职业操守为抓手，引导学生遵守职业规范、法律规范、道德规范。该案例以热点话题为教学内容，创新教学手段、教学模式和教学内容，真正做到知识传授和价值引领有机统一。